CONTEÚDO DIGITAL PARA ALUNOS

Cadastre-se e transforme seus estudos em uma experiência única de aprendizado:

1 Escaneie o QR Code para acessar a página de cadastro.

2 Complete-a com seus dados pessoais e as informações de sua escola.

3 Adicione ao cadastro o código do aluno, que garante a exclusividade de acesso.

4537703A6199397

Agora, acesse:
www.editoradobrasil.com.br/leb
e aprenda de forma inovadora e diferente! :D

Lembre-se de que esse código, pessoal e intransferível, é válido por um ano. Guarde-o com cuidado, pois é a única maneira de você utilizar os conteúdos da plataforma.

APOEMA
PORTUGUÊS 7

LUCIA TEIXEIRA
- Doutora em Linguística pela Universidade de São Paulo (USP)
- Professora titular da Universidade Federal Fluminense (UFF)
- Professora do Programa de Pós-Graduação em Estudos de Linguagem da UFF
- Pesquisadora do Conselho Nacional de Desenvolvimento Científico e Tecnológico (CNPq)

SILVIA MARIA DE SOUSA
- Doutora em Letras pela Universidade Federal Fluminense (UFF)
- Professora da UFF
- Professora do Programa de Pós-Graduação em Estudos de Linguagem da UFF

KARLA FARIA
- Doutora em Estudos de Linguagem pela Universidade Federal Fluminense (UFF)
- Professora de Ensino Fundamental e Ensino Médio das redes pública e particular de ensino

NADJA PATTRESI
- Doutora em Estudos de Linguagem pela Universidade Federal Fluminense (UFF)
- Professora da UFF

1ª edição
São Paulo, 2018

Editora do Brasil

Dados Internacionais de Catalogação na Publicação (CIP)
(Câmara Brasileira do Livro, SP, Brasil)

Apoema: português 7 / Lucia Teixeira.... [et al.]. – 1. ed. – São Paulo: Editora do Brasil, 2018. – (Coleção apoema)

Outros autores: Silvia Maria de Sousa, Karla Faria, Nadja Pattresi.

ISBN 978-85-10-06918-2 (aluno)
ISBN 978-85-10-06919-9 (professor)

1. Português (Ensino fundamental) I. Teixeira, Lucia. II. Sousa, Silvia Maria de. III. Faria, Karla. IV. Pattresi, Nadja. V. Série.

18-19718   CDD-372.6

Índices para catálogo sistemático:
1. Português: Ensino fundamental 372.6

Maria Alice Ferreira – Bibliotecária – CRB-8/7964

© Editora do Brasil S.A., 2018
Todos os direitos reservados

Direção-geral: Vicente Tortamano Avanso

Direção editorial: Felipe Ramos Poletti
Gerência editorial: Erika Caldin
Supervisão de arte e editoração: Cida Alves
Supervisão de revisão: Dora Helena Feres
Supervisão de iconografia: Léo Burgos
Supervisão de digital: Ethel Shuña Queiroz
Supervisão de controle de processos editoriais: Marta Dias Portero
Supervisão de direitos autorais: Marilisa Bertolone Mendes

Supervisão editorial: Selma Corrêa
Edição: Camila Gutierrez e Maria Cecília Fernandes Vannucchi
Assistência editorial: Gabriel Madeira, Laura Camanho e Olivia Yumi Duarte
Apoio editorial: Julia Codo e Patricia Ruiz
Apoio pedagógico: Carolina Chebel e Marcela Leite
Coordenação de revisão: Otacílio Palareti
Copidesque: Gisélia Costa, Ricardo Liberal e Sylmara Beletti
Revisão: Alexandra Resende e Elaine Silva
Pesquisa iconográfica: Daniel Andrade e Thaís Falcão
Assistência de arte: Samira de Souza
Design gráfico: Patrícia Lino
Capa: Megalo Design
Imagem de capa: G. Evangelista/Opção Brasil Imagens
Pesquisa: Tempo Composto Col. de Dados Ltda.
Ilustrações: Camila De Godoy, Cibele Queiroz, Cristiane Viana, Fabio Abreu, Isabela Santos, Jane Kelly/shutterstock.com (ícones seções), Kannaa/shutterstock.com (textura seção em foco), Simone Matias, Simone Ziasch e Wilson Jorge Filho
Coordenação de editoração eletrônica: Abdonildo José de Lima Santos
Editoração eletrônica: Daniel Campos Souza, Flávia Jaconis, Maira Spilack, Marcos Gubiotti e Ricardo Brito
Licenciamentos de textos: Cinthya Utiyama, Jennifer Xavier, Paula Harue Tozaki e Renata Garbellini
Controle de processos editoriais: Bruna Alves, Carlos Nunes, Jefferson Galdino, Rafael Machado e Stephanie Paparella

1ª edição / 2ª impressão, 2020
Impresso na Gráfica e Editora Pifferprint Ltda.

Rua Conselheiro Nébias, 887
São Paulo, SP – CEP 01203-001
Fone: +55 11 3226-0211
www.editoradobrasil.com.br

APRESENTAÇÃO

Cara aluna, caro aluno,

A linguagem está em toda parte: em sua conversa diária com a família e os amigos, nos filmes e programas de televisão a que você assiste, nos textos literários que lê, nas músicas que busca na internet, nas mensagens trocadas por aplicativos, nos cartazes que vê espalhados pela cidade. Em todas essas situações, a linguagem possibilita que você interaja com o outro, aprenda, debata, manifeste opiniões, ideias e sentimentos.

A linguagem das palavras e as demais linguagens ganham vida e animação nas páginas deste livro. Nelas você encontrará histórias de aventura e de amor, notícias sobre a vida cotidiana e os problemas sociais, fotografias, histórias em quadrinhos, poemas, *blogs*, anúncios, peças de teatro e muitos outros textos, que levarão você a observar diferentes situações de comunicação e a refletir sobre elas.

Você encontrará autores que já conhece e será apresentado a outros. Aprenderá que as imagens, a música, os gestos e mesmo os silêncios podem produzir muitos significados. Verá que dominar recursos da língua é importante para participar da vida social e para trocar conhecimentos e afetos. Receberá dicas culturais e aprenderá a perceber a ligação entre os textos lidos e a experiência de vida das pessoas.

Esperamos que você goste do livro e que ele represente, para você, uma boa oportunidade de fazer descobertas, refletir, divertir-se e aprender.

As autoras

SUMÁRIO

Unidade 1 – Histórias do cotidiano 8

Capítulo 1 10
Texto – *Vendo com os ouvidos*, de José Roberto Torero (crônica) 11
Estudo do texto.. 13
  Linguagem, texto e sentidos 14
Língua em foco
  Revisão: oração, sujeito, predicado 16

Capítulo 2 18
Texto – *Menino de cidade*, de Paulo Mendes Campos (crônica) 19
Estudo do texto.. 21
Gênero em foco
  Crônica 23
Estudo e pesquisa
  Quadro síntese 26
Língua em foco
  Formação de palavras: derivação...................27
Escrita em foco
  Uso de **s** e **z** em sufixos formadores de nomes e verbos 30
Oralidade em foco
  Relato 32
Oficina de produção
  Crônica 34

Retomar 36

Unidade 2 – Notícia em debate 38

Capítulo 1 40
Texto – Capa do jornal *O Estado de S. Paulo*..41
Estudo do texto.. 42
  Linguagem, texto e sentidos........................ 45
Escrita em foco
  Ortografia: **ram/rão** 47

Capítulo 2 49
Texto – *Rio de Janeiro é a primeira capital brasileira a proibir canudos plásticos*, *Exame* (notícia) 50
Estudo do texto.. 51
  Linguagem, texto e sentidos........................ 53
Gênero em foco
  Notícia...54
Língua em foco
  Flexão verbal: modo subjuntivo. Períodos com verbos nos três modos 56
Oralidade em foco
  Debate regrado...59
Oficina de produção
  Notícia...61
Caleidoscópio
  Fake news – ou notícias falsas 62

Retomar 64

Unidade 3 – Conversas 66

Capítulo 1 68
Texto – Tirinhas de Armandinho,
de Alexandre Beck 69
Estudo do texto 70
  Comparando textos 72
  Linguagem, texto e sentidos 74
Estudo e pesquisa
  Modalidades oral e escrita da língua 75

Capítulo 2 77
Texto – *Conheça o "pai" do Armandinho*,
Jornal da Cidade (entrevista) 78
Estudo do texto 79
Gênero em foco
  Entrevista 80
Língua em foco
  Verbos intransitivos e transitivos –
  complementos verbais 82
Escrita em foco
  Uso do acento grave – crase 84
Oralidade em foco
  Entrevista 86
Oficina de produção
  Entrevista 87

Retomar 88

Unidade 4 – Vida social 90

Capítulo 1 92
Texto – Estatuto da Criança e do
Adolescente (ECA) (estatuto) 93
Estudo do texto 94
  Linguagem, texto e sentidos 97
Escrita em foco
  Pontuação: uso de ponto, de vírgula
  e de ponto e vírgula 99
Gênero em foco
  Estatutos e regimentos 101

Capítulo 2 104
Texto – Charge de Fernando
Gonsales (charge) 105
Estudo do texto 106
Gênero em foco
  Charge 107
Língua em foco
  Pronomes e coesão textual 109
Oralidade em foco
  Assembleia 112
Oficina de produção
  Regimento 114

Retomar 116

Unidade 5 – Histórias de ficção 118

Capítulo 1 120
Texto – *A piscina do tio Victor*,
de Ondjaki (conto) 121
Estudo do texto 123
  Linguagem, texto e sentidos 127
Capítulo 2 128
Texto – *O velho de Alcântara-Mar*,
de Miguel Sousa Tavares (conto) 129
Estudo do texto.. 131
Gênero em foco
  Conto..134
Língua em foco
  Adjuntos adnominais e adjuntos
  adverbiais..138
Escrita em foco
  Pontuação: uso da vírgula..............................142
Oralidade em foco
  Contação de história 144
Oficina de produção
  Conto..146
Caleidoscópio
  A língua portuguesa no mundo 148
Retomar 150

Unidade 6 – Propaganda e comunicação .. 152

Capítulo 1 154
Texto – Propaganda, *Dicionário
de Comunicação* (verbete) 155
Estudo do texto.. 156
  Comparando textos...................................... 158
  Linguagem, texto e sentidos....................... 159
Gênero em foco
  Verbete de dicionário......................................160
Estudo e pesquisa
  Produção de verbete 163
Capítulo 2 164
Texto – *"Eu também sou vítima"*, da Prefeitura
do Rio de Janeiro (folheto)..................................165
Estudo do texto.. 166
Gênero em foco
  Folheto 168
Língua em foco
  Concordância nominal e verbal;
  variação linguística..171
Oficina de produção
  Folheto de propaganda 177
Oralidade em foco
  Exposição oral 180
Retomar 182

Unidade 7 – Linguagem poética 184

Capítulo 1 186
Texto – *Em busca do amor*,
de Florbela Espanca (poema)...... 187
Estudo do texto.. 188
  Linguagem, texto e sentidos........................ 189
Escrita em foco
  Prática de pontuação 192
Estudo e pesquisa
  Quadro sinótico..192

Capítulo 2 193
Texto – *Razão de ser*, de Paulo Leminski
(poema) 194
Estudo do texto.. 195
Gênero em foco
  Poema 197
Língua em foco
  Período composto por coordenação,
  orações assindéticas, orações aditivas 200
Oralidade em foco
  Sarau de poesias 202
Oficina de produção
  Poema 204

Retomar 206

Unidade 8 – Literatura e cinema 208

Capítulo 1 210
Texto – *A invenção de Hugo Cabret* – Parte 1,
de Brian Selznick (trecho de romance)............211
Estudo do texto.. 213
  Linguagem, texto e sentidos........................ 216
Escrita em foco
  Prática de pontuação 218

Capítulo 2 220
Texto – *A invenção de Hugo Cabret* – Parte 2,
de Brian Selznick (trecho de romance)............221
Estudo do texto.. 223
  Comparando textos 225
Gênero em foco
  Romance 228
Língua em foco
  Período composto por coordenação,
  orações assindéticas,
  orações adversativas 231
Oralidade em foco
  Debate público regrado................................234
Oficina de produção
  Capítulo ilustrado de romance 236

Retomar 238
Referências 240

UNIDADE 1

Histórias do cotidiano

Fotografia de Flávia Xavier premiada na Semana Abril de Jornalismo Ambiental de 2014. A fotógrafa flagrou a cena na Marginal Pinheiros, via de grande movimento da cidade de São Paulo (SP).

Antever

1. O que a fotografia mostra?

2. Você acha que a cena fotografada é real ou uma imagem montada? É uma cena comum em grandes cidades?

3. Observe todos os elementos do muro que divide as pistas da avenida. Em sua opinião, por que ele chamou a atenção da fotógrafa?

4. A cena também teria chamado sua atenção se você passasse por ali? Por quê?

5. Toda fotografia surge de um olhar, de um modo de enxergar a realidade. O que o olhar da fotógrafa pretendeu revelar com essa fotografia?

6. Que histórias você consegue imaginar com base nessa fotografia?

Uma fotografia pode flagrar uma cena trivial, cotidiana, e dar a ela um tratamento artístico. Desse modo, a imagem destaca um aspecto da realidade que ganha novo sentido e se transforma em uma crônica visual.

Nesta unidade você lerá crônicas e perceberá que o trabalho com a linguagem pode transformar uma cena comum em expressão de beleza, inquietação e manifestação de sentimentos e desejos.

CAPÍTULO 1

Antes da leitura

Observe as imagens.

Torcedor no Estádio Nilton Santos assistindo a Botafogo x Flamengo. Rio de Janeiro (RJ), 2017.

Torcedor em estádio, Munique, Alemanha, 2000.

1. Onde estão as pessoas retratadas?
2. O que elas estão fazendo?
3. Você conhece o objeto que as pessoas estão segurando? Caso não conheça, pesquise na internet ou troque ideias com os colegas, o professor ou outros adultos.
4. O título do texto que você lerá é "Vendo com os ouvidos". Como é possível relacionar esse título com as fotografias acima?
5. Você costuma ir a estádios? Se sim, que hábitos tem quando vai ao campo? Você usa uma roupa específica? Leva algum objeto de estimação? Como acompanha o jogo?

Radinhos de pilha eram companheiros fiéis de muitos torcedores nos estádios de futebol. Antes da popularização dos *smartphones*, era comum ver torcedores com rádios colados à orelha, escutando os lances da partida. Hoje em dia, principalmente nos grandes centros urbanos, muitos admiradores do futebol já não levam o antigo aparelho sonoro para o estádio, mas sim celular e fone de ouvido. De um jeito ou de outro, continuam acompanhando as jogadas com olhos e ouvidos.

Na crônica que você lerá a seguir, o autor diz que os torcedores veem com os ouvidos. Como isso é possível? Leia para saber.

Vendo com os ouvidos

Viajado leitor, rodada leitora, depois de andar 2 753 km pelas esburacadas estradas brasileiras, finalmente cheguei a Arapiraca para ver uma das partidas de abertura da Série C do Brasileiro. O jogo era ASA (Associação Sportiva Arapiraquense, para os íntimos) × Petrolina.

Eu poderia falar dos bons acarajés vendidos no estádio, da lama do gramado, do quase milagroso goleiro Genílson, do Petrolina, que defendeu até pênalti, do resultado de 1 a 0 para o time local, dos salários dos jogadores (entre R$ 1.500 e R$ 2.000, não tão ruins quanto eu esperava) ou dos torcedores-ciclistas que assistem ao jogo sobre suas bicicletas. Mas o que mais me impressionou foram os rádios. Muitos torcedores assistiram ao jogo com seus aparelhos grudados ao ouvido. Muitos mesmo. É uma mania local. Mania que já foi comum no Sul e no Sudeste, mas que hoje é exceção na parte de baixo do país.

Vi rádios de todos os tipos pelo estádio Coaracy da Mata Fonseca: pretos, prateados e coloridos, modernos e antigos, pequenos como um celular e grandes como um *notebook*. Alguns torcedores os escutavam bem colados ao ouvido, outros preferiam deixá-lo um tanto longe e com o volume no máximo. Mas os do lado não se incomodavam. Pegavam carona.

Os motivos para o sucesso do rádio em Arapiraca são variados. A resposta mais comum foi que, como os times mudam muito de jogador hoje em dia, só assim se pode saber o nome de quem está com a bola.

Mas houve outras, várias outras. Antonio Feliciano Sobrinho, 71, tem uma razão vital. Ou melhor, vistal. "É que os meus olhos andam meio ruins, só assim que eu sintonizo quem é quem."

Antonio Barbosa, que gastou R$ 45 num vistoso Motobras, diz que o rádio é bom porque assim ele fica sabendo o que está acontecendo nos outros jogos da rodada.

Cícero da Silva, 44, que está em seu oitavo rádio, escuta-o num tom altíssimo e grita para conversar com os que estão à sua volta. Sua explicação é que o rádio deixa o jogo mais animado, com mais emoção.

Valdir Francisco, 43, já é caso de "audiente fanaticus". É apaixonado por AM desde seu primeiro Motoradio. E mesmo agora, com um moderno aparelho, continua ouvindo rádio das 20 h às 24 h, todos os dias.

José Cavalcanti, 43, teoriza e diz que há dois tipos de torcedores: o que assiste aos jogos e o que acompanha futebol. Ele se considera do segundo grupo e por isso acha o rádio fundamental. Só assim ele pode acompanhar o entorno do futebol, as opiniões, quem está entrando na partida, quem está saindo, e por quê.

Em seu pequenino Livstar, Cavalcanti também gosta de ouvir entrevistas. "É para ver se os técnicos e os jogadores têm um bom retrato da partida." Porém, curiosamente, na hora daquele longo goooooool dos locutores brasileiros, ele não escuta seu aparelho. "Aí a gente está comemorando, até tira ele do ouvido."

Mas a resposta mais **eloquente** talvez tenha sido a de um senhor de uns 60 anos que nem quis escutar minha pergunta. Com o radinho colado ao ouvido, ele me disse: "Você me desculpe, mas agora não posso falar, viu? Tenho que escutar o que eu estou vendo".

José Roberto Torero. *Crônicas para ler na escola*. Rio de Janeiro: Objetiva, 2011. p. 49-51.

Glossário

Eloquente: convincente.

 Ampliar

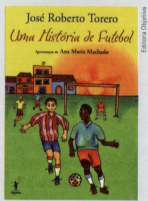

Uma história de futebol, de José Roberto Torero (Objetiva).

Este livro é sobre uma partida de futebol juvenil, contada pelo menino Zuza. Na história, a amizade dos inseparáveis Zuza e Dico tem papel importante. Trata-se de uma narrativa envolvente sobre futebol, aventuras e amizade. O livro virou um curta-metragem que pode ser visto gratuitamente na internet (disponível em: <http://portacurtas.org.br/filme/?name=uma_ historia_ de_futebol>, acesso em: 29 jul. 2018).

Escritor de muitos talentos

José Roberto Torero nasceu em 1963, em Santos (SP). É formado em Letras e Jornalismo pela Universidade de São Paulo (USP) e autor de vários livros, alguns deles sobre futebol. Escreveu também roteiros para cinema e televisão. Foi colunista do caderno de esportes da *Folha de S.Paulo*, jornal em que também atuou como redator e repórter. Reescreveu alguns contos infantis clássicos e outros livros para crianças e adolescentes. Torce fervorosamente pelo Santos Futebol Clube.

Estudo do texto

1 O texto inicia relatando uma viagem.

   a) Por que o autor do texto foi para Arapiraca?

   b) Essa cidade era distante de onde ele estava? Como o leitor fica sabendo disso?

   c) Como o autor qualifica as estradas? O que ele deixa transparecer nesse modo de qualificar?

2 O jogo ocorreu no Estádio Coaracy da Mata Fonseca, na cidade de Arapiraca, e fazia parte do Campeonato Brasileiro da Série C.

   a) Que times estavam competindo? Você já ouviu falar deles?

   b) Esses times estão entre os principais da cidade? Com base no texto, é possível afirmar que esses times têm torcida?

3 Releia este trecho do segundo parágrafo.

   Eu poderia falar dos bons acarajés vendidos no estádio, da lama do gramado, do quase milagroso goleiro Genílson, do Petrolina, que defendeu até pênalti, do resultado de 1 a 0 para o time local, dos salários dos jogadores (entre R$ 1.500 e R$ 2.000, não tão ruins quanto eu esperava) ou dos torcedores-ciclistas que assistem ao jogo sobre suas bicicletas. [...]

   a) O que o autor considera curioso em relação ao uso da bicicleta pelos torcedores?

   b) Que outros detalhes são enumerados no trecho?

   c) As respostas anteriores indicam que vários aspectos do jogo são mostrados ao leitor. Como isso o ajuda a perceber o que se passa em campo?

4 Apenas na metade do segundo parágrafo o autor revela o que mais o impressionou no estádio.

   a) Qual é o assunto principal do texto?

   b) Esse assunto continua em evidência atualmente? Em que tipo de cidade? Por quê?

   c) Arapiraca fica no interior de Alagoas, Região Nordeste. Por que esse hábito permanece lá?

   d) Como o autor da crônica se sente diante do que observa? Como é possível perceber isso?

5 Releia estes trechos do texto.

   [...] Alguns torcedores os escutavam bem **colados** ao ouvido, outros preferiam deixá-lo um tanto longe e com o volume no máximo. [...]

   [...] Muitos torcedores assistiram ao jogo com seus aparelhos **grudados** ao ouvido. [...]

   As palavras destacadas são sinônimas. Que sentidos elas ajudam a construir no texto?

6 Conforme o autor, "os motivos para o sucesso do rádio em Arapiraca são variados".

   a) Um dos espectadores adverte que há dois tipos de torcedores: "o que assiste aos jogos e o que acompanha futebol". Qual é a diferença entre esses tipos?

   b) Para outro torcedor, o rádio torna a partida mais animada e emocionante. Em sua opinião, por que isso ocorre?

   c) O que motivos tão diferentes revelam sobre o uso do rádio no estádio?

   d) Qual seria a importância do rádio para os torcedores que não estão no estádio?

13

7 No penúltimo parágrafo, o texto se refere ao momento do gol.

a) O que faz o torcedor Cavalcanti desgrudar-se do rádio nesse momento? Qual foi sua emoção? Como costumam ficar os torcedores, de modo geral, no momento do gol?

b) Os torcedores que não estão no estádio não presenciam o momento do gol. De acordo com o texto, como os locutores fazem para transmitir toda essa emoção?

c) Por que a palavra **gooooool** foi escrita com repetição da vogal **o**?

8 Releia esta declaração de um torcedor: " tenho que escutar o que estou vendo". Explique a relação estabelecida, no texto, entre os sentidos da visão e da audição.

Linguagem, texto e sentidos

1 Releia este trecho e faça o que se pede.

Antônio Feliciano Sobrinho, 71, tem uma razão **vital**. Ou melhor, **vistal**. "É que os meus olhos andam meio ruins, só assim que eu sintonizo quem é quem."

a) O autor faz um jogo de palavras entre **vital**, relacionada à vida, e **vistal**. Qual o sentido dessa última palavra, no contexto em que ela aparece?

b) Explique o jogo de palavras criado entre **vital** e **vistal**.

c) Que efeito esse jogo de palavras cria no texto?

> **Vistal** é um **neologismo**, isto é, uma palavra inventada pelo autor. Os neologismos – criados de acordo com o processo de formação de palavras da língua – conferem novo sentido ao texto.

2 Volte ao texto e releia o segundo parágrafo. Antes de iniciar a descrição e os comentários, o autor diz "Eu poderia falar". O que essa expressão sugere? O que o autor fez de fato?

> Ao usar a expressão "eu poderia falar", Torero emprega uma figura de linguagem chamada **preterição**. Ela ocorre quando o autor diz que não vai dizer uma coisa, mas em seguida a diz.

3 Identifique, na metade do trecho do texto da atividade 2, a frase que mostra do que o autor realmente queria falar.

Língua viva

A língua portuguesa, como qualquer outra língua, está em constante mudança. Palavras são criadas e entram em uso, enquanto outras caem em desuso. Um dos processos de criação de palavras é o **neologismo**. A palavra **vistal**, por exemplo, é um neologismo, usado no texto para estabelecer uma relação de humor com a palavra **vital**: **vital** se origina de **vida**; **vistal**, de **vista**.

As palavras novas são criadas com base nas regras de formação de vocábulos do português. **Deletar**, por exemplo, originou-se do verbo em inglês *to delete* – que, por sua vez, é originado do latim *deleo*. Essa palavra dá nome à tecla do computador destinada a apagar algo que foi digitado. Com a ampliação do uso dos computadores, a palavra *delete* acabou originando o verbo em português **deletar**, que pertence à 1ª conjugação e segue o modelo dessa conjugação na flexão em tempos e modos. No início usado no sentido de "apagar alguma coisa digitada", o verbo **deletar** teve seu significado expandido e passou a se referir a qualquer ato de excluir "Delete o que falei" etc.).

4 Ao usar a preterição para falar de várias outras coisas antes de entrar no assunto mais importante, que efeito se cria para o leitor?

5 O título da crônica é "Vendo com os ouvidos". Compare-o com a fala de um dos espectadores do jogo ouvidos pelo cronista, no parágrafo final.

> "Você me desculpe, mas agora não posso falar, viu? Tenho que escutar o que eu estou vendo."

a) Que relação existe entre o título e a fala do espectador?

b) A crônica mistura sensações ligadas à visão e à audição em outras passagens. Transcreva uma dessas passagens.

c) Que efeito causa no leitor a descrição de todas essas sensações experimentadas pelos torcedores?

> **Sinestesia** é o nome da figura de linguagem que associa, em uma mesma expressão ou no mesmo trecho, diferentes sensações, ligadas à visão, à audição, ao olfato, ao paladar e ao tato. Ao usar essa figura em um texto, o autor cria um efeito de vivacidade, já que, na vida real, costumamos ter sensações mescladas: sentimos cheiros ao mesmo tempo que ouvimos sons, percebemos gostos e texturas etc.

6 Releia a passagem a seguir e observe o trecho destacado.

> [...] Alguns torcedores os escutavam bem colados ao ouvido, outros preferiam deixá-lo um tanto longe e com o volume no máximo. Mas os do lado não se incomodavam. **Pegavam carona**.

a) Agora leia um trecho de um artigo de coluna de jornal que oferece dicas de viagem e responda que sentido a expressão destacada tem neste contexto.

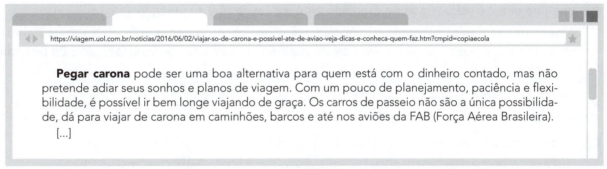

> **Pegar carona** pode ser uma boa alternativa para quem está com o dinheiro contado, mas não pretende adiar seus sonhos e planos de viagem. Com um pouco de planejamento, paciência e flexibilidade, é possível ir bem longe viajando de graça. Os carros de passeio não são a única possibilidade, dá para viajar de carona em caminhões, barcos e até nos aviões da FAB (Força Aérea Brasileira). [...]

Yannik D'Elboux. UOL. Disponível em <https://viagem.uol.com.br/noticias/2016/06/02/viajar-so-de-carona-e-possivel-ate-de-aviao-veja-dicas-e-conheca-quem-faz.htm?cmpid=copiaecola>. Acesso em: 27 ago. 2018.

b) Na crônica que você leu, a expressão tem o mesmo sentido? Justifique sua resposta.

c) Considere sua experiência de falante e responda em qual dos casos o sentido dado à expressão é mais comum.

d) Você saberia citar exemplos de outros casos em que a expressão é usada fora de seu sentido mais comum? Explique o sentido da expressão em cada exemplo.

e) Todos os usos da expressão associam-se a situações mais formais, oficiais e solenes ou a situações informais, do dia a dia?

7 Escreva no caderno a afirmativa que contém uma conclusão correta a respeito da crônica lida.

a) A crônica cria certa confusão para o leitor ao relatar um fato real usando linguagem informal.

b) A crônica inventa fatos não ocorridos, que resultam da imaginação do cronista.

c) A crônica relata um fato cotidiano empregando recursos literários, criando no texto os efeitos de subjetividade e vivacidade.

d) A crônica mistura elementos que não combinam, o que cria confusão para o leitor e exige grande esforço de leitura.

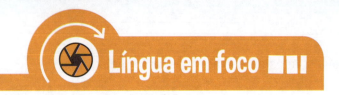

Revisão: oração, sujeito, predicado

1 Releia esta frase da crônica "Ouvindo com os ouvidos": "O jogo era ASA [...] × Petrolina".

a) Em que pessoa foi empregado o verbo **era**?

b) Se o autor do texto quisesse se referir a dois jogos, como faria? Reescreva a frase, fazendo as adaptações necessárias.

c) Que relação você pode notar entre sujeito e verbo na frase do enunciado e na que você reescreveu?

2 Releia este trecho.

Alguns torcedores os escutavam bem colados ao ouvido, outros prefeririam deixá-lo um tanto longe e com o volume no máximo. **Mas os do lado não se incomodavam. Pegavam carona**.

a) O trecho em destaque é formado por orações? Explique.

b) Por que os verbos **incomodavam** e **pegavam** estão no plural?

c) De que modo o autor do texto poderia explicitar o sujeito em "Pegavam carona"?

3 Imagine que o trecho citado no exercício anterior fosse escrito desta forma.

Alguns torcedores os escutavam bem colados ao ouvido, outros prefeririam deixá-lo um tanto longe e com o volume no máximo. Mas **os torcedores** do lado não se incomodavam. **Os torcedores** pegavam carona.

a) O que a repetição dos termos destacados provocaria no texto?

b) Em sua opinião, por que o autor optou por não explicitar o sujeito em "Pegavam carona"?

4 Agora considere outra transformação neste trecho.

Mas os do lado não se incomodavam. **Pegavam**.

Essa alteração seria possível? Por quê?

5 Observe a oração em destaque no trecho a seguir.

Vi rádios de todos os tipos pelo estádio Coaracy da Mata Fonseca. [...] **Alguns torcedores os escutavam bem colados ao ouvido**.

a) Em "**os** escutavam", a que palavra o pronome **os** faz referência?

b) Em relação ao verbo **escutar**, que informações são necessárias para que seu sentido seja compreendido?

c) Com base no que você respondeu no item anterior, qual dessas informações indica o sujeito? Qual é parte do predicado?

d) Na oração em destaque, que palavra funciona como elemento central, ou seja, como núcleo:
- do sujeito?
- do predicado?

e) Que elementos se ligam:
- ao núcleo do sujeito?
- ao núcleo do predicado?

f) Que importância esses núcleos têm para o entendimento do texto?

6. Com base nos exercícios 4 e 5, escreva uma conclusão sobre a relação entre os verbos observados e as palavras que os acompanham.

> Na maioria dos textos, as informações são apresentadas em **orações**, enunciados que se organizam em torno de verbos. Os verbos fazem parte do **predicado** e concordam com o **sujeito**.
> O **sujeito** se organiza como um **sintagma nominal**, e o **predicado**, como **sintagma verbal**. No predicado, os verbos podem relacionar-se com palavras que complementam seu sentido, ou seja, com seus **complementos**.

7. Leia o trecho de uma notícia sobre um torcedor de basquete do interior de São Paulo.

BAURU (SP) Entre os 2 000 torcedores no ginásio Panela de Pressão, em Bauru, interior de São Paulo, para ver o primeiro jogo da semifinal do NBB (Liga Nacional de Basquete) do time da casa contra o Paulistano, na última segunda-feira (30), um se destacava.

Thiago Augusto Oliveira, 25, acompanha tudo com o ouvido colado no radinho de pilha. Ele é cego desde que nasceu. Mesmo sem poder assistir às jogadas do time, é um dos torcedores mais fanáticos do Bauru Basket, integrando uma das torcidas organizadas da equipe, a Fúria.

Ele vai a todos os jogos em Bauru e já viajou para acompanhar o time de coração algumas vezes.

Seus "olhos" são o narrador e jornalista Rafael Antônio, da rádio JP News Bauru. [...]

Thiago Augusto de Oliveira acompanha pelo rádio uma partida do Bauru Basket.

Bruno Mestrinelli. Torcedor cego acompanha jogos do Bauru no ginásio com ajuda de rádio. *Folha de S.Paulo*, 5 maio 2018. Disponível em: <www1.folha.uol.com.br/esporte/2018/05/torcedor-cego-acompanha-jogos-do-bauru-no-ginasio-com-ajuda-de-radio.shtml>. Acesso em: 9 jun. 2018.

Agora, considere os períodos a seguir como possíveis títulos para o fragmento da notícia.

I. Torcedor cego vibra durante os jogos de basquete do Bauru graças ao seu radinho de pilha.

II. Torcedor cego e apaixonado por basquete não vê as jogadas, mas acompanha tudo pelo radinho de pilha no estádio do Bauru.

III. Nas quadras, torcedor cego e fanático acompanha os jogos de basquete do Bauru com o ouvido colado em seu radinho de pilha.

IV. Apaixonado pelo time de basquete do Bauru, torcedor cego vai à partida e não perde nenhum lance graças a seu radinho de pilha.

a) Compare os títulos. Identifique aqueles constituídos de períodos simples e os organizados em períodos compostos.

b) Observe os sintagmas nominais que funcionam como sujeito. Há determinantes e modificadores que o ampliam? Explique sua resposta.

c) Analise os sintagmas verbais. Há complementos e outras expressões ligadas aos verbos? Justifique sua resposta.

d) Com base no que você verificou, quais títulos são mais detalhados? Quais deles são mais concisos? Algum deles é mais expressivo que os demais? Comente sua resposta.

CAPÍTULO 2

  Antes da leitura

1. Leia o título do texto na página ao lado. Com base nesse título, que imagens e cenas você pode imaginar?

2. Que atividades, brincadeiras, comidas e costumes do lugar onde você vive (campo ou cidade) mais lhe agradam? Que outras vivências você gostaria de experimentar?

3. Que tal fazer um desenho para representar visualmente o título do texto que você lerá a seguir?

   a) Antes de começar, considere estas questões: Como seria um "menino de cidade"?
   - O que ele gosta de fazer?
   - Que tipo de roupas e calçados ele usa?
   - Quais são os passeios preferidos dele?
   - E as brincadeiras?
   - Que meio de transporte ele usa para se deslocar até a escola?
   - Por quais paisagens ele passa?
   - Onde mora?
   - Em que tipo de moradia?
   - Que facilidades e dificuldades há na vida na cidade?
   - É muito diferente do local em que se localiza a sua escola?

   b) Represente o menino na paisagem urbana criando cenas da cidade. Como são as ruas? O movimento de carros e outros transportes? Os prédios?

   c) Se for colorir o desenho, que cores vai usar? Que cores estão mais presentes na cidade?

   d) Com os colegas e o professor, montem um painel com os desenhos produzidos.

4. Depois de pronto o painel, observe as colagens e converse com os colegas e o professor sobre o que representa, para cada um, o título "Menino de cidade".

5. Será que o texto abordará questões semelhantes àquelas em que você e os colegas pensaram? Levante algumas hipóteses.

Desenho

O desenho é uma forma de registro. As primeiras representações da vida em comunidade e da comunicação humana foram encontradas em desenhos gravados em cavernas, chamados desenhos rupestres. Estima-se que na Serra da Capivara, no Piauí, principal sítio arqueológico brasileiro, os desenhos tenham sido feitos há mais de 50 mil anos. São os mais antigos das Américas e ligam-se a temas do cotidiano, como a caça, a alimentação, danças e lutas.

Hoje em dia, o desenho baseia-se mais comumente no movimento do lápis no papel, criando linhas e formas. Ele não depende de "jeito" ou "técnica" apenas. Depende de coragem, vontade de expressar uma visão do mundo e de registrar a observação que fazemos do que nos rodeia e do que podemos imaginar.

Desenho na Toca da Entrada do Pajaú, na Serra da Capivara, em São Raimundo Nonato (PI).

Menino de cidade

Papai, você deixa eu ter um cabrito no meu sítio?
Deixo.
E porquinho-da-índia? E ariranha? E macaco? E quatro cachorros? E duzentas e vinte pombas? E um boi? E vaca? E rinoceronte?
Rinoceronte não pode.
Tá bem, mas cavalo pode, não pode?
O sítio é apenas um terreno no estado do Rio, sem maiores perspectivas imediatas. Mas o garoto precisa acreditar no sítio como outras pessoas precisam acreditar no céu. O céu dele é exatamente o da festa folclórica, a bicharada toda e ele, que nasceu no Rio e, contra a própria vontade, vive nesta cidade sem animais. Aliás, ele mesmo desmente que o Rio seja uma cidade sem bichos, possuindo o dom de descobri-los nos lugares mais inesperados. Se entra na casa de alguém, desaparece ao transpor a porta, para voltar depois de três segundos com um gato ou cachorro na mão. A gente vai andando por uma rua de Copacabana, ele some e ressurge com um pinto amarelo. É chegar na Barra da Tijuca, e daí a cinco minutos, já apanhou um siri vivo. Localiza misteriosamente todos os animais da redondeza, anda pela rua em disparada, cumprimentando aqui um papagaio, ali um ganso, mais adiante um gato, incansável e frustrado.

Não distingue marcas de automóvel, em futebol não vai além de Garrincha e Nilton Santos, mas sabe perfeitamente o que é um *mastiff*, um *boxer*, um pastor-alemão. Dá informações sobre as pessoas de acordo com os bichos que elas possuam: aquele é o dono do Malhado, aquela é a dona do Lord… Ao telefone, pergunta por patos, gatos, e outros cachorros, centenas, milhares de cachorros, cachorros que ele prefere aos companheiros, cachorros que o absorvem na rua, na escola, na hora das refeições, cachorros que costumam latir e pular em seus sonhos, milhões de cachorros.

Sua literatura é rigorosamente especializada: livros coloridos sobre bichos. Engatinha mal e mal na leitura, mas fala com uma proficiência um pouco alarmante a respeito de répteis, batráquios etc.… Filho de mãe inglesa, confunde **fork** com **knife**, mas sabe o que é **seal** e **walrus**. Se pede um pedaço de papel é para desenhar uma zebra ou uma baleia.

Glossário
Fork: garfo, em inglês.
Knife: faca, em inglês.
Seal: foca, em inglês.
Walrus: morsa (ou vaca-marinha), em inglês.

É claro que a sua profunda frustração causa pena. Por isso mesmo, há algum tempo ganhou como consolo um canarinho-da-terra. Um dia, no entanto, como lhe dissessem que iam dar o passarinho, caso continuasse a comportar-se mal, correu para a área e abriu a porta da gaiola. Deram-lhe um bicudo, mas o bicudo morreu de tanto alpiste. Ganhou mais tarde uma tartaruga, pequenina e estúpida, que recebeu na pia do banheiro o nome de Henriqueta. Nunca qualquer outro quelônio deu tanto serviço. Um dia foi ao dentista na cidade, e, ao voltar, disse ao pai pela primeira vez uma palavra horrível: estou desesperado. Tinha perdido a tartaruguinha no lotação.

Ficou um vazio em sua vida. O alívio era ligar o telefone interurbano para a avó e indagar pelos patos que "possuía" em outra cidade. Ou fazer uma visita à futura mãe de Poppy, este um *poodle* que deverá nascer daqui a meio ano, prometido de pedra e cal para ele. Outro expediente: caçar borboletas, mariposas, grilos, alojar carinhosamente os insetos nas gaiolas vazias, chamar-lhes pelos nomes dos antigos bichos mortos ou desaparecidos.

Um tio deu-lhe outra vez um canário, o carinho foi demais, o passarinho morreu. Não há nada a fazer, por enquanto, e ele dedicou-se à arte de desenhar. De vez em quando ainda se anima e entra em casa afogueado, mostrando alguma coisa quase invisível nas mãos: "Olha que estouro de grilo!". Mas os grilos e as borboletas legais morrem ou saem tranquilamente das gaiolas, e ei-lo novamente de mãos e alma vazias.

Mas deu um jeito: arranjou alguns pires sem uso e plantou sementes de feijão. O banheiro está cheio de brotos de feijão, verdes e tímidos. E já se convenceu de que possui uma enorme fazenda.

Paulo Mendes Campos. *Balé do pato e outras crônicas*.
São Paulo: Ática, 1988. p. 21-24.
© by Joan A. Mendes Campos.

Um cronista refinado

O escritor Paulo Mendes Campos nasceu em 1922, em Belo Horizonte (MG) e faleceu em 1991, no Rio de Janeiro (RJ). Morou no Rio de Janeiro a maior parte da vida. Escreveu premiados livros de poesia e ganhou notoriedade como cronista em jornais e revistas cariocas. Ao lado de amigos como Rubem Braga, Fernando Sabino e Otto Lara Resende, tornou-se um dos responsáveis pelo prestígio da crônica entre 1950 e 1960. Suas crônicas foram reunidas em livros como *O amor acaba*, *O mais estranho dos países* e *Primeiras leituras*.

Ampliar

Balé do pato, de Paulo Mendes Campos (Ática).

Esta coletânea apresenta textos em que o cronista revela seu humor e sua forma especial de enxergar o dia a dia.

Ele narra traquinagens da infância, flagrantes do cotidiano e reflexões sobre experiências vividas.

Estudo do texto

1) Releia o começo do texto, em que o menino faz vários pedidos ao pai.

> Papai, você deixa eu ter um cabrito no meu sítio?
> Deixo.
> E porquinho-da-índia? E ariranha? E macaco? E quatro cachorros? E duzentas e vinte pombas? E um boi? E vaca? E rinoceronte?
> Rinoceronte não pode.
> Tá bem, mas cavalo pode, não pode?

a) O que ele pede?
b) O que há de surpreendente nos pedidos?
c) O que os pedidos revelam sobre o menino?

2) O texto se refere a alguns lugares.

a) Onde o menino nasceu e vive?
b) Que características desse lugar são apontadas no texto?
c) Onde fica o sítio a que o menino se refere?

3) Escreva no caderno a opção que completa corretamente o enunciado seguinte: O sítio a que se refere o menino...

a) é uma grande propriedade de família.
b) só existe na imaginação da criança.
c) não é exatamente um sítio, mas um terreno.
d) é o quintal da casa do menino.

4) Com base no texto, explique a passagem a seguir.

> O sítio é apenas um terreno no estado do Rio, sem maiores perspectivas imediatas. Mas o garoto precisa acreditar no sítio como outras pessoas precisam acreditar no céu.

5) Leia o resumo da fábula "A festa no céu".

> Um dia, todos os animais que voavam foram convidados para uma festa no céu. O sapo, que queria muito ir à festa, escondeu-se na viola do urubu, participou da festa, mas na volta acabou sendo jogado do céu pelo urubu e caiu em cima das pedras de um riacho. Não morreu, mas as cicatrizes formaram os desenhos que se veem na pele dos sapos.

a) Você já conhecia essa fábula?
b) Com base na leitura do texto e no título da fábula, do que ela trata?

6) Agora, releia o trecho do texto:

> O céu dele é exatamente o da festa folclórica, a bicharada toda e ele.

a) A que festa folclórica o trecho se refere? Por quê?
b) Por que, para o menino, o céu é semelhante ao da "festa folclórica"?

7 O trecho a seguir trata das preferências e conhecimentos do garoto.

> Não distingue marcas de automóvel, em futebol não vai além de Garrincha e Nilton Santos, mas sabe perfeitamente o que é um *mastiff*, um *boxer*, um pastor-alemão.

a) Ao afirmar que o menino "não distingue marcas de automóvel", o que o texto pressupõe sobre o gosto comum de meninos e jovens?

b) Garrincha e Nilton Santos foram dois dos jogadores mais importantes e conhecidos do Brasil nas décadas de 1950 e 1960. O que essa informação revela sobre o menino?

c) A informação sobre os jogadores de futebol ajuda a localizar a época em que se passam os fatos relatados na crônica? Por quê?

d) A referência ao nome de três raças de cães ajuda a construir que imagem do menino?

8 Releia o trecho a seguir.

> Engatinha mal e mal na leitura, mas fala com uma proficiência um pouco alarmante a respeito de répteis.

a) O verbo **engatinhar** é usado para caracterizar a leitura do menino. Qual é o significado usual desse verbo?

b) Que sentido esse termo adquire no trecho transcrito?

c) Pelo contexto da frase, explique o significado de **proficiência**. Se precisar, recorra ao dicionário.

d) Como o conhecimento do menino sobre répteis é caracterizado?

9 Releia algumas passagens do texto.

I. "Dá informações sobre as pessoas de acordo com os bichos que elas possuam [...]"

II. "Ao telefone, pergunta por patos, gatos, e outros cachorros, centenas, milhares de cachorros, cachorros que ele prefere aos companheiros [...]"

III. "Outro expediente: caçar borboletas, mariposas, grilos, alojar carinhosamente os insetos nas gaiolas vazias, chamar-lhes pelos nomes dos antigos bichos mortos ou desaparecidos."

a) De que modo o texto descreve a relação do menino com os animais? Justifique.

b) E você? Tem algum animal de estimação? Gosta de animais?

c) Qual é sua opinião a respeito da relação do menino com os animais?

10 Os pais, com pena do menino, que não tem como criar animais onde mora, presentearam-no com animais pequenos.

a) Que animais ele ganhou de presente?

b) De acordo com o texto, o menino estava preparado para cuidar desses animais? Justifique.

11 O menino era criativo e encontrou estratégias para lidar com a frustração por não ter animais por perto.

a) O que ele fazia?

b) Você já enfrentou alguma frustração? Teve um desejo não realizado? Conte aos colegas que saídas conseguiu encontrar para a situação.

Periquito-rico (*Brotogeris tirica*).

Wiki Aves
<www.wikiaves.com.br/aves>
A Wiki Aves é uma enciclopédia colaborativa criada por biólogos observadores das aves do Brasil. Contém informações detalhadas sobre aves e você pode ouvir gravações com canto de diversos pássaros.

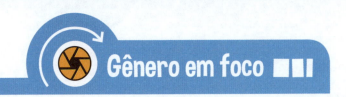

Crônica

1. Na crônica "Menino de cidade", a personagem principal:
   a) Relaciona-se com que outras pessoas?
   b) Movimenta-se em que tipo de ambiente?
   c) Envolve-se com que tipo de gostos e hábitos?

2. O que essa personagem tem em comum com outras crianças da idade dela? E o que tem de diferente?

3. Releia a crônica do Capítulo 1, "Vendo com os ouvidos".
   a) Ela se passa em que ambiente?
   b) Quem são as personagens?
   c) O que elas fazem que justifica o título da crônica?
   d) A situação retratada é comum ou extraordinária? Por quê?

4. Nas duas crônicas:
   a) Os assuntos abordados são comuns, extraordinários, fantasiosos, reais? Justifique sua resposta.
   b) Os cronistas, ao falar desses assuntos, usam que tipo de linguagem? Eles parecem estar explicando um fato, contando um caso ou apresentando uma informação?

5. Na crônica do Capítulo 1, o cronista usa neologismos e figuras de linguagem. Na crônica do Capítulo 2, o autor surpreende o leitor com uma série de perguntas que abrem a crônica e associa uma fala do menino a uma fábula conhecida. Pensando nesses aspectos e nas respostas anteriores, copie em seu caderno a resposta que caracteriza adequadamente o gênero crônica. A crônica:
   a) baseia-se em fatos cotidianos, dando-lhes tratamento literário.
   b) conta um caso comum, como se desse uma notícia ao leitor.
   c) escolhe um acontecimento surpreendente e trata-o de modo comum.
   d) surpreende o leitor, porque começa falando de um assunto e termina com outro.

6. Releia fragmentos das crônicas "Vendo com os ouvidos" (1) e "Menino de cidade" (2).
   I. "[...] finalmente cheguei a Arapiraca para ver uma das partidas de abertura da Série C do Brasileiro." (1)
   II. "Mas o que mais me impressionou foram os rádios." (1)
   III. "O sítio é apenas um terreno no estado do Rio, sem maiores perspectivas imediatas. Mas o garoto precisa acreditar no sítio como outras pessoas precisam acreditar no céu." (2)
   IV. "Engatinha mal e mal na leitura, mas fala com uma proficiência um pouco alarmante a respeito de répteis, batráquios etc." (2)
   a) Em que pessoa do discurso é escrita cada crônica?
   b) Que palavras, nos fragmentos destacados, possibilitam perceber uma opinião do cronista? Justifique sua resposta.
   c) Formule uma conclusão a respeito do modo de escrever uma crônica.

23

7 Observe esta página de jornal e leia, na página seguinte, um trecho de cada um dos textos.

O Globo, 14 jul. 2018. p.10. Disponível em: <https://oglobo.globo.com/cultura/as-minhas-selecoes-22883060>. Acesso em: 7 ago. 2018.

I. "As minhas seleções

   Continuarei torcendo pelo que a seleção francesa representa: diversidade e integração de culturas

   Já se sabe quem vai perder – aliás, quem já perdeu – quando amanhã a seleção francesa defrontar a Croácia: perdeu a extrema-direita racista e anti-imigração."

II. "DESCOLADA MÚSICA DO DESASSOSSEGO

   Em novo álbum, dupla portuguesa ganha mundo juntando melancolia e crítica social à sua música indefinível

   Estrada. Com 17 anos de atividade e seis álbuns, Pedro Gonçalves (baixo e guitarra) e T Trips (guitarra) fazem shows no Brasil em novembro: sucesso internacional veio com ajuda de participarem no programa de Anthony Bourdain em 2012"

a) Na página do jornal há dois textos. O que ganha maior destaque em cada um deles? Explique sua resposta.

b) Leia o título de cada texto. Identifique em que pessoa do discurso eles são escritos e justifique.

c) Pelo modo como cada texto é iniciado, qual deles é um texto pessoal? Por quê?

d) Qual dos dois textos é uma crônica? Justifique sua resposta.

e) Os dois textos estão no segundo caderno de um jornal, dedicado a assuntos de arte, cultura e espetáculos. Quem lê esse caderno?

f) Por que uma crônica aparece nesse tipo de caderno?

8 Leia este trecho de reportagem e responda às questões.

www.g1.globo.com/sao-paulo/sorocaba-jundiai/mundo-pet/noticia/relacao-entre-animais-de-estimacao-e-criancas-traz-serie-de-beneficios.ghtml

Relação entre animais de estimação e crianças traz série de benefícios

Ter um animal de estimação em casa, quando se tem filhos pequenos, parece ser tarefa difícil para muitos pais. O receio da relação entre as crianças e os *pets* – assim como o aumento de gastos e responsabilidades – pode significar uma barreira na decisão de ter gato, cachorro ou qualquer outro animal.

No entanto, especialistas afirmam que o relacionamento das crianças com os animais é benéfico e pode até ajudar no desenvolvimento social dos pequenos.

A psicóloga Mara Lúcia Madureira explica que as crianças que convivem com animais de estimação costumam expressar afetividade mais facilmente e aprendem mais sobre regras de convívio, respeito e sobre a importância de cuidar do outro.

[...]

Há 2 anos, a diretora de escola Marcela Scotti Marin Silva presenteou o filho Eduardo, de 6 anos, com uma *yorkshire* para ver se o comportamento dele mudava.

"Na época em que dei a Dolly, ele tinha apenas 4 anos e era uma criança muito agitada. Com a presença da cachorra, ele adquiriu a responsabilidade do cuidar. Até então, ele não tinha cuidado nem com os próprios pertences e vivia destruindo as coisas. Hoje, ele está mais calmo e obediente e consegue manter as coisinhas no lugar".

A mãe conta que Eduardo e o irmão Henrique, de 11 anos, cuidam da Dolly todos os dias pela manhã. Segundo ela, os dois acordam e colocam ração e água para a cachorra antes de irem à escola. [...]

Artush/Shutterstock.com

G1/TV TEM, 29 jun. 2017. Disponível em: <www.g1.globo.com/sao-paulo/sorocaba-jundiai/mundo-pet/noticia/relacao-entre-animais-de-estimacao-e-criancas-traz-serie-de-beneficios.ghtml>. Acesso em: 9 jun. 2018.

Mostre as diferenças e semelhanças entre essa reportagem e a crônica "Menino de cidade" quanto:

a) aos assuntos abordados;

b) ao modo de abordar os assuntos;

c) às citações;

d) à apresentação de opiniões pessoais do repórter e do cronista.

9. Com base na análise da página de jornal que contém uma crônica e uma notícia, ao comparar a crônica com a reportagem, reflita sobre a circulação desses gêneros.

a) Em que tipo de veículo eles circulam?

b) Por que a crônica, a notícia e a reportagem são adequadas a esse meio de circulação?

c) Escolha uma palavra, dentre as seguintes, que possa ser associada ao modo particular de expressão da crônica e outra que se associe à reportagem: literário; informativo; humorístico; apelativo.

> A crônica é um gênero que em geral tem como tema acontecimentos cotidianos, por exemplo: o menino que ama os animais, o homem que tem medo do dentista, uma confusão na partida de futebol, o primeiro amor etc.
>
> Embora os fatos relatados nas crônicas sejam concretos, elas se diferenciam das notícias de jornal pelo tratamento literário da linguagem. O cronista aborda o fato de modo subjetivo, manifesta opiniões e impressões. Já no texto jornalístico os fatos são tratados com distanciamento, criando o efeito de objetividade.
>
> A principal característica da crônica não é apenas relatar um fato ou acontecimento, mas usar o fato para falar sobre emoções, falhas e comportamentos humanos em um texto marcado pelo cuidado com a linguagem.
>
> Geralmente publicada em revistas, jornais e *blogs*, a crônica situa-se no limite entre o jornalismo e a literatura. Do jornalismo, a crônica herdou a observação atenta do cotidiano, e da literatura, o uso expressivo e criativo da linguagem.

  Estudo e pesquisa

Quadro síntese

Uma das maneiras que podem ajudá-lo a sistematizar os assuntos estudados em sala de aula é a elaboração de sínteses e retomadas.

O **quadro síntese** é um recurso visual cuja função é resumir os principais tópicos sobre um assunto e esquematizá-los em um quadro.

Agora você fará anotações curtas, de forma resumida, com o objetivo de organizar as principais características do **gênero crônica**. Para isso, releia a seção **Gênero em foco** e as atividades referentes aos textos principais desta unidade. Em seguida, complete o quadro no caderno.

Gênero crônica	
Assuntos que aborda	
Uso da linguagem	
Modo de construção do texto; efeitos de sentido construídos	
Meios de publicação	

Formação de palavras: derivação

1 Você se lembra de que, na crônica "Vendo com os ouvidos", o autor fez um jogo com as palavras **vital** e **vistal**? Reveja o uso de cada uma delas no texto.

> [...] Mas houve outras, várias outras. Antonio Feliciano Sobrinho, 71, tem uma razão **vital**. Ou melhor, **vistal**. "É que os meus olhos andam meio ruins, só assim que eu sintonizo quem é quem."

a) A que palavras **vital** e **vistal** se referem?

b) Em que sintagmas as palavras aparecem no texto?

c) Por que o uso dessas palavras é importante para a produção de sentidos no trecho?

d) O que as duas palavras usadas pelo autor têm em comum?

e) Agora, forme novas palavras com base nas seguintes: **semana**, **ano**, **boca**. Utilize a mesma estratégia que o autor da crônica usou.

f) Considere os sintagmas: **programa semanal**, **atividade anual** e **saúde bucal**. As palavras formadas com terminação **-al** têm função semelhante à de **vital** e **vistal** na crônica?

g) O que se pode concluir sobre a formação de palavras como **vital** e **vistal**?

h) Você também refletiu sobre o efeito de sentido que o jogo entre **vital** e **vistal** produz no texto. O que o leitor precisa reconhecer nas palavras para entender esse efeito?

2 Releia um trecho da crônica "Menino de cidade".

> Papai, você deixa eu ter um cabrito no meu sítio?
> Deixo.
> E **porquinho-da-índia**? E ariranha? E macaco? E quatro cachorros? E duzentas e vinte pombas? E um boi? E vaca? E rinoceronte?

Simone Matias

a) A palavra **porquinho-da-índia** se forma de outras palavras já conhecidas. O que ela significa?

b) Imagine que o leitor não saiba o que é um porquinho-da-índia. Seria possível deduzir o significado da palavra com base nos elementos que a formam? Justifique.

c) O leitor conseguiria captar o significado da palavra com base apenas no contexto? Explique.

d) Compare as palavras **vital** e **porquinho-da-índia**. Elas são formadas da mesma forma? Justifique.

3 Releia outro trecho da crônica de Paulo Mendes Campos.

> É claro que a sua profunda frustração causa pena. Por isso mesmo, há algum tempo ganhou como consolo um **canarinho-da-terra**. Um dia, no entanto, como lhe dissessem que iam dar o passarinho, caso continuasse a comportar-se mal, correu para a área e abriu a porta da gaiola.

a) Que semelhança há entre a palavra em destaque e a palavra **porquinho-da-índia**?

b) Em **canarinho-da-terra**, saber o significado de cada parte da palavra pode ajudar o leitor a deduzir o significado da palavra como um todo?

c) No trecho relido, que outra informação pode ajudar o leitor a conhecer o significado da palavra destacada?

d) Diferentemente da palavra **porquinho-da-índia**, a palavra **passarinho** pode ser usada sem a terminação **-inho**. Que efeito de sentido o uso do diminutivo produz no trecho?

27

4 Com base nas atividades anteriores, responda: Por que é importante saber como as palavras se formam na língua?

> **Radical** é a parte da palavra que contém seu significado básico.
> Podemos formar novas palavras ao acrescentar elementos chamados **afixos** antes ou depois do radical. Nesses casos, há **derivação**. A palavra **vital** é formada pelo radical **vit-**, uma variação de **vid-** (como em **vida**) e pelo sufixo **-al**. É um caso de **derivação sufixal** ou **sufixação**.
> Além da **derivação**, podemos formar palavras pela união de duas ou mais palavras, ou seja, por **composição**. Por exemplo, as palavras **porquinho**, **da** e **índia**, quando associadas, formam uma nova palavra **porquinho-da-índia**.

5 Releia esta parte da crônica "Menino de cidade".

[...] Se entra na casa de alguém, desaparece ao transpor a porta, para voltar depois de três segundos com um gato ou cachorro na mão. A gente vai andando por uma rua de Copacabana, ele some e ressurge com um pinto amarelo. É chegar na Barra da Tijuca, e daí a cinco minutos, já apanhou um siri vivo.

a) Quanto à formação, o que os verbos **desaparece** e **ressurge** têm em comum?

b) E quanto ao sentido? Que relação há entre os verbos acima? Explique.

6 Reveja outros trechos da crônica e observe as palavras destacadas.

I. "Aliás, ele mesmo desmente que o Rio seja uma cidade sem bichos, possuindo o dom de descobri-los nos lugares mais **inesperados**."

II. "Localiza misteriosamente todos os animais da redondeza, anda pela rua em disparada, cumprimentando aqui um papagaio, ali um ganso, mais adiante um gato, **incansável** e frustrado."

III. "De vez em quando ainda se anima e entra em casa afogueado, mostrando alguma coisa quase **invisível** nas mãos: 'Olha que estouro de grilo!'"

a) Quanto à formação, o que as palavras **inesperados**, **incansável** e **invisível** têm em comum?

b) Quanto à função no texto, a que classe de palavras elas pertencem?

c) Há elementos nas próprias palavras que contribuem para a compreensão de seu significado? Explique.

d) Imagine que o cronista tivesse escrito "De vez em quando ainda se anima e entra em casa afogueado, mostrando alguma coisa **que** quase **não se pode ver nas mãos**: 'Olha que estouro de grilo!'". Em sua opinião, que versão é mais expressiva: a reescrita ou a original? Explique.

e) Usando prefixos, escreva no caderno a palavra que explica cada definição.

- O que não se pode ler é...
- O que não é normal é...
- O que não se pode explicar é...
- O contrário de montar é...
- O que não é possível é...
- O que não morre é...

> Quando usamos afixos no início das palavras para formar outras, temos **derivação prefixal** ou **prefixação**. Há prefixos que formam antônimos, ou seja, palavras de sentido contrário ao das palavras que lhe servem de base. O prefixo **des-** indica o contrário de **aparecer** em **desaparecer**, e o prefixo **in-** junta-se ao adjetivo **esperado** para indicar o seu oposto (**inesperado**).

7 No início da unidade, você leu uma crônica que falava do rádio de pilha. Leia agora o trecho de uma notícia sobre a morte de um torcedor conhecido como "Zé do Rádio".

> www.espn.com.br/noticia/511573_morre-ze-do-radio-o-torcedor-mais-chato-do-brasil
>
> ## Morre Zé do Rádio, o 'torcedor mais chato do Brasil'
>
> Morreu nesta quinta-feira Ivanildo Firmino do Santos, o "Zé do Rádio", torcedor símbolo do Sport. Transplantado cardíaco há 13 anos, **diabético** e **hipertenso**, ele teve uma parada cardíaca durante a madrugada e deu entrada no Hospital Português, no Recife [...].
>
> Ícone popular em Pernambuco, "Zé do Rádio" era conhecido como "o torcedor mais chato do Brasil", apelido que ganhou do ex-técnico Zagallo nos anos 90. Tudo por causa de seu rádio gigante e barulhento, sempre ligado no volume máximo, além de seus **infindáveis** gritos para cornetar os treinadores adversários na Ilha do Retiro.

ESPN, 21 maio 2015. Disponível em: <www.espn.com.br/noticia/511573_morre-ze-do-radio-o-torcedor-mais-chato-do-brasil>. Acesso em: 9 jun. 2018.

a) Explique o significado de **diabético**, **hipertenso** e **infindáveis** com base nos elementos que formam essas palavras e no contexto. Escreva mais duas palavras formadas com os mesmos afixos.

b) Forme duas outras palavras com base em cada palavra a seguir.

- rádio
- símbolo
- hospital

8 Millôr Fernandes foi um jornalista e escritor brasileiro que produziu vários textos humorísticos. As palavras a seguir foram definidas por ele de forma original. Veja.

Armarinho – vento que vem do mar.
Barganhar – herdar um botequim.
Detergente – ato de deter pessoas.
Algodão – oferecem alguma coisa.

Comover – maneira de olhar.
Informação – está se fazendo.
Marfim – onde acaba o oceano.

Millôr Fernandes. Disponível em: <www2.uol.com.br/millor/dicionario/001.htm> e <www2.uol.com.br/millor/dicionario/002.htm>. Acesso em: 9 jun. 2018.

a) Qual é a "lógica" ou o padrão que o autor seguiu para definir as palavras?

b) Por que as definições se tornam divertidas?

9 Vamos experimentar criar palavras? Faça como Millôr Fernandes e proponha novas definições para palavras que já existem em português.

a) Use prefixos e sufixos para criar palavras novas que expressem estes conteúdos:

- o que não se pode falar;
- pessoa que escuta rádio de pilha;
- pessoa viciada em tecnologia;
- o que é de cor meio bege.

b) Crie palavras livremente e explique o que significam.

c) Forme grupo com alguns colegas e compartilhe as definições e palavras que você inventou. Criem uma espécie de dicionário ou glossário criativo. Organizem as palavras em ordem alfabética e preparem o material de forma original e legível. Depois divulguem o trabalho em um mural em sala de aula ou no corredor da escola.

Uso de s e z em sufixos formadores de nomes e verbos

1 Leia o título e o subtítulo de algumas notícias.

I. **Feira oferta produtos do campo e promove lazer e música em Marabá**

A atividade conta com quinze famílias camponesas ofertando desde frutos a bolos e quitutes.

G1, 28 abr. 2018. Disponível em: <https://g1.globo.com/pa/para/noticia/feira-oferta-produtos-do-campo-e-promove-lazer-e-musica-em-maraba.ghtml>. Acesso em: 18 maio 2018.

II. **Estudantes encenam peça de escritor francês**

Gazeta Digital. Disponível em: < www.gazetadigital.com.br/suplementos/zine/estudantes-encenam-peca-de-escritor-frances/127476>. Acesso em: 9 out. 2018.

III. **Saiba os sacrifícios necessários para ser príncipe ou princesa**

Obrigações como conversas previamente preparadas mostram que há um lado que não é fácil na realeza, que restringe a autonomia individual

R7 Notícias, 17 maio 2018. Disponível em: <https://noticias.r7.com/internacional/saiba-os-sacrificios-necessarios-para-ser-principe-ou-princesa-17052018>. Acesso em: 17 maio 2018.

IV. **Produtos de limpeza podem ser tão prejudiciais quanto cigarro, diz estudo**

Boa Forma, 19 maio 2018. Disponível em: <https://boaforma.abril.com.br/saude/produtos-de-limpeza-podem-ser-tao-prejudiciais-quanto-cigarro-diz-estudo/>. Acesso em: 20 maio 2018.

a) Em I, que termo mantém com outro uma relação entre palavra primitiva e palavra derivada?

b) Em II, o adjetivo usado deriva de outra palavra? Explique.

c) Releia o título e o subtítulo da notícia em III.
- As palavras **príncipe** e **princesa** estão diretamente relacionadas. Qual é a relação que existe entre elas?
- De que palavra o substantivo **realeza** deriva?

d) No título IV, usa-se o substantivo **limpeza**. Que semelhança há entre **realeza** e **limpeza** quanto à formação e à grafia das palavras?

e) Com base nos itens anteriores, pense na formação das palavras abaixo e em sua grafia. O que se pode concluir sobre o uso de **s** ou de **z** em cada grupo?

I. Camponesa, francesa, princesa.   II. Realeza, certeza, beleza.

2 Leia o título e um trecho da notícia a seguir.

Gazeta do Povo, 2 maio 2018. Disponível em: <www.gazetadopovo.com.br/agronegocio/agricultura/esgoto-pode-alimentar-plantas-e-gerar-economia-de-r-10-milhoes-na-agricultura-821att3qkxn0jmvao9sylah16>. Acesso em: 9 jun. 2018.

a) Com base nas palavras do título, em que seção do jornal impresso ou do *site* do jornal a notícia pode ter sido publicada? Por quê?

b) O verbo **fertilizar** forma-se com base no adjetivo **fértil**. Explique o sentido do verbo no contexto da notícia.

c) Seria possível reescrever o sintagma verbal "**gerar uma economia** de R$ 10 milhões" transformando a expressão em destaque em um único verbo? Em caso afirmativo, como seria?

d) Indique os verbos que podem ser formados com base em **pesquisa**, **análise**, **real** e **atual**.

3 Leia a tira e responda às questões.

Bob Thaves. Disponível em: <http://cultura.estadao.com.br/quadrinhos/bob-thaves,frank-e-ernest,871440>. Acesso em: 15 maio 2018.

a) Em contextos ligados à divulgação de notícias, à circulação de memes e mensagens pela internet, o que significa o verbo **viralizar**?

b) Que sentido tem o verbo **viralizar** na tira?

c) Por que o uso da palavra produz um efeito de humor no texto?

d) Quanto à formação, o verbo **viralizar** se assemelha a **pesquisar**, **analisar** e **improvisar** ou a **realizar** e **atualizar**? Explique sua resposta.

e) Com base nos itens anteriores, que conclusão se pode formular sobre a formação de verbos e o uso de **s** ou **z** na grafia dessas palavras?

Escrevemos com os sufixos **-ês/-esa** palavras derivadas de substantivos (como os adjetivos **camponês** e **camponesa**, derivados do substantivo **campo**) e, com **-ez/-eza**, palavras derivadas de adjetivos (como o substantivo **polidez**, derivado do adjetivo **polido**, e o substantivo **delicadeza**, derivado do adjetivo **delicado**). Entre os verbos, usa-se **-izar** quando não há **s** na palavra primitiva (caso do verbo **modernizar**, derivado de **moderno**). Mantém-se o **s** junto ao sufixo **-(a)r** quando a palavra primitiva já traz essa letra (como no verbo **analisar**, derivado de **análise**).

Oralidade em foco

Relato

Você aprendeu, nesta unidade, que a linguagem das crônicas normalmente é leve e informal. Em certos momentos, o cronista parece relatar uma história de maneira espontânea, como se conversasse com o leitor. Como inspiração, a crônica trata, em geral, de assuntos do cotidiano, temas variados, como um acontecimento banal ou inusitado, um encontro, uma experiência de vida ou uma viagem, por exemplo.

Que tal pesquisar alguma fotografia recente ou mais antiga, de uma cena do cotidiano que tenha se passado em sua casa, com sua família ou em algum lugar que tenha visitado, e fazer um relato oral com base nela?

Fernando Favoretto/Criar Imagem

A fotografia pode ser digital, feita por você mesmo, ou impressa, retirada de um álbum de família. Se preferir, pode pesquisar imagens na internet que revelem algum aspecto do cotidiano que sirva de base para seu relato.

Produza seu relato à maneira de uma crônica e escolha o tom que seu texto terá. Despertará a emoção do interlocutor? Terá um toque de humor ou um tom descontraído? Será mais reflexivo?

Pense na cena retratada como fonte de inspiração para produzir seu relato e partilhar sua visão do cotidiano com os colegas. Lembre-se, ainda, de que o relato se origina de situações concretas, em que fatos são narrados e descritos por meio de sequências textuais que indiquem o que ocorreu. Vamos começar?

Preparação

1. Com base na fotografia ou imagem selecionada, escolha o tema que será desenvolvido em seu relato oral.
2. Depois, anote alguns tópicos para organizar suas ideias e a ordem em que os fatos relatados se desenvolverão. O relato não deverá ser lido, mas anotar as ideias principais no papel pode ajudá-lo no momento de apresentá-lo oralmente, caso esqueça algum detalhe que planejou explorar.
3. Pense em descrever o que vê ou pode ser visto na cena retratada e desenvolva sequências narrativas e descritivas para produzir o texto. No dia da apresentação de seu relato, não se esqueça de levar a fotografia ou imagem selecionada.
4. A atividade será feita durante a aula, por isso o relato oral não será inteiramente espontâneo, como ocorre quando você está no recreio ou em outras situações descontraídas. Não há um tema predefinido para o relato, mas a situação de comunicação do texto em sala de aula tem um fim estabelecido: abordar determinado fato de modo subjetivo e criativo, manifestando opiniões e impressões. Há, portanto, monitoramento e certas restrições, pois a situação de sala de aula requer cuidados, como não usar termos grosseiros ou inadequados ao contexto.

5. Treine também o tom de voz e module-o conforme os acontecimentos. Dê emoção a seu relato adequando a voz ao estilo do texto. Observe também a entonação: você pode falar mais baixo ou mais alto, de acordo com as ocorrências.
6. Ensaie os gestos que usará: eles também podem ajudar na criação do clima do relato e captar a atenção dos colegas. Evite, porém, gestos exagerados, pois podem atrapalhar e confundir a atenção do público.
7. O relato oral pode ser gravado ou filmado. Nesse caso, prepare o material necessário com antecedência. Separe um gravador, uma câmera ou um telefone celular. Com a gravação a atividade ficará ainda mais rica, pois ao ouvir o modo como produziu seu relato você perceberá marcas próprias da oralidade, como repetições, cortes inesperados no pensamento, retomadas. Não se preocupe: tudo isso é adequado ao gênero e está previsto na situação de relativa informalidade e menor monitoramento.
8. Se o relato não puder ser gravado, convide um colega para anotar as marcas de oralidade e as expressões corporais de cada participante. Vocês podem se revezar nessa função.

Realização

9. Fique de pé no meio da sala, que pode ser arrumada em um grande semicírculo para que cada colega que estiver com a palavra se levante e fale para toda a turma.
10. Com base na fotografia e na organização prévia de suas ideias, comece seu relato. Minutos antes, porém, mostre a fotografia ou imagem à turma para que todos conheçam a fonte de inspiração de seu relato.
11. Durante a atividade, procure olhar para todos os colegas a fim de captar e manter a atenção e o interesse deles. Lembre-se de adequar a entonação, o volume da voz e a linguagem corporal ao estilo do relato que produziu.
12. Ao terminar, volte a seu lugar e preste atenção ao relato dos colegas.
13. Ao se encerrarem os relatos, é importante que a turma troque impressões sobre os textos produzidos e ouça as observações de todos.
14. Todas as críticas e comentários devem ser respeitosos. Eles contribuem para aperfeiçoar a qualidade do texto.

Autoavaliação

15. Após os relatos, ouça a gravação ou assista ao vídeo e anote no caderno o que julgar mais interessante. Quais marcas da oralidade foram usadas? Gestos e expressões faciais reforçaram o que foi dito?
16. Você pode formar duplas e, com o colega, refletir sobre as funções estabelecidas por essas marcas:
    - De que modo vocês trouxeram novas informações ao relato?
    - Como os recursos da oralidade contribuíram para criar e manter o estilo do texto?
    - De que forma iniciaram o relato?
    - Como o finalizaram?
    - Empregaram marcas de concordância? Criaram formas de chamar a atenção dos colegas? As expressões corporais ajudaram no entendimento do relato? Reforçaram as ideias? Demonstraram a emoção de quem estava com a palavra e de quem ouvia?
17. Avalie-se. Verifique se você:
    - participou da atividade com interesse;
    - conseguiu perceber como se deu o relato;
    - compreendeu as diferenças entre a maneira de usar a língua na modalidade oral e na escrita.
18. Após a análise, formule algumas conclusões sobre as diferenças e semelhanças entre o relato oral e outras situações da oralidade, como uma aula, uma consulta médica, um debate em *podcast* ou entrevista de TV.

Oficina de produção

Crônica

Nesta unidade você leu crônicas e deve ter percebido que o cronista precisa ter o olhar atento aos detalhes do cotidiano, pois é do dia a dia que ele retira os temas de seus textos. De que modo um cronista faz isso?

Que tal apreciar os detalhes ao seu redor? Você será um cronista e precisa pousar o olhar em certos aspectos ou fatos de sua rotina para transformar a simplicidade das coisas habituais em matéria para a crônica.

Você escreverá uma crônica sobre um fato ocorrido na escola ou em sua casa. As crônicas da turma serão publicadas em meio impresso ou digital: em algum *site* ou *blog* da escola ou da turma ou nos *blogs* pessoais de cada aluno. Podem também ser impressas e divulgadas em um jornal-mural, de modo que todos possam ler os textos, trocar impressões e se divertir.

Preparação

1. Inicie a atividade relembrando as principais características das crônicas.

> O gênero crônica aborda acontecimentos cotidianos de modo subjetivo, pessoal.
> A principal característica da crônica é não apenas relatar um fato, mas fazê-lo expressando emoções e falando de questões e comportamentos humanos universais.
> A crônica situa-se no limite entre o jornalismo e a literatura. Do jornalismo, a crônica herdou a observação atenta do cotidiano e, da literatura, o uso expressivo e criativo da linguagem.

2. Em uma folha de rascunho, anote um acontecimento da vida escolar ou familiar que julgue interessante e pense em uma sequência para relatá-lo. Por exemplo: uma situação ocorrida no recreio, entre uma aula e outra, algo interessante que tenha acontecido no corredor, uma conversa entre colegas. No ambiente familiar, pode ser um almoço divertido, uma conversa entre as tias, o lanche na casa da avó, um jogo de futebol ou de outro esporte ao ar livre com os primos. Tudo o que acontece na escola e na rotina de sua família pode virar assunto de uma crônica, basta ter o olhar apurado para observar.
3. Escolhido o tema, pense na sequência dos acontecimentos. Coloque a sequência em tópicos para facilitar o desenvolvimento da crônica.
4. Imagine de que modo você iniciará a crônica: contando logo o assunto principal ou adotará estratégias para surpreender o leitor? E quanto ao final? Criará um impacto no leitor? Vai fazê-lo rir? Refletir?

Produção

5. Você pode relatar o acontecimento em 1ª pessoa, criando efeitos de subjetividade, ou fazer o relato em 3ª pessoa, mantendo-se mais distante dos fatos narrados. Aproveite para usar a linguagem de modo mais informal. Adote um tom leve e faça uso de estratégias para criar humor, suspense e prender a atenção do leitor.
6. O registro da linguagem pode ser coloquial, mas lembre-se de estar atento à adequação à norma-padrão. Por isso, não se descuide de aspectos como ortografia e uso adequado de conectores para garantir coesão entre as partes do texto.

7. Que tal aproveitar para usar um dos neologismos que criou? Lembre-se também da concordância entre sujeito e verbo.
8. O texto não deve ser muito longo, e as partes precisam estar bem encadeadas.
9. A crônica será publicada no jornal-mural da sala de aula. Pense que seus colegas serão os leitores. O que eles gostariam de ler? Lembre-se de que em uma crônica o modo de relatar é muito importante; então, tente surpreender seus leitores usando a língua de modo diferente e expressivo.

Revisão

10. Releia seu texto e verifique se há repetições desnecessárias de palavras. Se houver, sublinhe as palavras repetidas, consulte o dicionário para buscar sinônimos e faça as substituições. Outra opção é substituir palavras e expressões por pronomes ou mesmo cortá-las caso possam ser subentendidas.
11. Observe se as sequências do texto estão encadeadas com lógica.
12. Verifique se a grafia e a pontuação estão corretas.
13. Troque de texto com um colega. Você avaliará o texto dele, e ele, o seu. Leia o texto do colega com atenção e interesse. Verifique os pontos a seguir.
    - A crônica relata o acontecimento de modo pessoal e subjetivo?
    - Aborda uma situação do cotidiano?
    - O relato é coerente, bem apresentado, claro em seus objetivos?
    - O tom da linguagem é informal e descontraído?
14. Ao receber seu texto de volta, preste atenção às sugestões do colega e, se preciso, reescreva-o. Depois da leitura do professor, observe os comentários dele e, se necessário, reescreva a crônica mais uma vez. Escrever bem é um percurso que exige tempo, dedicação e criatividade.

Divulgação/publicação

15. As crônicas da turma serão publicadas em páginas da internet, no *blog* de um de vocês ou no *blog* da turma. Elas também podem ser impressas e divulgadas em um jornal-mural, de modo que colegas de outras turmas, funcionários e professores da escola possam ler os textos, trocar impressões e se divertir.

Retomar

Leia a crônica a seguir para responder às questões.

Estojo escolar

Noite dessas, ciscando num desses canais a cabo, vi uns caras oferecendo maravilhas eletrônicas. Bastava telefonar e eu receberia um **notebook** capaz de me ajudar a fabricar um navio, uma usina nuclear, uma estação espacial.

Minhas necessidades são mais modestas: tenho um **PC** mastodôntico, contemporâneo das cavernas da informática. E um *laptop* da mesma época, que começa a me deixar na mão. Como pretendo viajar esses dias, habilitei-me a comprar aquilo que os caras anunciavam como o *top* do *top* em matéria de computador portátil.

No sábado, recebi um embrulho complicado que necessitava de um manual de instruções para ser aberto. Depois de mil operações sofisticadas para minhas limitações, retirei das entranhas de isopor o novo *notebook* e coloquei-o em cima da mesa. De repente, como vem acontecendo nos últimos tempos, houve um corte na memória. Tinha 5 anos e ia para o jardim de infância. E vi diante de mim o meu primeiro estojo escolar.

Era uma caixinha comprida, envernizada, com uma tampa que corria nas bordas do corpo principal. Dentro, arrumados em divisões, havia lápis coloridos, um apontador, uma lapiseira **cromada**, uma régua de 20 cm e uma borracha para apagar meus erros.

Da caixinha vinha um cheiro gostoso, cheiro que nunca esqueci e que me tonteava de prazer. Fechei o estojo para proteger aquele cheiro, que ele ficasse ali para sempre, prometi-me economizá-lo. Com **avareza**, só o cheirava em momentos especiais.

Na tampa que protegia estojo e cheiro havia gravado um ramo de rosas vermelhas que se destacavam do fundo creme. Amei aquele ramalhete – olhava aquelas rosas e achava que nada podia ser mais bonito.

O *notebook* que agora abro é negro, não tem nenhuma rosa na tampa. E em matéria de cheiro, é **abominável**. Cheira a telefone celular, a cabine de avião, ao **aparelho de ultrassonografia** onde outro dia uma moça veio ver como sou por dentro.

Piorei de estojo e de vida.

Glossário

Abominável: detestável, péssimo, insuportável.
Aparelho de ultrassonografia: aparelho que permite a visualização de órgãos internos do corpo.
Avareza: apego excessivo ao que se tem; mesquinharia; falta de generosidade.
Cromado: revestido de metal prateado.
***Notebook*:** espécide de laptop; computador portátil.
PC: abreviatura de *personal computer* (computador pessoal).

Carlos Heitor Cony. Estojo escolar. In: Marisa Lajolo (Org.). *Crônicas para ler na escola*. Rio de Janeiro: Objetiva, 2009. p. 31-32.

1 Releia o trecho abaixo.

> Tenho um PC **mastodôntico**, contemporâneo das cavernas da informática.

a) Considerando o contexto, qual é o sentido da palavra destacada?

b) Ainda nesse mesmo contexto, por que o cronista diz que seu "PC mastodôntico" é "contemporâneo das cavernas da informática"?

2 Em relação ao trecho transcrito na questão anterior, responda às questões.

a) Trata-se de uma oração? Por quê? Identifique os elementos que justificam sua resposta.

b) Em que pessoa verbal o trecho está escrito? A mesma pessoa se mantém no restante do texto? Justifique com mais dois exemplos.

c) Que efeito de sentido o uso dessa pessoa verbal produz no texto? De que forma isso se relaciona aos assuntos tratados?

3 Para responder às questões a seguir, releia o terceiro parágrafo do texto.

a) Reconstitua a sucessão de acontecimentos do parágrafo, indicando o que aconteceu em cada um dos três momentos seguintes.

- O que o cronista recebeu no sábado?
- O que ele fez?
- O que aconteceu de repente?

b) Essa sucessão de acontecimentos caracteriza que tipo de sequência?

c) Quais foram os três marcos temporais usados para assinalar a sucessão dos acontecimentos?

4 Releia este trecho.

> O *notebook* que agora abro é negro, não tem nenhuma rosa na tampa. E em matéria de cheiro, é abominável. Cheira a telefone celular, a cabine de avião, ao aparelho de ultrassonografia onde outro dia uma moça veio ver como sou por dentro.

a) A comparação entre o cheiro do *notebook* e o de outros produtos tecnológicos mostra que tipo de relação do cronista com esses inventos?

b) Em **abominável**, que processo de formação de palavras foi usado?

c) Essa palavra poderia ser substituída por outras com o mesmo sufixo e a mesma função na oração?

5 Releia a última frase da crônica. Por que, em sua opinião, o autor diz que "piorou de estojo e de vida"? Associe sua resposta à compreensão dos parágrafos anteriores.

6 Entre as características a seguir, quais caracterizam o texto lido como uma crônica? Copie-as no caderno.

a) Relata um fato atual, apresentando dados objetivos e depoimentos dos envolvidos.

b) Usa um fato trivial, comum, para falar de emoções, sentimentos e impressões pessoais.

c) Serve-se de comparações e outros recursos expressivos de valor literário, ainda que utilizando o registro informal.

d) Dirige-se ao leitor para relembrar acontecimentos e comprovar um ponto de vista usando linguagem formal e culta.

UNIDADE 2

Notícia em debate

Redação do jornal *Correio Braziliense*, em Brasília (DF).

Antever

Todos os dias os jornais estão nas bancas, na internet, no rádio e na TV. Mas o que acontece antes de a notícia chegar ao público?

1 Relate aos colegas um fato que você tenha presenciado hoje no caminho para a escola.

2 O que seria preciso para que esse fato se tornasse uma notícia de jornal? Para decidir, considere:

a) O fato tem importância para a vida da comunidade? Se sim, qual?

b) A divulgação do que foi presenciado teria que finalidade? Que público se interessaria por ela? Ela poderia ser publicada em um jornal de bairro, da cidade, de circulação nacional?

3 Você e os colegas simularam o que acontece numa redação de jornal, antes de o fato virar notícia. Observe a imagem ao lado.

a) Quem são essas pessoas? Onde elas estão? Por que estão cercadas de telas de TV e computador?

b) Todas essas pessoas teriam as mesmas funções na produção da notícia?

c) Depois de se decidir que um fato pode virar notícia, que etapas você imagina que aconteçam até ela ser publicada?

Nesta unidade, você lerá notícias e discutirá as finalidades de comunicação a que elas atendem.

  **Antes da leitura**

Forme um grupo com três colegas e observem a seguir a parte superior da primeira página de dois jornais impressos.

Capa do jornal *Extra*, 11 maio 2018.

Capa do jornal *Diário de Pernambuco*, 11 maio 2018.

1 Em cada imagem aparece o nome de um jornal.
   a) Quais são eles?
   b) Que cores foram usadas nas imagens?
   c) As letras foram impressas em diferentes fontes, isto é, com traçados variados. Comente essa característica em cada um dos nomes.
   d) É possível identificar há quanto tempo cada um dos jornais existe?

2 A parte superior de uma página de jornal é chamada de **cabeça**. A respeito das duas cabeças de jornal apresentadas, avalie, com os colegas de grupo, cada uma das afirmações a seguir.
   a) A cabeça do *Extra* é mais apelativa, pois as letras são maiores e em cores mais vibrantes.
   b) A cabeça do *Diário de Pernambuco* é mais contida, mais sóbria, com fontes menores e pequena variação de tons de azul, cor mais fria.
   c) Ambas as cabeças têm cores vibrantes e fontes chamativas, sendo igualmente apelativas.
   d) O tempo de circulação do *Diário de Pernambuco* e a frase que destaca essa informação criam o efeito de sentido de credibilidade, de que o jornal merece a confiança do leitor.

3 Os recursos visuais e verbais da cabeça de cada jornal os ajudam a criar uma personalidade própria? Será que os fatos são relatados da mesma maneira nos dois jornais?

Para conferir a resposta à última pergunta e observar outras diferenças entre jornais, você examinará a seguir a capa de um jornal (também chamada de primeira página). Depois, irá compará-la à capa da edição do mesmo dia dos jornais *Extra* e *Diário de Pernambuco*.

Capa do jornal *O Estado de S. Paulo*, 11 de maio de 2018.

Estudo do texto

1 O texto é a reprodução da capa de um jornal. Observe a distribuição das informações no espaço da página.

a) Como a primeira página é dividida? O que essas divisões ajudam o leitor a perceber?

b) O leitor identifica facilmente qual é o jornal? Justifique sua resposta.

c) Que imagens aparecem na capa?

d) A capa dá destaque a uma notícia em especial.
- Explique como é possível perceber isso.
- Para você, por que essa notícia ganhou destaque?

2 Leia este fragmento da capa do jornal.

> **Tesouro tem R$ 647 bi em reservas para enfrentar crise**
>
> Apesar da crise fiscal, o Brasil está, hoje, mais preparado para enfrentar as **turbulências** do **mercado**. O volume de recursos do Tesouro para bancar o pagamento de títulos públicos triplicou em cinco anos e chegou a R$ 647,4 bilhões. As reservas internacionais são de U$381, 6 bilhões. **ECONOMIA / PÁG. B1**

a) De acordo com o título e o resumo, o que essa notícia abordará?

b) Que função tem o título em relação ao conteúdo da notícia?

c) O que as informações em negrito indicam?

d) Na primeira página do jornal, o conjunto formado por título e resumo da notícia recebe o nome de **chamada**. Observe o emprego da palavra **chamada** em outro contexto.

Glossário
Mercado: ambiente econômico de negócios, acordos e transações.
Turbulência: agitação.

Tempo de Amar: assista à primeira chamada da nova novela das 6

Globo Play. Disponível em: <https://globoplay.globo.com/v/6105012/>. Acesso: 6 jun. 2018.

- Você já viu uma chamada de novela? Se sim, explique como ela é.
- Qual é o objetivo desse tipo de chamada?
- Com base nessa comparação, diga qual é o objetivo das chamadas nas capas de jornal.

e) Para ler o texto completo anunciado na chamada no jornal, o que leitor deve fazer?

3. Alguns dos assuntos anunciados nas chamadas são tratados em seções ou cadernos. Observe o que está em destaque na parte superior da capa.

a) Como é destacado o nome das seções ou cadernos?
b) De que tipo de assunto essas seções ou cadernos tratam?
c) Em que caderno serão publicadas as notícias sobre espetáculos e *shows*?
d) Em sua opinião, por que o jornal traz as fotos dos cantores ao lado da chamada da notícia sobre o *show*?

4. Observe mais uma chamada da capa acompanhada de fotografia.

a) Em que seção ou caderno do jornal será publicada essa notícia? Como o leitor obtém essa informação?
b) Que informação a chamada acima traz?
c) O que a foto retrata?
d) Escreva no caderno as alternativas que completam corretamente a frase a seguir.

Em um jornal, a fotografia tem a função de:
- ilustrar ou complementar a informação.
- distrair o leitor.
- mostrar que os fatos noticiados são reais.
- chamar atenção para a notícia.

5. De acordo com as chamadas que você observou até agora, responda às questões.
a) Que assuntos são abordados no jornal?
b) Por que, em sua opinião, o jornal aborda vários assuntos?

6. Com base nas observações feitas anteriormente, responda às questões.
a) Que funções tem a capa de um jornal?
b) Que recursos são utilizados na capa para chamar a atenção do leitor?

7 Compare a capa de *O Estado de S. Paulo* com a da edição do mesmo dia dos jornais *Diário de Pernambuco* e *Extra*.

Diário de Pernambuco, 11 maio 2018.

Extra, 11 maio 2018.

a) De que cidade é cada um dos três jornais citados?

b) De modo geral, o que as três capas têm em comum? Explique.

c) As manchetes, isto é, os títulos das notícias principais, tratam do mesmo assunto? Explique.

d) Elas abordam acontecimentos de interesse local, regional ou nacional?

e) Qual é a única manchete que se dirige diretamente ao leitor? Como se percebe isso?

f) Que imagem aparece em maior destaque em cada capa? O que isso pode indicar em relação ao leitor a que cada jornal se dirige?

g) Em cada jornal, a foto em destaque corresponde à manchete? Explique.

h) Há relação entre as imagens e o local onde os jornais são editados?

i) Comente as diferenças quanto a número e tipo de coluna, linha, fonte, texto e imagem.

j) De que modo os jornais usam as cores nas capas? Descreva.

k) Com base no que você observou, associe as capas a um destes grupos de características:
- efeito de contenção e distanciamento em relação ao leitor;
- informalidade e proximidade em relação ao leitor.

l) Alguma notícia aparece nas três capas? Se houver, identifique-a.

m) O que leva um assunto a ser publicado na capa de jornais de diferentes partes do país?

n) Associe as colunas para caracterizar o perfil do leitor de cada jornal.

A. *O Estado de S. Paulo*

B. *Diário de Pernambuco*

C. *Extra*

I. Leitor interessado em futebol, cultura, tecnologia e em notícias sobre artistas e outras pessoas famosas.

II. Leitor interessado em temas como economia e política nacional.

III. Leitor interessado em notícias locais e na cultura da cidade ou região.

Linguagem, texto e sentidos

1 Compare a manchete de *O Estado de S. Paulo* com títulos de notícias dos outros dois jornais.

> **Receita cria grupo para investigar 800 agentes públicos**

O Estado de S. Paulo, 11 de maio 2018.

> **Flu perde mas leva vaga na altitude**

Extra, 11 de maio 2018.

> **Fachin diz que limitações afrontam a Constituição**

Diário de Pernambuco, 11 de maio 2018.

a) Os verbos sublinhados referem-se a ações ocorridas antes, durante ou depois da publicação do jornal?

b) Em que tempo verbal foram usados?

c) Em textos orais e escritos, em que tempo verbal empregamos os verbos para relatar ações já passadas?

d) Que tempo verbal poderia ter sido usado para indicar o momento em que as ações ocorreram? Reescreva os títulos no tempo escolhido por você.

e) Segundo o que você observou, as manchetes e títulos de jornal têm um modo próprio de emprego do tempo verbal? Explique.

f) Quais efeitos as capas de jornal criam, de acordo com o tempo verbal usado em manchetes e títulos? Escreva a(s) resposta(s) correta(s) e justifique-a(s).

- Reforçam a atualidade da notícia.
- Criam proximidade com o leitor.
- Confundem os tempos do acontecimento.
- Distanciam o leitor da notícia.

2 Releia um trecho da chamada publicada em *O Estado de S. Paulo*.

> **Receita cria grupo para investigar 800 agentes públicos**
>
> [...]
>
> A receita federal **montou** grupo com auditores fiscais especializados para investigar cerca de 800 agentes públicos do Legislativo, Executivo e Judiciário. [...]

a) Em que tempo verbal são empregados os dois verbos em destaque?

b) Explique a diferença de tempo verbal no título e no resumo da notícia.

3 Releia as manchetes dos três jornais analisados no **Estudo do texto**.

a) Qual delas relata um fato que ainda não ocorreu?

b) Em que tempo está o verbo? Por que foi usado esse tempo verbal?

4 Observe como a linguagem é empregada no título da notícia, na capa do jornal *Extra*.

Mengão atravessa a Ponte

Mesmo com uma atuação fraca, Flamengo segura o empate por 0 a 0 com o time de Campinas e passa para as quartas de final da Copa do Brasil.

a) De que modo o título denomina o time Flamengo?

b) Qual é o nome do time da cidade de Campinas (SP) que era adversário do Flamengo? Pesquise, se não souber.

c) Aponte o sentido denotativo, isto é, o sentido usual, da expressão "atravessar a ponte". Baseie-se no exemplo a seguir.

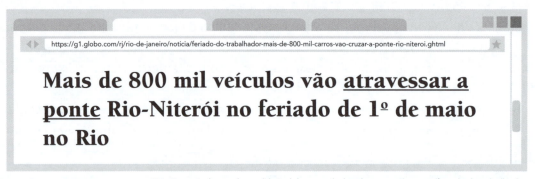

G1. Disponível em: <https://g1.globo.com/rj/rio-de-janeiro/noticia/feriado-do-trabalhador-mais-de-800-mil-carros-vao-cruzar-a-ponte-rio-niteroi.ghtml>. Acesso em: 8 jun. 2018.

d) No título do jornal *Extra*:
- a que se refere a palavra **Ponte**?
- qual é o sentido do verbo **atravessar**?

e) O jornal *Extra* explora o duplo sentido das palavras e usa abreviação e apelido de times. Esses procedimentos mostram que o jornal dá que tom à linguagem?

f) Em sua opinião, que tipo de leitor se identifica com esse jornal? Em sua resposta, associe a linguagem usada ao perfil do leitor.

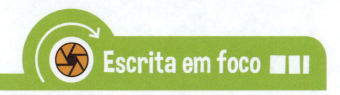

Ortografia: ram/rão

1 Leia os trechos de notícia a seguir.

I.

> **Militares liberarão acesso a refinarias e escoltarão comboios, diz Defesa**

UOL Notícias. Disponível em: <https://noticias.uol.com.br>. Acesso em: 26 maio 2018.

II.

> **Caminhoneiros liberaram a passagem de combustível para abastecer o transporte público de Florianópolis e intermunicipal da Grande Florianópolis neste sábado (26).**

G1. Disponível em: <https://g1.globo.com/sc/santa-catarina/noticia/caminhoneiros-liberam-passagem-de-combustivel-para-o-transporte-publico-de-florianopolis.ghtml>. Acesso em: 26 maio 2018.

a) Os verbos **liberarão** e **escoltarão** referem-se a que tempo?
b) E **liberaram**? A que tempo se refere?
c) Compare as formas **liberarão** e **liberaram**, pronunciando-as em voz alta. Notou alguma diferença?
d) Em cada uma delas, qual é a sílaba tônica?
e) Considerando a sílaba tônica que você identificou, como as formas verbais podem ser classificadas?
f) Que diferença há entre a forma de escrever esses dois verbos? O que essa diferença na grafia indica?

2 Leia os dois textos a seguir e faça o que se pede.

I.

> **Corrida de São Sebastião reúne 5 mil no Aterro do Flamengo**
>
> Alguns participantes correram com crianças em cadeiras de rodas e outros foram fantasiados

Corrida de São Sebastião, ocorrida no Rio de Janeiro (RJ), em 2018.

Extra, 20/1/2018. Disponível em: <https://extra.globo.com/noticias/rio/corrida-de-sao-sebastiao-reune-5-mil-no-aterro-do-flamengo-22310356.html>. Acesso em: 29 ago. 2018.

47

II.

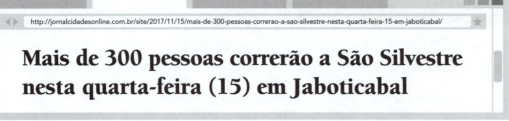

Jornal Cidades, 15 nov. 2017. Disponível em: <http://jornalcidadesonline.com.br/site/2017/11/15/mais-de-300-pessoas-correrao-a-sao-silvestre-nesta-quarta-feira-15-em-jaboticabal/>. Acesso em: 4 out. 2018.

a) Compare os verbos destacados e identifique a que tempo se referem.
- "Alguns participantes **correram** com crianças em cadeiras de rodas [...]."
- Participantes **correrão** em um percurso úmido, composto de barro e elevações.

b) Qual é a diferença de grafia entre as duas formas verbais? Explique-a relacionando a grafia à sílaba tônica.

3 Considerando o que você observou nas duas atividades anteriores, explique o que indica a diferença de grafia nas formas verbais.

4 Leia os dois títulos a seguir.

I.

> **Bancos gastaram 5% a mais em tecnologia em 2017**

Correio do Estado. Disponível em: <www.correiodoestado.com.br/economia/bancos-gastaram-5-a-mais-em-tecnologia-em-2016/327122/>. Acesso em: 27 maio 2018.

II.

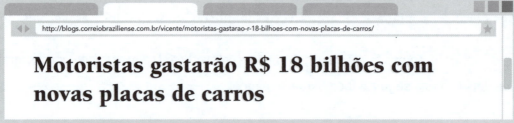

Correio Braziliense. Disponível em: <http://blogs.correiobraziliense.com.br/vicente/motoristas-gastarao-r-18-bilhoes-com-novas-placas-de-carros/>. Acesso em: 27 maio 2018.

Nos dois títulos, há o verbo **gastar**. Relacione os itens da primeira coluna com os da segunda.

a) gastaram
b) gastarão

1. Forma da 3ª pessoa do plural no futuro do presente.
2. Tem a penúltima sílaba tônica, por isso é uma palavra paroxítona.
3. Indica a 3ª pessoa do plural no passado.
4. É uma palavra oxítona, pois a última sílaba é tônica.

> A terminação **-ram** é usada em verbos na 3ª pessoa do plural, no **pretérito perfeito**, como **liberaram**, que é **paroxítona**. Grafam-se com **-rão** verbos na 3ª pessoa do plural, no **futuro do presente**, como **liberarão**, que é **oxítona**.

CAPÍTULO 2

Antes da leitura

1. Agora que você já examinou algumas capas de jornal, analisará uma notícia na página a seguir. Com o conhecimento que tem, como definiria notícia? O que é uma notícia? Para que as notícias são produzidas?

2. Leia o título da notícia na página seguinte e observe a fotografia que a ilustra. Que relação existe entre o título e a fotografia?

3. Leia estas informações.

http://agenciabrasil.ebc.com.br/internacional/noticia/2018-06/acabar-com-poluicao-do-plastico-e-tema-do-dia-mundial-do-meio-ambiente

[...]

A poluição causada pelo descarte de objetos de plástico é um dos grandes desafios da atualidade. De acordo com a ONU, são necessários pelo menos 450 anos para que uma garrafa de plástico se decomponha e desapareça do meio ambiente.

Em todo o mundo, 1 milhão de garrafas de plástico são compradas a cada minuto. Todos os anos são usadas até 500 bilhões de sacolas plásticas descartáveis.

Apenas na última década foi produzido mais plástico do que em todo o século passado. Todos os anos, são utilizados 17 milhões de barris de petróleo para produzir garrafas plásticas. No total, metade do plástico utilizado é de uso único.

Levando-se em conta que a taxa média global de reciclagem desses produtos é de 25%, isso significa um volume enorme de lixo plástico descartado nos oceanos.

Lixo a céu aberto na ilha artificial de Thilafushi, nas Ilhas Maldivas, no Oceano Índico.

Estima-se que pelo menos 8 milhões de toneladas de lixo plástico vão parar nos mares anualmente, onde sufocam os recifes de corais e ameaçam a fauna marinha vulnerável.

[...]

Marieta Cazarré. Agência Brasil, 5 jun. 2018. Disponível em: <http://agenciabrasil.ebc.com.br/internacional/noticia/2018-06/acabar-com-poluicao-do-plastico-e-tema-do-dia-mundial-do-meio-ambiente>. Acesso em: 31 jul. 2018.

Considerando o conjunto formado por título, subtítulo e fotografia do texto da página seguinte e as informações do texto desta atividade, você supõe que a informação a ser lida seja importante para a vida em sociedade? Por quê?

4. O que mais essa notícia poderia explorar, além da informação principal dada no conjunto analisado? Que outras informações seriam de interesse do leitor? Formule hipóteses sobre isso.

Leia a notícia e verifique se suas hipóteses se confirmam. Preste atenção na seleção de informações da notícia. Mais adiante, neste capítulo, você lerá outra notícia sobre o mesmo assunto.

49

Rio de Janeiro é primeira capital brasileira a proibir canudos plásticos

A decisão vai ao encontro de um crescente movimento global de combate ao lixo plástico, um dos principais vilões da poluição marinha

Por Vanessa Barbosa 16 jul. 2018, 16h12
– Publicado em 5 jul. 2018, 17h58

São Paulo – O Rio de Janeiro é a primeira capital brasileira a **banir** o uso de canudos plásticos em quiosques, bares e restaurantes. O prefeito da cidade [...] sancionou o projeto de lei que proíbe a distribuição de canudinhos plásticos em estabelecimentos alimentícios.

A medida foi publicada no Diário Oficial da cidade do Rio nesta quinta-feira (5). O projeto havia sido aprovado na Câmara Municipal no mês passado. Ainda falta determinar o prazo para a entrada em vigor da medida.

[...] o projeto estipula multa de até R$ 3 mil aos estabelecimentos que descumprirem a lei, valor que pode ser multiplicado em caso de **reincidência**. Ao invés do plástico, o projeto determina o uso de canudos feitos de materiais **biodegradáveis**.

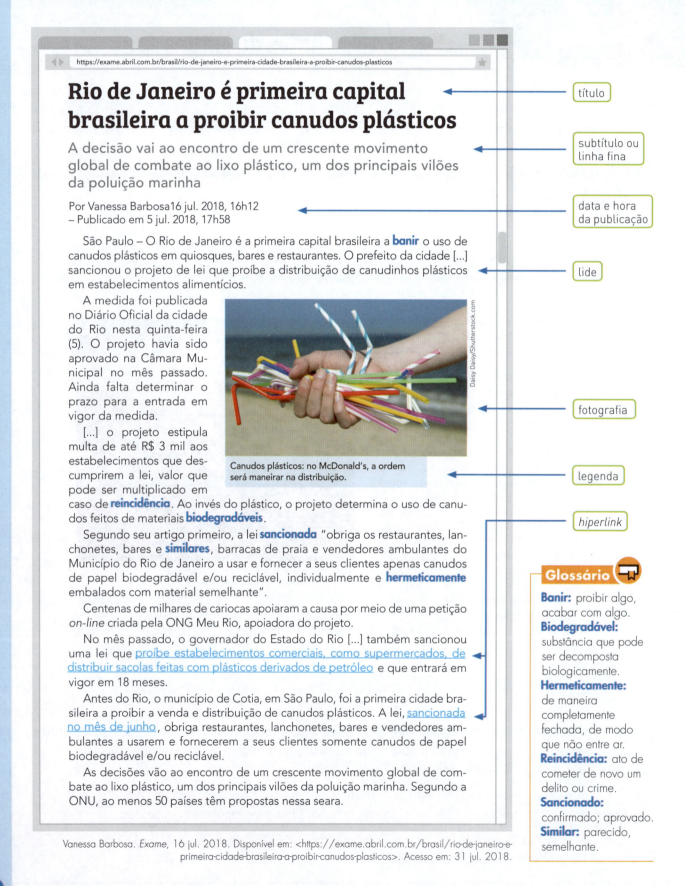

Canudos plásticos: no McDonald's, a ordem será maneirar na distribuição.

Segundo seu artigo primeiro, a lei **sancionada** "obriga os restaurantes, lanchonetes, bares e **similares**, barracas de praia e vendedores ambulantes do Município do Rio de Janeiro a usar e fornecer a seus clientes apenas canudos de papel biodegradável e/ou reciclável, individualmente e **hermeticamente** embalados com material semelhante".

Centenas de milhares de cariocas apoiaram a causa por meio de uma petição *on-line* criada pela ONG Meu Rio, apoiadora do projeto.

No mês passado, o governador do Estado do Rio [...] também sancionou uma lei que proíbe estabelecimentos comerciais, como supermercados, de distribuir sacolas feitas com plásticos derivados de petróleo e que entrará em vigor em 18 meses.

Antes do Rio, o município de Cotia, em São Paulo, foi a primeira cidade brasileira a proibir a venda e distribuição de canudos plásticos. A lei, sancionada no mês de junho, obriga restaurantes, lanchonetes, bares e vendedores ambulantes a usarem e fornecerem a seus clientes somente canudos de papel biodegradável e/ou reciclável.

As decisões vão ao encontro de um crescente movimento global de combate ao lixo plástico, um dos principais vilões da poluição marinha. Segundo a ONU, ao menos 50 países têm propostas nessa seara.

Vanessa Barbosa. *Exame*, 16 jul. 2018. Disponível em: <https://exame.abril.com.br/brasil/rio-de-janeiro-e-primeira-cidade-brasileira-a-proibir-canudos-plasticos>. Acesso em: 31 jul. 2018.

Glossário

Banir: proibir algo, acabar com algo.
Biodegradável: substância que pode ser decomposta biologicamente.
Hermeticamente: de maneira completamente fechada, de modo que não entre ar.
Reincidência: ato de cometer de novo um delito ou crime.
Sancionado: confirmado; aprovado.
Similar: parecido, semelhante.

Estudo do texto

1. Relacione a informação do título ao texto da notícia, respondendo às questões.
   a) O Rio de Janeiro é a primeira cidade brasileira a banir os canudos de plástico? Explique.
   b) Existe alguma informação subentendida no título, isto é, que não está dita, mas se pode deduzir?

2. Que função tem a linha fina em relação ao título?

3. Releia o lide, ou seja, o primeiro parágrafo da notícia. Que novas informações são fornecidas?

4. O projeto aprovado estabelece punições? Indica produtos para substituir o canudo de plástico?

5. Responda às questões a seguir.
   a) Quem aprovou o projeto de lei? Que representante desse poder o sancionou?
   b) Que outra lei é mencionada na notícia? Quem a aprovou e quem a sancionou?
   c) Que iniciativa de uma ONG apoiou o projeto que defende o fim dos canudinhos de plástico?
   d) Se o leitor estiver lendo a notícia na internet e quiser mais informações, o que ele terá de fazer?
   e) Com base nas atividades anteriores, responda: Para compreender bem uma notícia, o que o leitor de um jornal precisa conhecer?

6. Que informação do penúltimo parágrafo justifica a menção feita no título à cidade do Rio de Janeiro?

7. O último parágrafo retoma que parte da notícia? Que informação acrescenta?

8. Como leitor dessa notícia, você considerou-se preparado para lê-la? Teve interesse no assunto? Achou relevantes as informações nela contidas?

9. As hipóteses que formulou na seção **Antes da leitura**, sobre os possíveis desdobramentos da notícia, confirmaram-se? Justifique sua resposta.

Comparando textos

Leia mais uma notícia sobre o mesmo assunto.

www.noticiasaominuto.com.br/brasil/604848/vereadores-do-rio-aprovam-projeto-que-proibe-canudos-de-plastico

Vereadores do Rio aprovam projeto que proíbe canudos de plástico

ONG Meu Rio explica que os canudos não devem deixar de existir, mas sim passar a serem feitos com materiais biodegradáveis ou recicláveis

05:57 – 08/06/18 POR NOTÍCIAS AO MINUTO

A Câmara Municipal do Rio de Janeiro aprovou nessa quinta-feira (7) um projeto de lei que obriga bares e restaurantes a usar canudos de papel biodegradável ou de materiais recicláveis. A proposta [...] segue agora para sanção ou veto do prefeito [...].

Vorobyeva/Shutterstock.com

Se entrar em vigor, os estabelecimentos comerciais que descumprirem a nova lei serão multados em R$ 3 mil. Os que forem reincidentes terão o valor da penalidade dobrado, segundo apurado pelo *O Globo*.

A ONG Meu Rio criou uma petição virtual para forçar os vereadores a votar o projeto e recebeu mais de 4500 assinaturas. O texto já havia sido aprovado nessa quarta-feira (6), em primeira discussão. [...]

De acordo com a ONG, o engajamento com questões ambientais é um movimento internacional, que está se intensificando em países da Europa. No ano passado, por exemplo, a França proibiu a venda de talheres, copos e plásticos descartáveis de material não biodegradável até 2020. Dez países já proibiram o canudinho de plástico.

"A gente acha que é uma coisa bem simbólica e fizemos pressão para essa matéria ser votada na Semana do Meio Ambiente. É um grande presente que a cidade vai receber. [...] É bom lembrar que a pessoa não vai ficar sem o canudinho. Ele não vai deixar de existir, só vai passar a ser feito de um material sustentável, biodegradável", explica João Senise, coordenador de mobilização da Meu Rio ao *site*.

Brasil ao Minuto. Disponível em: <www.noticiasaominuto.com.br/brasil/604848/vereadores-do-rio-aprovam-projeto-que-proibe-canudos-de-plastico>. Acesso em: 1º ago. 2018.

1 Para comparar o texto da página 50 e o texto desta seção, eles serão numerados como a seguir.

I. Rio de Janeiro é primeira capital brasileira a proibir canudos plásticos

II. Vereadores do Rio aprovam projeto que proíbe canudos de plástico

Qual é a principal diferença entre as notícias, considerando os títulos e as datas de publicação.

2 Releia o subtítulo das notícias notando qual é o destaque de cada uma delas.

I. "A decisão vai ao encontro de um crescente movimento global de combate ao lixo plástico, um dos principais vilões da poluição marinha"

II. "ONG Meu Rio explica que os canudos não devem deixar de existir, mas sim passar a serem feitos com materiais biodegradáveis ou recicláveis"

a) Analise-os e estabeleça a diferença entre o foco de cada um.

b) Releia as duas notícias na íntegra e diga se os dois temas identificados na atividade anterior são tratados em ambas.

3 Responda às questões a seguir e justifique suas respostas. Qual das duas notícias:

a) menciona outro projeto de lei que protege o meio ambiente, no Rio de Janeiro?

b) apresenta exemplos de outros países envolvidos na mesma causa?

c) dá maior destaque à ONG Meu Rio?

d) traz o depoimento de uma pessoa ligada à proibição dos canudos de plástico?

e) apresenta números precisos para demonstrar o apoio popular recebido pela lei?

4 Observe a fotografia que ilustra cada notícia para responder às questões e justifique sua resposta. Qual das duas fotografias:

a) mostra com mais força a destruição da natureza causada pelo descarte de canudos plásticos?

b) destaca a participação humana na poluição pelo descarte de canudos plásticos?

c) tem efeito mais geral e ilustrativo?

5 Considerando todas as respostas anteriores, a que conclusão você pode chegar a respeito dos diferentes pontos de vista sobre um mesmo fato presentes em notícias?

Linguagem, texto e sentidos

1. Observe o uso dos tempos verbais no título e no primeiro parágrafo (lide) da notícia II.

a) O título trata de um fato que, no momento da publicação da notícia, já ocorreu, está ocorrendo ou ocorrerá?

b) Que tempo verbal foi usado?

c) Escolha a melhor justificativa para o uso desse tempo verbal no título.
- Aproxima o leitor da notícia, ao trazê-lo para perto do fato no momento em que está lendo.
- Afasta o leitor da notícia, ao distanciá-lo do fato no momento em que está lendo.
- Associa o fato a uma ação que começa no passado e termina no presente.

d) Examine agora o lide e comente o emprego do tempo verbal, justificando-o.

2. Observe agora título e parte do lide da notícia I.

a) Destaque as formas verbais usadas no presente do indicativo.

b) O uso do presente, nos dois casos, indica estados e ações concluídas ou permanentes?

> Ao usar o presente para relatar um fato ocorrido em passado recente, a notícia aproxima o leitor do fato noticiado, tornando-o presente no momento da leitura. O presente pode também ser usado para indicar uma ação ou estado durativos, que permanecem no tempo.

3. A notícia II apresenta o depoimento de uma pessoa envolvida nos fatos noticiados.

a) Como a fala dessa pessoa é indicada?

b) Por que ela foi ouvida pelo repórter?

c) De que modo a fala dessa pessoa ajuda o leitor a compreender a importância social da notícia?

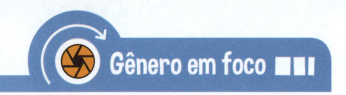

Notícia

1 Releia a notícia I, "Rio de Janeiro é primeira capital brasileira a proibir canudos plásticos".
   a) Que diferenças podem ser notadas em relação às informações do título e do subtítulo ou linha fina?
   b) Que informação do título é retomada no lide?
   c) Que informação nova o lide acrescenta ao título?
   d) Qual é a função de título, linha fina e lide em relação às informações dadas na notícia?

2 Agora examine a notícia II, "Vereadores do Rio aprovam projeto que proíbe canudos de plástico".
   a) Analise a relação entre o título e a linha fina mostrando a função de cada um deles.
   b) No lide, as informações do título e da linha fina são retomadas e ampliadas. Como isso é feito?

3 Nas duas notícias, qual é a função dos parágrafos que vêm depois do lide?

4 As notícias sobre a aprovação do projeto que proíbe canudos de plástico na cidade do Rio de Janeiro têm impacto social, ou seja, têm importância para a comunidade envolvida? Por quê?

5 Observe os dados que vêm logo abaixo do título e da linha fina da notícia II.

05:57 – 08/06/18 POR NOTÍCIAS AO MINUTO

   a) Quais informações estão registradas?
   b) Qual das informações identificadas acima só é dada em publicações *on-line*? Por quê?
   c) Para o leitor da notícia, qual é a importância dos dados analisados?

6 Leia o início de uma notícia e localize no lide as informações solicitadas sobre o fato noticiado.

G1, 20 jul. 2018. Disponível em: <https://g1.globo.com/mg/centro-oeste/noticia/2018/07/20/mutirao-de-limpeza-sera-realizado-neste-fim-de-semana-em-divinopolis.ghtml>. Acesso em: 14 ago. 2018.

a) O que acontecerá?

b) Onde?

c) Quando?

d) Quem promove o evento?

> A notícia é um gênero jornalístico que se caracteriza por relatar objetivamente um fato recente, que tenha importância para a vida da comunidade.
>
> Uma notícia se compõe de título, subtítulo ou linha fina, lide e corpo da notícia. A linha fina e o lide retomam a informação principal do título e a ampliam, acrescentando novas informações. No lide, costumam ser respondidas todas ou algumas das seguintes perguntas: O quê? Quem? Quando? Onde? Como? Por quê?

e) Por que a ação é feita?

7) Em que pessoa do discurso as notícias I e II são relatadas? Que efeito esse uso produz nos textos?

8) Na notícia II, citou-se um depoimento. De que modo essa citação reforça os efeitos de objetividade e imparcialidade da notícia?

9) As notícias citaram dados numéricos? Quais? Para quê?

10) Na comparação entre as duas notícias, você observou diferenças em relação à seleção das informações. Retome essas diferenças e mostre como elas indicam um enfoque particular na abordagem do fato, em cada veículo de comunicação.

> Em uma notícia, há vários recursos para garantir os efeitos de objetividade e imparcialidade: relato em 3ª pessoa, citação de falas dos envolvidos, apresentação de dados numéricos, localização do acontecimento em um momento e em um lugar.
>
> Apesar do emprego de recursos de objetividade, a seleção dos fatos e o destaque dado a eles indicam um enfoque particular, escolhido pelo órgão que apura e publica a notícia.

11) Releia a notícia I e analise as informações dos parágrafos que vêm depois do lide.

a) Como pode ser resumido o assunto principal dos parágrafos 2, 3 e 4 da notícia?

b) Que informação nova é apresentada no parágrafo 5?

c) Que outra medida semelhante é apresentada no parágrafo seguinte?

d) E no parágrafo 8, que nova informação aparece?

e) No parágrafo final, como é feita a conclusão da notícia?

f) Os parágrafos analisados constituem o corpo da notícia, seu desenvolvimento. Como se caracteriza esse desenvolvimento em relação às informações apresentadas no título, linha fina e lide?

12) Volte à página 52 e analise o terceiro e quarto parágrafos da notícia II.

a) Que expressão usada no segundo parágrafo retoma um dado citado no parágrafo anterior?

b) No segundo parágrafo, que recurso reforça a afirmação feita no primeiro período dele?

> Numa notícia, os recursos de coesão permitem a retomada e a ampliação das informações para dar ao leitor uma visão completa do fato noticiado. A progressão do relato da notícia torna o texto coerente e informativo.

Flexão verbal: modo subjuntivo. Períodos com verbos nos três modos

1 Leia este título de notícia.

Bancários de São Paulo vão parar na segunda-feira (19)

Folha de S.Paulo. Disponível em: <www1.folha.uol.com.br/mercado/2018/02/bancarios-de-sao-paulo-vao-parar-na-segunda-feira-19.shtml>. Acesso em: 19 jul. 2018.

a) Que ação é indicada? A que tempo se refere?
b) O título expõe alguma condição para que a ação se concretize? Explique sua resposta.
c) O modo como o título foi escrito mostra dúvida ou certeza quanto ao fato? Por quê?

2 Releia:

"Se [a lei] entrar em vigor, os estabelecimentos comerciais que descumprirem a nova lei serão multados em R$ 3 mil."

a) O que acontecerá aos estabelecimentos que não cumprirem a lei?
b) Essa situação se refere a que momento do tempo?
c) Que condição é estabelecida para que a multa seja aplicada?

3 Leia o trecho de uma notícia sobre as opções que podem substituir os canudos de plástico.

Calcula-se que o canudo de plástico possa permanecer cerca de 400 anos na natureza, diz Cláudio Gonçalves Tiago, professor de Biologia Marinha da Universidade de São Paulo (USP). Além de ferir animais, solta substâncias químicas no ambiente. "A chance de parar no mar é quase 100%." Para ele, mais do que vetar o item, a solução passa por manejo e reciclagem. "Se acabar totalmente, prejudica pessoas de mobilidade reduzida (que não conseguem segurar o copo, por exemplo)."

Correio Braziliense. Disponível em: <www.correiobraziliense.com.br/app/noticia/brasil/2018/07/22/interna-brasil,696572/pressao-ecologica-faz-surgir-opcao-ao-canudo-de-plastico.shtml>. Acesso em: 25 jul. 2018.

a) Na frase em que o entrevistado calcula o tempo que o canudo de plástico pode permanecer na natureza, a ideia é de certeza ou possibilidade? Que palavras indicam isso?
b) Na frase "Se [o canudo de plástico] acabar totalmente, prejudica pessoas de mobilidade reduzida", que condição é imposta para a ação de prejudicar?
c) Em toda essa fala, predomina a ideia de certeza ou a de probabilidade? Por quê?
d) Reescreva a frase a seguir substituindo o sujeito assinalado por sua forma plural.

Calcula-se que o **canudo de plástico** possa permanecer cerca de 400 anos na natureza.

e) Que mudança ocorreu com a forma verbal referente ao sujeito modificado?

Os modos verbais indicam a atitude de quem fala ou escreve diante dos acontecimentos no presente, passado e futuro. O indicativo é o modo ligado à certeza; o subjuntivo produz efeitos de dúvida, irrealidade, possibilidade.

Em "A Câmara Municipal do Rio de Janeiro **aprovou** nessa quinta-feira (7) um projeto de lei", o verbo é usado no pretérito perfeito do indicativo para marcar uma ação pontual e concreta no passado.

Em "Portos vão parar se greve continuar", indica-se a possibilidade de algo acontecer no futuro: a continuação da greve. Usa-se, então, o futuro do subjuntivo. A continuação da greve é uma condição, marcada pelo conectivo **se**, para que outro acontecimento se realize no futuro: a paralisação dos portos.

4 Leia este trecho de uma postagem publicada no *site* do Clube de Leitura de uma revista.

> Com a evolução da tecnologia moderna, chegou-se a pensar que os livros seriam extintos e substituídos por computadores e telas. Mas em 2018 isso ainda não aconteceu. Contudo, mesmo que este momento chegue, a leitura jamais será extinta. Na verdade, a tecnologia pode aproximar as pessoas da leitura.

Clube de Leitura. Disponível em: <https://blog.clubedelivroselecoes.com.br/estrategias-infaliveis-para-fazer-do-seu-filho-um-leitor-voraz>. Acesso em: 2 ago. 2018.

a) Que assunto é abordado no trecho?

b) Considere o trecho: "Contudo, mesmo que este momento chegue, a leitura jamais será extinta".
- De que momento a primeira oração trata?
- A que tempo essa oração se refere?
- Com base na primeira oração, quem escreve demonstra acreditar que esse momento se concretizará? Que elemento do trecho indica isso?

5 O título abaixo compõe uma notícia divulgada em 14 de maio de 2018.

> **Prefeitura de Florianópolis pede que escolas façam cronograma de reposição de aulas após greve**
>
> Diretores das unidades precisam enviar documento até 22 de maio. Servidores voltaram ao trabalho no sábado (12) após 31 dias de greve.

G1. Disponível em: <https://g1.globo.com/sc/santa-catarina/noticia/prefeitura-de-florianopolis-pede-que-escolas-facam-cronograma-de-reposicao-de-aulas-apos-greve.ghtml>. Acesso em: 29 maio 2018.

a) Como você já estudou nesta unidade, o presente é geralmente usado em títulos de notícias. No título transcrito, o verbo **pede** refere-se ao momento em que a ação ocorre? Explique sua resposta.

b) A quem o pedido em foco no título é dirigido?

c) Considere o período de publicação da notícia. Em que momento o pedido deveria ser cumprido? Justifique sua resposta com base em elementos do título.

d) Compare os períodos a seguir.

I. Prefeitura de Florianópolis pede que escolas **façam** cronograma de reposição de aulas.

II. Prefeitura de Florianópolis pede que a Secretaria de Educação **faça** cronograma de reposição de aulas.

- Por que a forma do verbo se alterou em cada caso?
- Com base no que você observou, escreva uma conclusão sobre a mudança nas formas do verbo.

e) Imagine que o verbo usado no título fosse **organizar**. Reescreva-o fazendo as alterações necessárias.

> O **presente do subjuntivo** indica um desejo ou um acontecimento provável relacionado ao presente ou ao futuro. É usado depois do conectivo **que**, como em: Prefeitura pede **que** escolas **façam** cronograma.

6 Leia a chamada de uma reportagem da *National Geographic*.

Como seria se todo o gelo da Terra derretesse

Se continuarmos queimando combustíveis fósseis, o aquecimento global vai, eventualmente, derreter todo o gelo nos polos e nas montanhas, aumentando o nível do mar em 65 metros.

Geleira em derretimento na Antártida.

National Geographic. Disponível em: <www.nationalgeographicbrasil.com/meio-ambiente/2017/10/como-seria-se-todo-o-gelo-da-terra-derretesse>. Acesso em: 1º ago. 2018.

a) O título faz referência a uma condição futura. Qual?
b) A linha fina mostra a condição que pode levar ao derretimento do gelo. Qual é ela?
c) Em que caso há uma condição provável de ocorrer? Justifique com base nos verbos usados.

7 Leia um trecho da reportagem mencionada.

As bacias dos rios Amazonas, ao norte, e Paraguai, ao sul, seriam transformadas em braços do Atlântico, submergindo Buenos Aires, a costa uruguaia e parte do Paraguai. Áreas montanhosas resistiriam no litoral do Caribe e na América Central.

National Geographic. Disponível em: <www.nationalgeographicbrasil.com/meio-ambiente/2017/10/como-seria-se-todo-o-gelo-da-terra-derretesse>. Acesso em: 1º ago. 2018

a) O que pode transformar as bacias dos rios Amazonas e Paraguai em braços do Atlântico?
b) Que verbo(s) indica(m) o resultado que o acontecimento mencionado pode provocar?
c) Em que tempo verbal aparece(m)? Por quê?

> O **imperfeito do subjuntivo** produz um efeito de irrealidade e indica um acontecimento hipotético. Em "Se todo o gelo da Terra **derretesse**, as bacias dos rios Amazonas e Paraguai se transformariam em braços do Atlântico", o verbo destacado marca uma situação imaginada, irreal, uma hipótese.

8 Associe as colunas no caderno.

a) Se todo o gelo da Terra derreter...
b) Os ambientalistas esperam que...
c) As geleiras derreteriam...

1. ...os países queimem menos combustíveis fósseis.
2. ...vários rios e cidades desaparecerão.
3. ...se o aquecimento global se intensificasse.

9 Nas frases da atividade anterior, identifique os verbos no subjuntivo e responda às questões.
a) Eles aparecem em períodos compostos?
b) Que tempos verbais do indicativo podem se combinar com o modo subjuntivo?
c) Descreva as combinações entre os tempos e os modos verbais.

> Como vimos, tempos do modo **subjuntivo** combinam-se com outros do modo **indicativo** em períodos compostos para indicar diferentes relações de sentido entre os acontecimentos e os fatos.
>
> Lembre-se também de que os verbos se flexionam, ou seja, mudam sua forma, de acordo com o modo, o tempo e a pessoa do discurso a que se referem (1ª, 2ª ou 3ª do singular ou do plural). A terminação típica do **presente do subjuntivo** é -a ou -e; a do **futuro do subjuntivo** é -r e a do **imperfeito do subjuntivo** é -sse.

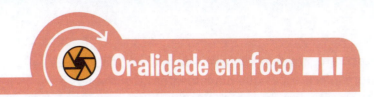

Debate regrado

Nesta unidade, você aprendeu as principais características do gênero notícia. Viu que um mesmo fato, ao ser noticiado de modos diferentes, revela enfoques distintos, que mostram o ponto de vista do jornal sobre o fato noticiado.

Agora, você irá expor e ouvir opiniões por meio de um debate, com um tema definido. Aprender a debater é importante tanto para formar uma opinião sobre os fatos que nos rodeiam quanto para perceber que é possível olhar o mesmo fato por diferentes perspectivas.

O debate é um gênero que se destina ao confronto de pontos de vista diferentes sobre determinado assunto. Nele, não se julgam os debatedores, mas as ideias debatidas. Por essa razão, as discussões não devem ser levadas para o lado pessoal, é preciso ser respeitoso e não trocar ofensas.

Você já deve ter assistido a debates entre candidatos a cargos políticos, entre interessados em disputar a diretoria do grêmio da escola ou entre membros de um clube a respeito de um assunto – por exemplo, a definição de critérios para a entrada de novos sócios.

Essas situações exigem certa formalidade, porque ocorrem em ambientes públicos e os temas são de interesse coletivo. São diferentes de uma discussão entre irmãos sobre quem senta no banco da frente do carro ou de uma discussão entre colegas de escola sobre quem vai apresentar o trabalho feito em dupla. Essas são situações de convívio pessoal, entre pessoas que mantêm relação de intimidade, marcadas pela informalidade.

Um debate em sala de aula, com o objetivo de discutir pontos de vista em relação a determinado assunto, deve ser desenvolvido em um tom mais formal e cuidadoso porque se trata de um ambiente público, em que se definem regras de participação coletiva. Além disso, a atividade exige preparação, pesquisa e planejamento.

Preparação

1. Para participar de um debate é preciso ler textos sobre o tema em questão, reunir informações e preparar-se. Assim, o debatedor será capaz de desenvolver uma argumentação forte e consistente para convencer seu interlocutor.
2. A turma será dividida em grupos, para debater o uso do celular em salas de aula.
3. Para aprofundar seus conhecimentos, você deverá reunir-se com seu grupo e discutir o assunto proposto.

4. Essa discussão deve basear-se em pesquisa. Procurem, em *sites* confiáveis da internet, notícias e artigos sobre o assunto. Anotem dados e registrem informações que fundamentem argumentos a favor do uso do celular e contra ele. Listem os argumentos em dois grupos: favoráveis e contrários.
5. O grupo pode também realizar entrevistas informais com professores, outros alunos, diretor, bibliotecário ou professor responsável pela biblioteca, pais, mães, responsáveis, entre outros. As opiniões e informações obtidas também devem ser selecionadas e anotadas.
6. O grupo discute os argumentos anotados e decide qual posição tomará no debate da turma: Será a favor do uso de celulares em sala de aula? Por quê? Contra o uso de celulares? Por quê? A favor de um uso controlado e monitorado? Por quem? Por quê? Faça um roteiro dos argumentos que serão utilizados.
7. O grupo escolhe um representante para defender as ideias que expressam seu ponto de vista.
8. O debate poderá ser gravado ou filmado. Caso tenha acesso a esse tipo de material, providencie um gravador, uma câmera ou um celular.

Realização

9. O debate conta com a escolha de um moderador, cujas funções são apresentar o tema que será discutido, conduzir as intervenções e mediar as falas dos debatedores.
10. Ao moderador cabe anunciar o tempo de fala de cada debatedor e as normas para pedir a palavra (poder falar).
11. O representante de cada grupo compõe a mesa de debatedores. De um lado, ficam aqueles que defenderão o uso de celular em sala de aula. Do outro, os que serão contrários a esse uso.
12. Os debatedores devem seguir algumas regras.
    - Um debate segue uma dinâmica determinada: um debatedor defende um ponto de vista sobre o assunto em questão, outro contesta esse ponto de vista e apresenta novo argumento, um terceiro intervém e reforça algum dos argumentos apresentados ou apresenta um novo, e assim por diante.
    - Quando um debatedor contra-argumenta em relação ao ponto de vista de outro, pode-se estabelecer o direito de réplica ou tréplica, dependendo do que foi definido pelo moderador antes de se iniciar o debate.
    - Só pode tomar a palavra aquele que solicitar o turno, isto é, a vez de falar. Não é permitido interromper a fala de um debatedor. O direito de fala é concedido pelo moderador.
    - Os debatedores devem evitar argumentos repetidos para que o debate ganhe fluidez.
    - É preciso respeitar a opinião do outro e ouvir com atenção os diferentes pontos de vista.
    - Enquanto um debatedor fala, os demais podem tomar notas e preparar argumentos.
13. Se possível, grave ou filme o desenvolvimento do debate para que possa ser revisto depois. Se não puder gravá-lo, tome notas do que julgar mais importante.

Autoavaliação

14. Assista à filmagem ou ouça a gravação com o professor. Caso não tenha filmado ou gravado, releia as anotações feitas. Você gostou de participar do debate?
15. Identifique os pontos mais relevantes da discussão, bem como as questões que precisam ser aprimoradas.
16. Observe a troca de turnos, avalie a força dos argumentos e a participação coletiva na atividade. Percebeu como o desenvolvimento prévio de argumentos é importante para defender um ponto de vista?
17. De que modo você empregou a linguagem? Percebeu diferenças entre a modalidade oral da língua em uma conversa e em um debate? Quais?

Oficina de produção

Notícia

Agora você escreverá, individualmente, uma notícia sobre assunto da vida escolar ou da comunidade para ser afixada no mural na escola ou publicada no *site* ou no *blog* da escola ou da turma.

Preparação

1. A notícia deve resultar de um cuidadoso trabalho de pesquisa, baseado em fontes confiáveis.
2. O que aconteceu nos últimos dias em sua escola ou em sua comunidade que pode transformar-se em uma notícia?
3. Escolhido o fato a ser noticiado, vá à procura de informações. Leia outras notícias, entreviste pessoas envolvidas, registre dados numéricos sobre o problema, procure saber de soluções em andamento. Anote todas essas informações.
4. Se quiser, faça fotografias e selecione uma para ilustrar a notícia.
5. Busque resposta às questões: O quê? Quem? Quando? Onde? Como? Por quê?
6. Com essas respostas, esquematize a notícia selecionando as informações mais relevantes. Planeje o que vai constar do título, da linha fina e do lide. Prepare o roteiro dos parágrafos, de modo que cada um introduza informações novas, depoimentos, entrevistas, dados.

Realização

7. Redija a notícia com atenção às partes dela e ao encadeamento entre elas.
8. O título deve chamar a atenção do leitor e despertar a curiosidade dele. Lembre-se de usar o verbo no presente, ainda que relate fatos já passados.
9. Empregue a 3ª pessoa para causar um efeito de distanciamento. Use dados e depoimentos para reforçar o efeito de objetividade.
10. A notícia se inicia com as informações gerais contidas no lide e progride para as mais detalhadas, redigidas no corpo do texto.
11. Insira dados que garantam efeito de verdade à notícia: nome completo de pessoas envolvidas, local, citação de opinião de autoridades ou de pessoas que presenciaram o fato, dados estatísticos relacionados ao acontecimento.
12. Redija em registro formal, considerando a ortografia e a pontuação.
13. Cuide da progressão das informações, encadeando-as por meio de recursos de coesão.
14. Se tiver escolhido uma fotografia, decida onde vai colocá-la ao editar a notícia.

Revisão e divulgação

15. Releia o texto pronto; verifique se está coerente e se suas partes estão ligadas, coesas.
16. Reveja a ortografia das palavras, a pontuação e a organização das ideias nos parágrafos. Esteja atento à progressão e ao acréscimo de informações no corpo do texto.
17. Observe se os tempos verbais foram empregados adequadamente.
18. Após a leitura do professor, reescreva os pontos que precisarem ser ajustados.
19. Prepare, com os colegas, um mural das notícias no corredor da escola. Vocês também podem publicá-las no *site* ou no *blog* da escola ou da turma.

Caleidoscópio

FAKE NEWS
OU NOTÍCIAS FALSAS

Fake news é uma expressão inglesa usada para designar **notícias falsas**, fabricadas com o intuito de enganar o leitor, ouvinte ou espectador. As *fake news* veiculam a desinformação de modo deliberado por meio de jornais, televisão, rádio e, principalmente, pela **internet**.

Com a popularização da internet e, particularmente, das redes sociais, as *fake news* passaram a espalhar-se de maneira muito mais rápida. Na "rede", uma **fake news pode ser compartilhada com outra pessoa**, um amigo desta pode curtir e, por sua vez, compartilhar na própria rede, e assim por diante. **Isso faz com que a notícia falsa atinja, rapidamente, um número muito grande de pessoas**.

AS FAKE NEWS
utilizam manchetes atraentes e, na maioria dos casos, sensacionalistas para chamar a atenção do público. É também esse fator que contribui para o compartilhamento rápido da informação falsa. Veja alguns dados de uma pesquisa que mostra a relação do brasileiro com as *fake news*.

ONDE BUSCAM INFORMAÇÃO?

76% SITES, BLOGS E PORTAIS

74% REDES SOCIAIS

Relação dos brasileiros com *fake news*. Consumidor Moderno. Disponível em: <www.consumidormoderno.com.br/2018/05/04/relacao-dos-brasileiros-com-fake-news>. Acesso em: 26 jul. 2018.

Antes de compartilhar uma notícia, é necessário verificar a veracidade da informação.

» Leia a notícia inteira e não apenas a manchete.
» Verifique quem assina a notícia.
» Analise a credibilidade do *site* em que a notícia foi divulgada.

IXI, É *FAKE NEWS*...

57% AFIRMARAM QUE APAGARAM O *POST*

29% DESMENTIRAM A INFORMAÇÃO

8% COMPARTILHARAM MESMO ASSIM

*MOTIVOS INDICADOS: NÃO TER CERTEZA SE ERA FALSA, TER ACHADO ENGRAÇADO OU PORQUE GOSTARIAM QUE FOSSE VERDADE.

JÁ COMPARTILHOU *FAKE NEWS*?

47% NUNCA **37%** NÃO TÊM CERTEZA **16%** SIM

70% ACREDITAM QUE A INTERNET AJUDA AS PESSOAS A SE INFORMAR MAIS

Mas...

60% CONSIDERAM A TELEVISÃO O MEIO DE COMUNICAÇÃO DE MAIOR CREDIBILIDADE

Agora que você tem mais informações a respeito de *fake news*, reflita sobre as questões a seguir com os colegas e o professor.

1. Você já leu alguma *fake news* e pensou que era verdadeira? Se sim, como descobriu que ela era falsa?
2. Considerando que as *fake news* se propagam rapidamente, por que elas podem ser consideradas perigosas?
3. É fácil desmentir uma *fake news*? Por quê?

Retomar

Grupo de voluntários recolhe mais de 40 kg de lixo na Lagoa

Um grupo de pessoas acordou mais cedo neste sábado com uma missão: deixar o entorno da Lagoa Rodrigo de Freitas um pouco mais limpo. Coordenados por uma equipe do projeto Ilhas do Rio, cerca de 50 voluntários ergueram as mangas e recolheram mais de 42,5 kg de lixo no local. Foram 15 kg de plástico, 8 kg de vidro, 1,5 kg de metais, 1 kg de papel e 17 kg do que foi classificado como "outros" (borracha, pilhas, [...] roupas e guimbas de cigarro).

– Todo esse volume de lixo foi recolhido em um pequeno trecho de 300 metros, não percorremos um trecho muito grande para não dispersar o grupo. E vale a pena lembrar que a Lagoa é um lugar que tem coleta de lixo diária pelos órgãos responsáveis. A gente não esperava encontrar muito lixo volumoso, esperávamos encontrar lixos menores, o plástico que envolve o canudo, as tampinhas. Mas nos surpreendemos com a quantidade de plástico, foi acima do esperado – conta Bruna Duarte, gerente de comunicação do Ilhas do Rio.

Apesar da alta quantidade de plástico coletada, chamou a atenção o recolhimento de um pneu e de muitos pedaços de ladrilhos e azulejos. [...]

– [...] As pessoas ficaram muito surpresas com o volume de lixo coletado em tão pouco tempo. Além de coletar, a gente faz essa exposição do lixo para impactar quem está passando pelo lugar – diz Bruna.

Depois da coleta, que começou cerca de 8h30 e terminou às 11h, todo o lixo foi separado, pesado e entregue à Comlurb. Fora o recolhimento do lixo, houve oficina para crianças e adultos aprenderem a dobrar jornal para substituir o saco plástico usado em lixeiras domésticas. O *personal trainer* Alexandre Kibritte, que estava com o filho Bernardo, de 2 anos, elogiou a iniciativa.

Lixo plástico recolhido pelos voluntários coordenados pela equipe do projeto Ilhas do Rio.

– Chegamos por volta de 9h, trouxe meu filho para ele começar a ter consciência da preservação, do cuidado com os mares, da proteção ao meio ambiente. Ajudamos a catar um pouco do lixo e depois fomos para a oficina de dobrar o jornal. Isso é fundamental, tem que partir da consciência de cada um. Não temos que esperar que políticos façam pelo meio ambiente. A gente vê pessoas esclarecidas jogando lixo na rua, às vezes com lata de lixo do lado. Então tem que partir da gente mesmo – afirmou Alexandre.

O projeto Ilhas do Rio realiza mutirões anuais nas Ilhas Cagarras, tendo coletado mais de 500 kg de lixo desde 2011. A chegada do projeto na Lagoa Rodrigo de Freitas se deu por conta de uma pesquisa que visa a distinguir peixes da espécie tainha que habitam o mar e a própria lagoa.

– Essa pesquisa é muito importante, principalmente para definir as intervenções que são propostas no canal do Jardim de Alah. Como a gente está fazendo essa pesquisa na Lagoa, estamos nos aproximando dessa região e começando a atuar aqui também – conta Bruna Duarte.

Ricardo Ferreira. *Extra*. Disponível em: <https://extra.globo.com/noticias/rio/grupo-de-voluntarios-recolhe-mais-de-40kg-de-lixo-na-lagoa-22908221.html>. Acesso em: 25 jul. 2018.

1. Localize as informações pedidas abaixo e indique a parte da notícia em que as localizou.
   a) O que está sendo noticiado?
   b) Onde ocorreu o fato relatado?
   c) Quando ocorreu?
   d) Quem participou?

2. A notícia apresenta alguns dados.
   a) Que tipos de lixo foram recolhidos? Qual foi a quantidade de cada tipo?
   b) Que tamanho tinha o trecho em que ocorreu a ação, no entorno da Lagoa Rodrigo de Freitas?
   c) Que quantidade de lixo o projeto já recolheu nas Ilhas Cagarras?
   d) A quantidade de lixo recolhido causa que impressão no leitor? Por quê?
   e) Com que finalidade essa notícia usa dados numéricos?

3. Alguns depoimentos foram colhidos pelo repórter.
   a) Que pessoas foram ouvidas?
   b) Que função tem cada um desses depoimentos?
   c) Qual é a importância, nessa notícia, do uso do discurso direto para apresentar a fala dos envolvidos no fato?

4. A gerente de comunicação do projeto explica por que, depois da coleta, o grupo faz a exposição do lixo recolhido: "Além de coletar, a gente faz essa exposição do lixo para impactar quem está passando pelo lugar".
   a) Você considera que a exposição do lixo cause realmente impacto em quem passa? Por quê?
   b) Observe as fotografias que acompanham a notícia. Que tipo de impacto elas causam no leitor?

5. Releia esta frase de um dos depoimentos: "Não **temos** que esperar que políticos **façam** pelo meio ambiente".

   Em que modo estão empregados os verbos assinalados? Associe o uso do modo verbal ao sentido que ajudam a construir na frase.

6. Modifique a frase a seguir substituindo a afirmativa destacada por uma condição introduzida pelo conectivo **se**. Faça as alterações necessárias.
   - **Um grupo de pessoas acordou mais cedo neste sábado** e deixou o entorno da Lagoa Rodrigo de Freitas um pouco mais limpo.

   Se um grupo...

7. Reescreva as frases a seguir completando-as com os verbos no futuro ou no passado, de acordo com o contexto.
   a) No sábado passado, os voluntários ● as mangas e ● mais de 40 quilos de lixo. (erguer; recolher)
   b) Na próxima ação do grupo, novas oficinas ● a reciclar vidros vazios. (ensinar)
   c) Um pneu e muitos pedaços de ladrilhos e azulejos ● a atenção dos voluntários durante a coleta de lixo realizada. (chamar)
   d) Muitos passantes ● da Lagoa mais conscientes depois de terem visto a exposição do lixo coletado. (sair)

65

UNIDADE 3

Antever

1 Observe a imagem ao lado. O que ela representa?

2 Que sentimentos podem ser percebidos na figura retratada? Por meio de quais recursos isso pode ser observado?

3 Você já viu esse tipo de traço e de cor em outro tipo de criação? Qual?

4 O autor dessa pintura é o estadunidense Roy Lichtenstein (1923-1997), que fez parte de um movimento chamado Pop Art – abreviação de Popular Art (arte popular). A imagem apresentada foi feita por meio de um processo chamado litografia, que consiste na impressão em papel de um desenho feito numa placa de pedra. Com essas informações e com a observação que fez da imagem, tente explicar a relação entre as criações desse artista e a arte popular que circula em folhetos, revistas, propagandas.

Roy Lichtenstein usa, em suas obras de arte, imagens da cultura popular, destacando-as de forma a causarem impacto visual. Com isso, mostra a importância dessa cultura, presente, por exemplo, nas histórias em quadrinhos.

Nesta unidade, você lerá uma entrevista com um criador de tiras de HQ e examinará algumas delas.

Roy Lichtenstein. *Menina chorando*, 1963. Litografia, 40,6 cm × 61,0 cm. Galeria Leo Castelli, Nova York.

Conversas

CAPÍTULO 1

Antes da leitura
atividade oral

Observe as imagens a seguir.

1. Em que tipo de publicação essas imagens costumam aparecer?

2. O que os diferentes formatos indicam? Explique sua resposta.

3. Relacione a forma do balão 3 ao que está escrito nele para explicar como seria pronunciada essa fala.

4. Observe o balão 4 e leia o texto que ele contém. O que o formato do balão indica em relação ao modo como a personagem falou?

5. Com base nas observações feitas, relacione o número de cada balão às seguintes entonações.
   a) Voz forte, gritada;
   b) Voz carinhosa;
   c) Voz normal;
   d) Voz baixa, sussurrante.

Você já deve ter lido muitas tiras e HQs e sabe que são textos que costumam usar balões de fala. Desenhistas e ilustradores criam diversos tipos de balão para expressar emoções e atitudes das personagens, mas também empregam outros recursos para isso. As tirinhas podem ser engraçadas ou convidar o leitor a refletir sobre a vida, as relações e os comportamentos sociais.

Você já leu alguma tira da personagem Armandinho? Ele é um menino inteligente e questionador, que tem um sapo como bichinho de estimação e não se conforma com as injustiças. Leia a seguir duas tirinhas de Armandinho e desfrute do modo como ele vê o mundo. Será que, nessas tiras, os balões de fala ajudam o leitor a compreender os sentidos da narrativa? Será que o quadrinista criou outros modos de dizer?

Tira 1

Alexandre Beck.

Tira 2

Alexandre Beck.

Paixão por desenhar

Alexandre Beck nasceu em 1972, em Florianópolis (SC). Cursou Agronomia, Publicidade e Jornalismo e trabalha como ilustrador e cartunista há mais de 15 anos.

Estudo do texto

Tira 1

1. A primeira tira de Armandinho é dividida em partes.
   a) Como o cartunista organizou, na tira, essa divisão?
   b) Por que a tira é dividida? O que é contado em cada parte?
   c) O que é representado nos desenhos?
   d) Por que algumas personagens foram representadas apenas com uma parte do corpo?
   e) Que personagem aparece em destaque no desenho? Por quê?

2. A parte verbal da tira é composta por um diálogo.
   a) Quem fala no primeiro quadro? De que modo é possível saber qual é a profissão da personagem representada?
   b) Na página 68, você viu que muitas tiras usam balões de fala. Eles são usados na tirinha de Armandinho? De que modo são indicadas as falas em cada quadrinho?

3. Observe o primeiro requadro (nome que se dá a cada quadrinho).
   a) O que Armandinho está fazendo?
   b) O que a expressão facial do menino indica?
   c) Observe a fala do adulto. Com que pontuação ela termina? Que efeito isso cria?

4. No segundo requadro, Armandinho fica sabendo o resultado do exame.
   a) Que mudança ocorre na expressão do rosto dele?
   b) Exames médicos são avaliados de acordo com padrões que estabelecem se há traços positivos da existência de alguma doença ou negativos, quando não se detectam esses traços. Com base nessa informação, diga se o resultado de um exame médico negativo é algo bom ou ruim.
   c) A reação de Armandinho demonstra que ele compreendeu o resultado de seu exame de saúde? Por quê?

5. Na tira, Armandinho recebe o resultado de um exame. Observe o uso dessa palavra em outro contexto.

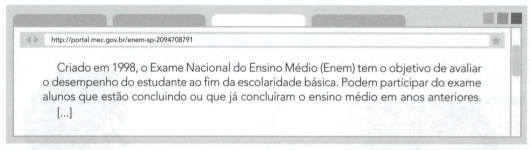

Portal do Governo Brasileiro. Disponível em: <http://portal.mec.gov.br/enem-sp-2094708791>. Acesso em: 6 ago. 2018.

   a) O que significa a palavra **exame** em Exame Nacional do Ensino Médio? A que contexto ela se refere?
   b) O adulto e Armandinho atribuem o mesmo sentido à palavra **exame**? Explique sua resposta.
   c) Considerando o sentido em que a palavra **exame** foi usada na tira e no trecho lido, explique a reação de Armandinho.

6 No último requadro, Armandinho faz uma pergunta. Que palavra usada na pergunta se relaciona ao modo pelo qual ele havia entendido a expressão "resultado negativo"? Justifique sua resposta.

7 Com base em seus conhecimentos, explique como o humor é construído na tira.

Tira 2

8 Observe o primeiro quadro da segunda tira.

a) Onde o menino está? De que modo é possível perceber isso?

b) Em que situação você já viu uma placa parecida? O que a mensagem escrita na placa indica?

9 No segundo requadro:

a) Qual a função do uso do imperativo no verbo **aproveite**? Justifique sua resposta.

b) A fala do adulto tem por objetivo incentivar qual comportamento em Armandinho?

10 Observe o terceiro requadro.

a) Que verbo usado pelo adulto no segundo quadro é retomado por Armandinho?

b) Armandinho concorda com o sentido que o adulto dá a essa palavra? Por quê?

c) O que a expressão no rosto, a postura e o gesto do menino indicam?

d) Se você fosse fazer um balão para emoldurar a fala de Armandinho, de que modo faria? Por quê?

11 Vimos que as tiras levam ao riso e constroem humor.

a) Armandinho tem cerca de 6 anos. A reação dele na conversa com o adulto está de acordo com sua idade? Por quê?

b) A reação do menino causa que efeito de sentido? Por quê?

c) Que tema é debatido na tira? O que ela propõe ao leitor?

d) Você concorda com Armandinho? Explique seu posicionamento.

Ampliar

Armandinho zero, de Alexandre Beck (Belas Letras).

Este é o primeiro livro da personagem de Alexandre Beck, lançado em 2013. Traz as primeiras tiras de Armandinho, de 2010 até início de 2011, e conta como a personagem surgiu, como foi escolhido seu nome e de onde veio o sapo.

Comparando textos

A seguir você lerá tirinhas da Turma da Mônica, do Menino Maluquinho e de Calvin.

1 Leia primeiro uma tirinha da personagem Cebolinha em que aparece também o pai dele, o Sr. Cebola.

Mauricio de Sousa.

a) Pela expressão corporal, como está o humor do pai de Cebolinha no primeiro requadro? Por que ele está assim?

b) De que modo o primeiro requadro demonstra para o leitor a causa do sentimento do Sr. Cebola?

c) O que o segundo requadro revela sobre a ação de Cebolinha?

d) Observe a expressão corporal do pai de Cebolinha e descreva-a. O que ele está fazendo?

e) Qual é a reação de Cebolinha? Como está representada na tira?

2 Observe os balões e o modo pelo qual os quadros foram desenhados na tira de Cebolinha.

a) As molduras dos quadrinhos não estão na mesma posição. Explique as diferenças e o que isso representa.

b) Como os balões de fala foram desenhados? O que eles indicam?

c) O que a posição do último balão demonstra? Explique sua resposta.

d) Além do balão, que outro elemento visual reforça o estado de Cebolinha no último requadro?

3 Agora leia esta tira do Menino Maluquinho.

Ziraldo.

a) Julieta e Maluquinho conversam sobre o quê?

b) O que as falas de Maluquinho e a expressão do rosto dele revelam?

72

c) No segundo requadro, que sentimento a expressão do rosto de Julieta indica?

d) No terceiro requadro, Julieta muda de opinião? Por quê?

e) De que modo o leitor percebe o que aconteceu com Julieta?

4) Observe os quadrinhos e os balões de fala na tira do Menino Maluquinho.

a) Como foram desenhados os balões nos dois primeiros quadrinhos? O que indicam?

b) Descreva o balão e o modo pelo qual foi escrita a fala de Julieta no último quadrinho. Que efeito foi produzido?

5) Observe o formato dos balões nas duas tiras que você leu. Como esse formato se relaciona com as falas e os sentimentos das personagens?

6) Compare os balões e a moldura nos requadros dessas duas tirinhas com os das tirinhas de Armandinho.

a) Que diferenças você nota em relação aos aspectos mencionados?

b) Essa diferença causa que efeito para o leitor das quatro tiras?

7) Leia esta tirinha de Calvin.

Bill Watterson.

a) Os dois primeiros quadrinhos mostram Calvin protagonizando uma cena aparentemente comum. Descreva-a.

b) O que acontece no terceiro quadrinho e o que a expressão no rosto do menino revela?

c) O último quadro mostra o desfecho da história. O que acontece?

d) O fim dessa história surpreendeu você? Por quê?

> O humor costuma ser criado por alguns recursos de linguagem. Nas HQs e tiras, é comum haver uma quebra de expectativa que gera humor.

8) Na tira de Calvin não há balões de fala.

a) Como o leitor percebe o encadeamento entre os fatos?

b) A ausência de balões de fala compromete o entendimento da tira? Por quê?

c) A personagem Calvin, criação do cartunista estadunidense Bill Watterson, é um menino de 6 anos de idade, imaginativo e contestador, que vive aventuras ao lado de seu tigre e melhor amigo Haroldo – que, para as outras personagens, é apenas um bicho de pelúcia. Com base nessas informações e na leitura da tira, explique a visão de Calvin sobre o que acontece. Você nota semelhanças entre Calvin e Armandinho? Explique sua resposta.

Linguagem, texto e sentidos

1) No primeiro quadro da tira de Cebolinha, aparece a palavra BUM, repetida três vezes.

   a) O que ela representa?

   b) O que a repetição indica?

   c) De que maneira as palavras foram escritas? Que sentido foi produzido?

> A palavra **bum**, usada repetidamente na tira, representa um som e é chamada de **onomatopeia**. Onomatopeias são muito usadas em HQs para criar efeitos dos sons produzidos por personagens ou por outros elementos do ambiente.

2) Na tira de Cebolinha foi usada outra onomatopeia.

   a) Qual? De que modo foi escrita?

   b) O que essa onomatopeia indica?

3) Que outros tipos de onomatopeia você conhece? Pesquise em gibis impressos ou na internet.

4) Observe este quadro.

- Que palavra curta usada por Julieta demonstra sua reação diante de um fato surpreendente? Explique-a.

5) Observe o terceiro quadro da tira do Menino Maluquinho.

   a) Que palavra curta expressa uma emoção de Julieta? Identifique-a e explique o sentido construído.

   b) Observe a expressão e a fala de Maluquinho.
   - O que ele diz?
   - Para quem ele olha? Qual é o leitor pressuposto pela cena?

> **Interjeição** é a palavra que expressa um estado emocional de quem fala, como admiração, surpresa, susto, irritação, espanto etc.

6 Observe o quadro ao lado.

a) As duas personagens conversam. De que modo o cartunista escreve a fala de Julieta? Que efeito produz?

b) Que sinal de pontuação é usado na fala de Maluquinho? O que indica?

c) Na tira, que modalidade da linguagem é mostrada por meio dos recursos usados para escrever as falas? Explique sua resposta.

7 Agora veja um quadrinho da **Tira 1**.

a) A situação vivida em um consultório médico costuma ser formal ou informal? Por quê?

b) Na tira, isso se confirma? Justifique sua resposta.

c) De que modo o profissional de saúde se dirige a Armandinho: formal ou informal? Por quê?

Estudo e pesquisa

Modalidades oral e escrita da língua

Por sua experiência de falante, você sabe que há duas modalidades de uso da língua: a oral e a escrita. Já pensou nas diferenças entre elas? E em que situações cada uma é usada?

1 Neste capítulo, você leu várias tirinhas. Releia o diálogo entre Maluquinho e Julieta.

a) Em que situação eles se encontram?

b) A tira reproduz que modalidade de uso da língua?

c) As interjeições são marcas de oralidade. O que **Uau!** e **Argh!** expressam na tirinha?

75

d) Que recurso gráfico utilizado na tirinha indica a interrupção da fala?

e) Em uma situação de conversa entre amigos, como na tira, que registro de linguagem é usado? Formal ou informal? Por quê?

2 No Capítulo 2 você lerá uma entrevista com o criador de Armandinho. Leia um trecho dela.

> O pai de Armandinho é o ilustrador de Florianópolis (SC) Alexandre Beck. Antes de desenhar, ele se formou em Agronomia, Jornalismo e Publicidade. O sucesso já garantiu quatro livros sobre o personagem. O portal Jornal da Cidade conversou com exclusividade com o ilustrador. [...]
>
> *Jornal da Cidade.* Disponível em: <www.jcuberaba.com.br/noticias/entrevista/4729/conheca-o-34-pai-34-do-armandinho/>.
> Acesso em: 6 ago. 2018.

a) Que modalidade da língua está sendo usada na entrevista?

b) Que registro predomina no texto: formal ou informal? Justifique sua resposta.

c) A linguagem empregada está de acordo com a situação? Por quê?

3 Leia os textos a seguir e faça o que se pede.

> Excelentíssimo senhor presidente, excelentíssimos senhores deputados. A todos os demais presentes. Boa tarde! Eu sou Ana Júlia, estudante do Colégio Estadual Senador Manuel Alencar de Guimarães e tenho 16 anos. E "tô" aqui hoje para conversar com vocês, pra falar sobre as ocupações. [...].
>
> Trecho do discurso da estudante Ana Júlia Ribeiro na Assembleia Legislativa do Paraná, em 2016. Disponível em: <www.humanas.ufpr.br/portal/pgsocio/files/2018/04/R-D-Carolina-Sim%C3%B5es-Pacheco.pdf>. Acesso em: 6 ago. 2018.

Bora assistir ao eclipse do MAC Niterói?

O MAC Niterói - Museu de Arte Contemporânea de Niterói está na lista dos lugares da cidade para assistir ao eclipse mais longo do século. Vamos lá observar esse fenômeno de frente para a baía?

O eclipse acontece das 17h26 às 19h19. Por conta disso, o pátio do museu vai funcionar em horário especial hoje, até as 20h. Marca os amigos, a família, o *crush*, separa a câmera e bora lá! Ah, e não esqueça de compartilhar as fotos por *Inbox*, no Twitter ou no Insta, é só marcar com a *hashtag* #partiueclipse.

Prefeitura Municipal de Niteroi. Disponível em: <www.facebook.com/PrefeituraMunicipaldeNiteroi/photos/a.474563605991661.1073741828.467413180040037/1745422278905781/?type=3&theater>. Acesso em: 29 ago. 2018.

a) Descreva a situação em que ocorre o texto I, considerando: a quem o locutor se dirige; o que pretende; possibilidade ou não de planejamento do texto; marcas de uso da língua. Justifique sua resposta.

b) Na situação II, como se caracteriza a linguagem usada? Ela está adequada à situação de comunicação?

4 Com base no reconhecimento das modalidades oral e escrita e dos registros formal e informal da linguagem nos exemplos que analisou, responda às questões.

a) O que compõe uma situação de comunicação?

b) A situação influencia na escolha da modalidade e do registro de linguagem a serem usados? Por quê?

5 Agora é hora de fazer uma pesquisa sobre os registros formal e informal da linguagem. Pesquise em notícias, HQs, propagandas e redes sociais exemplos dos registros formal e informal. Você também pode transcrever conversas suas do dia a dia. Ao lado de cada exemplo recolhido, indique a situação de comunicação, as pessoas envolvidas e seus objetivos de comunicação. Em seguida, registre a modalidade e o registro usados.

CAPÍTULO 2

Antes da leitura

Observe a imagem a seguir.

No programa de TV *Estação Plural*, o jornalista Fefito entrevista o *rapper* e poeta Rincon Sapiência. O programa foi exibido em 8 de dezembro de 2017. Disponível em: <http://tvbrasil.ebc.com.br/estacao-plural/2017/12/rincon-sapiencia-no-estacao-plural>. Acesso em: 14 ago. 2018.

1. Você conhece as pessoas que aparecem na fotografia?

2. Onde elas estão? O que estão fazendo?

3. O que a expressão do rosto do entrevistador e a postura de ambos revelam? Como eles parecem sentir-se na situação?

4. O que um espectador ou leitor espera saber em uma entrevista com um artista que admira?

5. Você costuma ler entrevistas ou assistir a elas? Por quê?

Agora você lerá uma entrevista. O entrevistado não é um cantor e sim um desenhista. O título é "Conheça o 'pai' do Armandinho".

Com essas dicas, consegue adivinhar quem é? E os assuntos a serem tratados?

Antes da leitura, troque ideias com os colegas.

77

Conheça o "pai" do Armandinho

Um garoto inocente e cheio de dúvidas. Um cabelo azul e várias pernas de adultos. Um mundo visto sempre da melhor forma. Armandinho é o protagonista de uma das tirinhas mais famosas do momento no Brasil. Sua página oficial no Facebook já recebeu mais de 570 mil curtidas. Os quadrinhos encantam crianças, adultos e idosos e levam o público à reflexão de como encarar os problemas e pensar neles de forma positiva.

O pai de Armandinho é o ilustrador de Florianópolis (SC) Alexandre Beck. Antes de desenhar, ele se formou em Agronomia, Jornalismo e Publicidade. O sucesso já garantiu quatro livros sobre o personagem. O portal *Jornal da Cidade* conversou com exclusividade com o ilustrador. [...]

Jornal da Cidade: A vida adulta é difícil? Como levar a sensibilidade e a atenção das crianças para os adultos?

Alexandre: Em geral, a vida de adulto é difícil. Em parte por nossa responsabilidade. Envolvidos por compromissos e na luta por satisfazermos as cobranças da sociedade, deixamos de questionar, de nos encantar, de perceber outros caminhos e de apreciar a beleza do simples. [...]

JC: Como e quando o personagem Armandinho surgiu? Ele foi criado com qual objetivo?

Alexandre: As primeiras tiras do que veio a se tornar o Armandinho fiz em 2009. Foram feitas às pressas, pra ilustrar uma matéria que seria publicada no dia seguinte no jornal. As tiras que eu fazia na época, com outros personagens, não se encaixavam na matéria, que falava de economia familiar, com pais e filhos. Criei os roteiros das tiras, usei um desenho que já tinha pronto, rabisquei pernas para representar os pais e fiz as tiras, que foram publicadas no jornal no dia seguinte.

Depois disso, fui amadurecendo uma ideia, e em 2010 – seis meses depois – substituí os antigos personagens pelo menino de cabelo azul.

JC: O Armandinho já foi *hobby*? Se sim, quando passou a se tornar um trabalho sério?

Alexandre: Sempre fiz as tiras de forma séria, mas por um bom tempo eu criava as tiras do Armandinho em meio a vários outros trabalhos. Sempre foi divertido, dinâmico e prazeroso, mas antes me tomava relativamente pouco tempo. Gradualmente esse tempo foi se ampliando, para responder [a] mensagens e produzir os livros, e ocupando o espaço dos outros trabalhos.

JC: O personagem se transformou em objeto de Educação, incluído no ensino fundamental e médio?

Alexandre: Recebi pedidos de editoras para o uso de tiras em livros do ensino fundamental e médio. Muitos professores também relatam que usam as tiras em provas. [...]

JC: Quais são os principais temas abordados por Armandinho? De onde você tira os assuntos?

Alexandre: Um dos assuntos que abordo com mais frequência nas tiras é o meio ambiente. Sou engenheiro agrônomo e minha preocupação ambiental vem de criança. Mas acredito ser bastante eclético nos temas. Cidadania, justiça, relacionamento entre pais e filhos e reflexões diversas. Às vezes até me arrisco no humor.

JC: Por que você escolheu as tirinhas para se comunicar?

Alexandre: Aceitei um convite pra criar tirinhas no *Diário Catarinense*, em 2002. Já trabalhava com quadrinhos educativos, o que não é a mesma coisa, mas me dava alguma experiência. [...]

JC: Quais são suas principais influências no desenho?

Alexandre: Os primeiros traços do desenho do Armandinho foram feitos de forma rápida, praticamente um esboço, e não foi alterado da forma original. É muito simples.

Já na linguagem e forma de comunicação, creio que uma grande influência tenha sido os livros do Pequeno Nicolau, que minha vó lia para os netos quando éramos crianças.

JC: Quais são seus sonhos e objetivos para o Armandinho?

Alexandre: Gostaria de continuar a fazer as tiras da forma que faço desde o início. Reflexões pessoais, assuntos [de] que gosto, que julgo importantes e situações [em] que eu vejo graça. Independência pra isso é fundamental.

O Armandinho já foi muito além do que eu podia esperar. E a responsabilidade cresce com isso. Hoje fico feliz por poder – por meio do personagem – ajudar a divulgar projetos que julgo importantes, principalmente na área ambiental e de cidadania. [...]

JC: Você já conseguiu mudar a postura, o pensamento e o comportamento de alguém com as tirinhas? Como é o retorno do público?

Alexandre: O retorno dos leitores – principalmente na internet e em lançamentos – é muito grande e positivo. Há vários relatos e depoimentos. As tiras podem ajudar a refletir, motivar e trazer mais informações, mas quem faz a mudança é a pessoa. Eu – como autor – por buscar informações, pensar e repensar enquanto faço as tiras, com certeza tive, e continuo tendo, grandes mudanças.

Isabel Minaré. *Jornal da cidade*, Uberaba, 1º set. 2014.
Disponível em: <www.jcuberaba.com.br/noticias/entrevista/4729/conheca-o-34-pai-34-do-armandinho/>. Acesso em: 28 jun. 2018.

Estudo do texto

1. O título da entrevista é: "Conheça o 'pai' do Armandinho".
   a) Por que a entrevista recebeu esse título?
   b) Explique o uso das aspas na palavra "pai".

2. Releia os dois primeiros parágrafos para responder às perguntas a seguir.
   a) Quem é o entrevistado?
   b) Quem o entrevistou?
   c) Ao ser escolhido para dar uma entrevista, pressupõe-se que o entrevistado tenha algo interessante ou relevante para contar. No caso da entrevista lida, qual seria a razão da escolha do entrevistado?
   d) Quem se interessaria por essa entrevista?
   e) Logo após os dois primeiros parágrafos o texto se modifica. O que aparece? Como o leitor percebe que há uma mudança?
   f) Que função esses dois primeiros parágrafos desempenham no texto?

3. A entrevista é feita por meio de perguntas endereçadas ao entrevistado. Releia a primeira pergunta e a primeira resposta.
   a) Alexandre considera a vida adulta difícil? Por quê?
   b) Para o entrevistado, como o olhar da criança pode ajudar na vida dos adultos?
   c) Por que o jornal acredita que o desenhista saberia de que modo é possível "levar a sensibilidade e a atenção das crianças para os adultos"?

4. Algumas perguntas se referem à criação e às características de Armandinho.
   a) Nos aspectos mencionados sobre Armandinho, identifique informações sobre:
      - a criação da personagem;
      - meios em que as histórias da personagem passaram a circular;
      - temas discutidos nas tiras pela personagem.
   b) O que influenciou Alexandre a se tornar desenhista e a criar Armandinho?
   c) Se você fosse o entrevistador, o que mais perguntaria sobre a personagem?

5. Ao falar sobre a personagem que criou, Alexandre expõe alguns detalhes de sua vida pessoal.
   a) Qual é a formação do autor de Armadinho?
   b) Que relações podem ser estabelecidas entre a formação dele e a atividade que desempenha?

6. Para o "pai" de Armandinho, qual é a importância social das tirinhas?

7. Nesta unidade, você leu uma tirinha de Armandinho no Capítulo 1 e uma entrevista do autor dessas tiras, no Capítulo 2. Em sua opinião, que relevância social pode ter o trabalho de um desenhista de tirinhas?

Ampliar

O pequeno Nicolau, de René Goscinny (Martins Fontes).

Criadas pelo francês René Goscinny, com ilustrações de Sempé, as aventuras do menino Nicolau e de seus colegas encantam crianças e adultos desde os anos 1950. Os livros já tiveram duas adaptações para o cinema, em 2010 e 2014, com direção de Laurent Tirand, alcançando grande sucesso pelo mundo. Ficou interessado em ler *O pequeno Nicolau* ou assistir a seus filmes? Veja o *trailer* de *As férias do pequeno Nicolau* (2014) em <www.adorocinema.com/filmes/filme-220705/trailer-19542788> (acesso em: 6 ago. 2018).

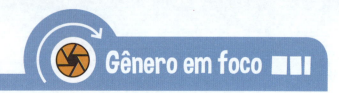

Entrevista

1 A entrevista do criador de Armandinho foi publicada no *Jornal da Cidade*. Observe, ao lado, a página no *site* desse jornal.

a) O que aparece em destaque no alto da página?

b) Que palavras introduzem as perguntas e respostas? Como aparecem escritas?

c) Para que servem essas identificações?

d) Quem assina a entrevista é a jornalista Isabel Minaré. Por que o nome dela não aparece na entrevista?

e) Que elemento visual é usado? Que função ele tem na entrevista?

2 Leia a transcrição de um trecho de uma entrevista do jornalista Pedro Bial com o *rapper* Emicida feita para a TV.

Pedro Bial: Esse *reggae* foi gravado com a Vanessa da Mata, né?

Emicida: Foi.

Pedro Bial: "Pô"... leveza... né? Você sai meio passarinho depois que escuta...

Emicida: Suave... suave...

Pedro Bial: Suave... suave...

Emicida: Quando eu terminei essa música, aí eu escutei ela, eu pensei... [...] mano, vão falar que o Emicida tá fofinho demais... [risos]

Pedro Bial: [risos] E falaram?

Emicida: Ah... falaram! Mas a fofura não é um crime, ainda, né? [...]

Transcrição de trecho de entrevista do *rapper* Emicida a Pedro Bial. *Conversa com Bial*. Rede Globo. Disponível em: <https://globoplay.globo.com/v/6294899/>. Acesso em: 28 jun. 2018.

a) Sobre o que eles falam?

b) Emicida diz que teve medo de falarem que ele estava "fofinho demais". Você supõe que as pessoas que assistiam à entrevista ficaram curiosas? E você? Ficou curioso? Por quê?

c) Como o entrevistador agiu depois da afirmação de Emicida?

d) Emicida e Bial usam gírias nessa entrevista? Se sim, quais?

3 Observe este trecho do diálogo entre entrevistador e entrevistado.

Pedro Bial: [risos] E falaram?

Emicida: Ah... falaram!

a) A entrevista foi feita oralmente e, ao trancrevê-la, foi usada uma pontuação.
- Pela pontuação, que tipos de frase o entrevistador e o entrevistado produziram?
- Como a diferença entre os tipos de frase usadas pode ser percebida na oralidade?

b) Emicida usa uma interjeição em sua fala. Identifique-a. Que sentido ela produz?

4 Na fala de Pedro Bial "'Pô'... leveza... né?", é usada a forma abreviada de que interjeição? Que sentido constrói na situação?

5 Compare o trecho da entrevista de Emicida com a entrevista de Alexandre Beck. O modo como usam a linguagem é o mesmo? Por quê?

6 Leia o trecho de uma entrevista publicada no jornal cearense *O Povo*.

---

www.opovo.com.br/jornal/dom/2018/04/fortaleza-precisaria-de-uns-vinte-cucas-diz-especialista.html

Um dos maiores especialistas em segurança pública do País, o secretário da Segurança Cidadã de Recife, Murilo Cavalcanti, conhece como poucos as inovações de Bogotá e Medellín no combate à violência.

Um dos idealizadores do programa Pacto pela Vida, que reduziu índices de homicídios de Pernambuco no início dos anos 2010, o pesquisador já viajou para estudar as cidades colombianas 28 vezes. [...]

Em entrevista ao O POVO, o secretário falou sobre as lições de Bogotá e Medellín e como Fortaleza pode mudar paradigmas na hora de enfrentar a violência em seu dia a dia.

O POVO: Como mudar a realidade de uma cidade tomada pela violência?

Murilo Cavalcanti: A primeira coisa, a mais básica decisão política que tem que ser colocada na ordem do dia, como prioridade, é a valorização da vida das pessoas. Fazer as pessoas verem que a vida é sagrada. Foi como começaram lá em Bogotá. Fazer as pessoas pensarem no que estava acontecendo, fazer elas pensarem "e aí?". A segunda é inverter essa lógica perversa de fazer os mais pobres equipamentos para os mais pobres. As piores escolas, as piores moradias, os piores postos, hoje estão na área pobre. É assim em Recife, em Fortaleza, em São Paulo. Vá em um terminal rodoviário e vá a um aeroporto, você vê que um é para pobre e o outro para o rico. É sempre assim, para o pobre um puxadinho, um remendo. Temos que romper com isso.
[...]

"Fortaleza precisaria de uns vinte Cucas", diz especialista. *O Povo*, 22 abr. 2018. Disponível em: <www.opovo.com.br/jornal/dom/2018/04/fortaleza-precisaria-de-uns-vinte-cucas-diz-especialista.html>. Acesso em: 6 ago. 2018.

a) Qual foi o tema da entrevista?
b) Pelo texto introdutório, por que o entrevistado foi escolhido para falar sobre o tema?
c) Com base em todas as pesquisas que fez, o que o entrevistado considera a principal atitude para combater a violência? Como ele chegou a essa conclusão?
d) Que diferença há no modo de usar a linguagem nessa entrevista e na entrevista de Emicida?
e) Em sua opinião, por que o modo de usar a linguagem muda?

A **entrevista jornalística** é um gênero que recolhe declarações e opiniões de uma personalidade de interesse público, um especialista ou autoridade, sob a forma de perguntas e respostas. Circula em diversos meios de comunicação, como revistas, jornais, rádio, televisão e internet, e apresenta variações quanto à modalidade e ao registro de linguagem. Na televisão, por exemplo, é um texto oral, que costuma começar com uma saudação. Nos jornais e revistas, há um texto introdutório que, em geral, fornece informações sobre a vida, as realizações e especialidades do entrevistado, capazes de despertar o interesse do leitor sobre o próprio entrevistado ou sobre o tema a ser discutido. Aparece também uma fotografia do entrevistado. Depois da sequência de perguntas e respostas, há um fechamento, com agradecimentos e despedidas. A entrevista exige preparo do entrevistador, que deve elaborar um roteiro de perguntas, ter capacidade de aproveitar respostas inesperadas para explorar novos temas e, além disso, ter iniciativa de fazer perguntas surpreendentes.

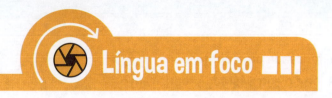

Verbos intransitivos e transitivos – complementos verbais

1 Releia algumas perguntas da entrevista que abre este capítulo e observe como se organizam.

I. "por que você escolheu as tirinhas para se comunicar?"

II. "você já conseguiu mudar a postura, o pensamento e o comportamento de alguém com as tirinhas?"

a) Todas as perguntas formam orações?

b) Se as perguntas fossem "Por que você escolheu para se comunicar?" e "Você já conseguiu mudar com as tirinhas?", elas seriam compreendidas?

c) Que palavras são importantes para tornar essas perguntas da entrevista claras e específicas?

2 Releia o título e mais um trecho da entrevista.

I. "Conheça o 'pai' do Armandinho"

II. "Já trabalhava com quadrinhos educativos [...]."

a) Se houvesse apenas **conheça**, em I, o sentido da oração estaria completo? Por quê?

b) Em II, que palavras são necessárias para o sentido do verbo ser compreendido?

c) O que os verbos em I e II têm em comum para que possamos compreendê-los plenamente?

d) Agora releia outro trecho da entrevista. Que palavras completam o sentido de **trabalhar**?

III. "O Guto e a Ana, que fiz para trabalhar temas ambientais [...], estão em mais de 25 histórias."

e) O verbo **trabalhar** tem o mesmo sentido em II e em III? Explique sua resposta.

- Agora analise os complementos do verbo. Há diferenças?

Verbos que exigem complementos para ser plenamente compreendidos são **transitivos**. É o caso de **conhecer** em "Conheça o 'pai' de Armandinho" (I) e de **trabalhar** em "Já trabalhava com quadrinhos educativos" (II).

Quando o complemento se liga diretamente ao verbo, funciona como um **objeto direto**. Em I, "o 'pai' de Armandinho" é o **objeto direto** de **conhecer**. Caso o complemento se ligue ao verbo por uma preposição, funciona como um **objeto indireto**. Em II, o complemento do verbo **trabalhar** é um **objeto indireto**, pois "com quadrinhos" se liga ao verbo **trabalhar** pela preposição **com**.

Conheça [o "pai" de Armandinho].   Já **trabalhava** [com quadrinhos educativos].
↓   ↓   ↓   ↓
verbo transitivo direto   objeto direto   verbo transitivo indireto   objeto indireto

---

3 Observe o uso de **levar** em "Como **levar** a sensibilidade e a atenção das crianças para os adultos?"

a) Destaque os complementos do verbo **levar**.

b) Os complementos são do mesmo tipo? Justifique sua resposta.

c) Com base nas respostas anteriores, explique a transitividade do verbo **levar** na oração.

Um verbo que exige dois complementos, um com e outro sem preposição, é um verbo **transitivo direto e indireto** ou **bitransitivo**. Esse é o caso de **levar** na pergunta da entrevista. Há dois complementos: um **objeto direto** ("a sensibilidade e a atenção das crianças") e um **objeto indireto** ("para os adultos").

4 Em "Como e quando o personagem Armandinho surgiu?", o verbo **surgir** é transitivo? Explique.

> Verbos que não exigem complemento para ser compreendidos em certo contexto são chamados **intransitivos**.

5 Agora analise o verbo **pensar** usado a seguir.

I. "**Alexandre:** Eu – como autor – por buscar informações, **pensar** e repensar enquanto faço as tiras, com certeza tive, e continuo tendo, grandes mudanças."

II. "Os quadrinhos encantam crianças, adultos e idosos e levam o público à reflexão de como encarar os problemas e **pensar** neles de forma positiva."

a) Em I, é necessário algum complemento para que o sentido do verbo seja entendido? Por quê?

b) Em II, que tipo de complemento é usado? Por que seu uso é importante no trecho?

> O mesmo verbo pode ser usado com ou sem complemento, conforme o contexto. O verbo **pensar**, por exemplo, foi usado como **transitivo** e como **intransitivo** em diferentes partes da entrevista lida nesta unidade.

6 Leia o título e parte da introdução de uma entrevista com Joaquín Salvador Lavado, o Quino.

https://brasil.elpais.com/brasil/2014/10/17/sociedad/1413566259_284551.html?rel=mas

Quino, o mestre da tira

Humor afiado sempre foi seu veículo. Sua personagem mais famosa, Mafalda, fez 50 anos. Aos 82, argentino enfrenta o glaucoma: "O mundo é muito estranho sem poder **desenhar**".

Como se não fosse feito de carne e músculos, e sim de serenidade e graça – com um pouco de respiração –, a mão se move, e o lápis que ela segura deixa um rastro preto, um risco que parece ser – e é – o cabelo de alguém. A mão, como se mal roçasse o papel, **desenha** a testa, o nariz, a boca e dois dentes enormes. A orelha, o pescoço, um olho. Finalmente, traça uma linha diminuta que transforma a expressão do rosto, até então oca, em um sorriso aberto. É agosto de 2009. [...] em Buenos Aires, ao final de um programa em que foi entrevistado, o argentino Joaquín Salvador Lavado, o Quino, **desenha** Felipe, um dos personagens da sua tira Mafalda. [...]

O cartunista Quino.

Leila Guerriero. Quino, o mestre da tira. *El País*, 20 out. 2014. Disponível em: <https://brasil.elpais.com/brasil/2014/10/17/sociedad/1413566259_284551.html?rel=mas>. Acesso em: 9 ago. 2018.

a) Considere o trecho "[...] o argentino Joaquín Salvador Lavado, o Quino, **desenha** Felipe, um dos personagens da sua tira Mafalda".
- Qual é o objeto do verbo?
- Na leitura, o entendimento do trecho seria prejudicado sem o complemento? Por quê?

b) Agora considere a linha fina: "O mundo é muito estranho sem poder **desenhar**". Por que a falta de complemento para o verbo em destaque não prejudica o sentido?

c) Com base nos itens anteriores, escreva uma conclusão sobre o uso do verbo **desenhar** e de complementos ligados a ele.

> O uso dos objetos, ou seja, dos complementos verbais, são importantes recursos para a formação de orações e para a produção de sentidos em textos orais e escritos. Os objetos completam e expandem o sentido dos verbos.

83

Uso do acento grave – crase

1 Releia este trecho.

> Os quadrinhos encantam crianças, adultos e idosos e levam o público à reflexão [...].

a) De que tipo são os complementos do verbo **levar**?

b) Substitua o substantivo **reflexão** pelo verbo **refletir**.

c) Nessa substituição, que palavra fez a ligação do verbo **ampliar** com o complemento **refletir**?

d) Reescreva a oração, com o objeto indireto **delírio**.

e) Que preposição fez a ligação do verbo **levar** com seu complemento indireto, nesse caso?

f) Na oração original, a palavra **reflexão** é de que gênero? Com que artigo costuma ser usada?

2 Veja o que aconteceu nos exemplos estudados na questão anterior.

a) Em qual desses casos não há artigo antes do objeto indireto?

b) Em qual deles o artigo é masculino e se combina com a preposição formando uma palavra?

c) Em qual deles o artigo é feminino e se junta à preposição, numa só palavra?

d) O que indica, na grafia da palavra, a fusão da preposição **a** com o artigo feminino **a**?

> Usa-se o acento grave (`) para indicar a junção de duas vogais iguais: a preposição **a** e o artigo feminino **a**. Essa união chama-se **crase** (a + a = à).

3 Vamos explorar outros exemplos em que a crase aparece. Releia estes trechos.

I. "As primeiras tiras do que veio a se tornar o Armandinho fiz em 2009. Foram feitas **às pressas** [...]."

II. "Mas acredito ser bastante eclético nos temas. Cidadania, justiça, relacionamento entre pais e filhos e reflexões diversas. **Às vezes** até me arrisco no humor."

a) De que modo o criador de Armandinho desenhou as primeiras tiras?

b) Com que frequência o desenhista usa o humor em seu trabalho?

c) Com base no que observou, qual a ideia que as expressões **às pressas** e **às vezes** indicam?

4 Leia estas informações sobre o Museu do Amanhã, no Rio de Janeiro (RJ).

> **O Museu fecha às segundas**
> **INGRESSOS**
> $ 20 (inteira) e R$ 10 (meia). Às terças, a entrada é gratuita.
>
> Disponível em: <https://museudoamanha.org.br>. Acesso em: 15 ago. 2018.

a) Que informações as expressões indicam?

b) As palavras **segunda** e **terça** têm que gênero gramatical?

5. Compare as expressões acima a **às pressas** e **às vezes**.
   a) Por que seu uso é importante nas orações em que aparecem?
   b) Que gênero gramatical as palavras que as formam têm?
   c) Considerando o que observou, escreva uma conclusão sobre o uso do acento grave nesses casos.

> Usa-se o acento grave indicativo de crase em expressões com palavras femininas que marcam diferentes ideias, como a de modo e a de frequência, por exemplo.

6. Leia os fragmentos e responda.

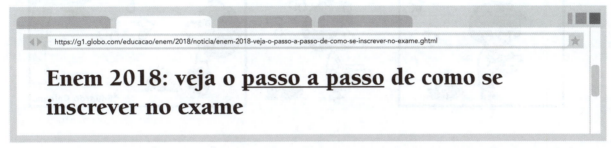

G1. Enem 2018: veja o passo a passo de como se inscrever no exame, 7/5/2018. Disponível em: <https://g1.globo.com/educacao/enem/2018/noticia/enem-2018-veja-o-passo-a-passo-de-como-se-inscrever-no-exame.ghtml>. Acesso em: 28 jun. 2018.

Guilherme Jardim Duarte e Fernando Mello. Pesquisas por telefone ou face a face: quais são mais acuradas? Jota, 6 jun. 2018. Disponível em: <www.jota.info/eleicoes-2018/pesquisas-telefone-presenciais-06062018>. Acesso em: 28 jun. 2018.

   a) Além da preposição **a**, o que as expressões têm em comum na forma?
   b) Nessas expressões, não se usa o acento grave devido à forma que têm. Com base no que observou, formule uma regra.

> Não há crase em expressões com palavras repetidas (**cara a cara, passo a passo, face a face, frente a frente** etc.).

7. Leia alguns fragmentos de uma entrevista com o cartunista Ernani Diniz Lucas, o Nani. Copie-os no caderno e utilize o acento grave que indica a crase quando necessário.
   a) "Nani fala sobre seu início na profissão de cartunista, os anos de participação no jornal *O Pasquim* – o mais importante veículo de oposição a ditadura militar no Brasil [...]"
   b) "[...] Quando você começou a desenhar e como o humor entrou nos seus desenhos?"
   c) "Como artista é o que eu gosto, levar o riso as pessoas – este riso que envolve crítica, conhecimento, poesia e simples divertimento."

L&PM Editores. Precisamos do humor para não morrer de realidade. Disponível em: <http://www.lpm.com.br/site/default.asp?TroncoID=805133&SecaoID=816261&SubsecaoID=618848&Template=../artigosnoticias/user_exibir.asp&ID=716346>. Acesso em: 28 jun. 2018.

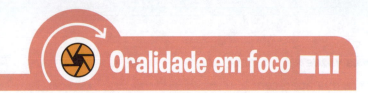

Entrevista

Agora é sua vez de se tornar um entrevistador. Antes disso, leia a tira de Armandinho, de Alexandre Beck.

Alexandre Beck.

A frase que Armandinho lê, na tira, é do escritor Eduardo Galeano. Reflita: Por que somos feitos de histórias?

Inspirado na leitura da tira e em suas reflexões sobre a citação de Galeano, você irá entrevistar uma pessoa que tenha o hábito de contar histórias oralmente. Esse material irá servir como base para a atividade proposta na **Oficina de produção**.

Preparação

1. Defina quem será seu entrevistado e quem será o público-alvo dessa entrevista, ou seja, quem se interessará por ela. Essa definição deve nortear sua seleção de perguntas.
2. Elabore no caderno um roteiro com as perguntas a serem feitas na entrevista. Para isso:
   - faça uma pesquisa sobre a história de vida e os interesses do entrevistado;
   - formule perguntas que se relacionem ao tema geral da entrevista, de modo que as respostas do entrevistado revelem de que forma as histórias contadas oralmente influenciaram sua vida e o(a) constituíram como pessoa;
   - procure saber: pessoas que participaram dessas ocasiões; momentos marcantes que modificaram a forma de viver dele(a); experiências acumuladas; histórias e personagens que influenciaram a infância e juventude; entre outras questões;
3. Agende com o entrevistado uma data e um local para a realização da entrevista.

Realização

4. Peça a autorização do entrevistado para gravar a entrevista. Se não puder gravar, registre por escrito as respostas dele. Não o interrompa enquanto ele estiver falando.
5. O registro a ser utilizado durante a entrevista deve ser formal. Use o tratamento "o senhor" ou "a senhora" para criar o distanciamento adequado em relação ao entrevistado e demonstrar respeito.
6. Além do roteiro de perguntas estabelecido previamente, use a imaginação e crie perguntas com base nas respostas que a pessoa der.
7. Guarde o material gravado, pois ele servirá para a atividade proposta na **Oficina de produção**.

Oficina de produção

Entrevista

Na seção **Oralidade em foco**, você gravou uma entrevista com uma pessoa mais velha. Agora, trabalhando em grupo, você fará um trabalho de retextualização dessa entrevista oral. No final, as entrevistas poderão ser publicadas no jornal da escola ou podem servir para alimentar o *blog* da turma.

Preparação

1. O grupo deve escolher a entrevista oral que julgar mais interessante para transcrever e transformar em entrevista escrita. Conversem sobre as entrevistas que fizeram: Quem foram os entrevistados? Que perguntas foram feitas? Como se deu a entrevista?
2. As tarefas que envolvem a transcrição e composição do texto escrito devem ser divididas entre os participantes do grupo. Decidam em conjunto quem selecionará os trechos mais relevantes para serem transcritos, quem transcreverá as passagens da gravação para o papel, quem dará a forma final do texto.

Realização

3. Depois de divididas as tarefas, o grupo pode começar o trabalho, seguindo estas orientações:
   - ouvir com atenção e várias vezes o material gravado;
   - ter, em mãos, papel, lápis e borracha para transcrever trecho por trecho o material da entrevista. Vocês também podem digitar a transcrição no computador;
   - selecionar as perguntas e respostas mais importantes da entrevista, que serão utilizadas na retextualização.
4. Além das perguntas e respostas, escreva um ou dois parágrafos de introdução para apresentar o entrevistado e cativar a atenção do leitor.
5. É importante, também, que as falas do entrevistador e do entrevistado estejam destacadas de maneira adequada, para que não haja confusão entre perguntas e respostas.
6. Encadeie as perguntas e respostas, de modo a apresentar uma sequência.
7. O grupo deve escrever, também, um parágrafo de conclusão com o encerramento da entrevista.
8. Prestem atenção na ortografia e na pontuação do texto.

Revisão

9. Após terminarem a redação da entrevista, é importante fazer uma revisão do texto.
10. Releiam-no quantas vezes forem necessárias e verifiquem se as ideias fazem sentido.
11. Verifiquem também a ortografia das palavras. Se houver inadequações, corrijam-nas.
12. Revejam o uso dos verbos e seus complementos; verifiquem se as crases foram marcadas.
13. Preparem a entrevista para a publicação no *blog* da turma ou no jornal da escola. Digitem-na usando um programa de edição de textos. Se quiserem, ilustrem a entrevista com uma foto do entrevistado.

Retomar

Entrevista com Ziraldo

Em entrevista à CRESCER, ele conta como surgiu sua paixão pela literatura infantil e uma passagem emocionante que passou com 'O Menino Maluquinho'

Em 1932, na cidade de Caratinga, no interior de Minas Gerais, nascia Ziraldo Alves Pinto. Mais velho entre sete irmãos, o menino que vivia desenhando nas paredes de casa, nas calçadas e salas de aula, tornou-se cartunista, escritor, pintor, teatrólogo e jornalista. Mais que isso, tornou-se um dos maiores nomes da literatura infantil brasileira.

Ziraldo ingressou na literatura em 1960 com a revista em quadrinhos *Turma do Pererê*. Em 1969, foi a vez de publicar *Flicts*, seu primeiro livro infantil. De lá para cá, lançou mais de 150 títulos para crianças, incluindo *O Menino Maluquinho*, considerado um dos maiores fenômenos editoriais da literatura infantil brasileira.

[...]

Esbanjando simpatia, disposição, entusiasmo, informalidade e senso de humor, Ziraldo conversou com a CRESCER sobre sua história na literatura e sobre o momento profissional que está vivendo...

CRESCER: Como foi sua relação com o desenho, a leitura e a escrita durante a infância?

Ziraldo: Desde pequeno, sempre tive uma relação muito forte com o desenho. Em minhas lembranças mais antigas, eu me vejo sempre desenhando. E ainda criança imaginava que na vida adulta iria desenhar, pintar, trabalhar com algo nessa linha. Na medida em que fui crescendo, conheci as histórias em quadrinhos e me apaixonei pelo gênero. Isso fez com que meu desenho passasse a ser narrativo, revelando-se em quadrinhos, charges e *cartoons*. Essas linguagens sempre me encantaram.

CRESCER: Antes de ingressar na literatura infantil, você trilhou uma boa estrada como cartunista e jornalista, teve ampla atuação em jornais e revistas. Como foi o ingresso na literatura infantil?

Ziraldo: Conforme fui trabalhando em meus *cartoons* e charges, comecei a gostar muito de escrever, um gosto que não aparecia com tanto destaque na minha infância. Fiz histórias em quadrinhos e criei a revista em quadrinhos *Turma do Pererê*, que era mensal e durou cinco anos (até ser extinta pela ditadura). Com essas experiências, percebi que poderia usar essa capacidade de escrever e de desenhar para fazer livros para crianças. Foi em 1969, então, que escrevi *Flicts*, meu primeiro livro para crianças. O livro teve o aval de Carlos Drummond de Andrade (na ocasião do lançamento, ele inclusive publicou uma crônica sobre a obra no jornal *Correio da Manhã*, do Rio de Janeiro), foi muito bem recebido por adultos e crianças e fez muito sucesso.

CRESCER: Onze anos depois de *Flicts*, você lançou *O Menino Maluquinho*. Com cerca de 100 edições já publicadas, o livro teve mais de 3,5 milhões de exemplares vendidos e foi traduzido para diversos idiomas. Na sua opinião, o que torna *O Menino Maluquinho* tão fascinante?

Ziraldo.

Ziraldo: Quando lancei *O Menino Maluquinho*, eu não tinha a menor ideia de que o livro teria tamanha repercussão, que um dia teria toda essa história que construi. Acredito que o Maluquinho teve tamanho alcance nesses anos todos por despertar identificação nos leitores. As crianças leem a história e se identificam com o personagem, sentindo algo como: "Opa, isso é comigo!", "Eu sei o que ele está sentindo", "É isso que eu sinto!". Certa vez, visitando uma escola na cidade de Betim, perto de Belo Horizonte, tive esse cenário bem ilustrado. Havia um rapaz muito simples, que participava de um jornalzinho literário. Ele virou para mim dizendo que queria me contar sua experiência com o Menino Maluquinho. Emocionado, relatou: "Quando eu era menino, eu achava que eu era o cão, que dava muita tristeza para os meus pais e muitas vezes me sentia muito culpado por isso. Eu achava que não tinha futuro, que era um menino mau. Até que um dia, *O Menino Maluquinho* caiu na minha mão. Li o livro e pensei: 'Meu Deus, esse sou eu, estou salvo! Vou virar um cara legal!'". Esse menino me surpreendeu, nunca tinha imaginado *O Menino Maluquinho* ajudando crianças que se sentiam mal por ter alguns daqueles traços. Essa passagem me emocionou demais.

[...]

Marina Vidigal. Entrevista com Ziraldo. *Crescer*, 7 out. 2015. Disponível em: <https://revistacrescer.globo.com/Livros-pra-uma-Cuca-Bacana/Entrevistas/noticia/2015/10/entrevista-com-ziraldo.html>. Acesso em: 9 ago. 2018.

1. Inicialmente, a entrevista chama a atenção para alguns temas que serão abordados por Ziraldo. Observe:

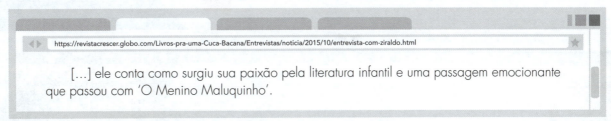

a) Que outras linguagens artísticas aproximaram Ziraldo da literatura infantil?

b) Qual episódio relatado por Ziraldo demonstra o alcance de sua obra *O Menino Maluquinho*?

c) Quem se interessaria em ler a entrevista com Ziraldo?

2. Antes das perguntas, há uma breve exposição sobre a vida do autor. Explique a importância dessa introdução no gênero entrevista.

3. Releia com atenção as três perguntas da entrevista.

a) Relacione cada uma das perguntas à ordem dos assuntos abordados.

Pergunta 1   Pergunta 2   Pergunta 3

I. Antes da literatura infantil
II. Infância
III. Depois do sucesso

b) Formule uma hipótese para a ordem que você indicou no item anterior.

c) Apesar de tratarem de épocas diferentes, todas as perguntas se relacionam à escrita. Por que o entrevistador escolheu tais perguntas?

4. Releia a primeira fala de Ziraldo na entrevista.

Desde pequeno, sempre tive uma relação muito forte com o desenho.

a) Destaque o verbo da oração.

b) O verbo exige um complemento? Explique sua resposta.

c) Com base no que observou, de que tipo de verbo se trata? Por quê?

5. Observe as orações em destaque no trecho:

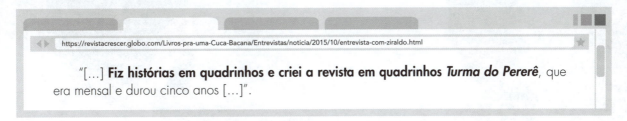

a) Identifique o sujeito das orações.

b) Identifique os verbos e diga se apresentam complemento nessas orações. Explique sua resposta.

UNIDADE

Vida social

Adolescentes em ambiente escolar.

Antever

1. Observe a imagem ao lado. Onde essas pessoas parecem estar e o que, possivelmente, elas estão fazendo?

2. Em sua escola, como são tomadas as decisões que dizem respeito aos alunos?

3. Você conhece o regulamento ou o estatuto de sua escola? Sabe o que é e para que serve?

4. O que se pode imaginar sobre uma escola em que reivindicações e deliberações são tomadas em assembleias e reuniões de estudantes?

5. Se os alunos têm direito de se manifestar e reivindicar, eles também têm deveres a cumprir com a escola, os professores e os colegas. Você saberia citar algumas de suas obrigações no convívio escolar?

6. Em sua opinião, para que servem os regulamentos e as leis na vida escolar e na vida da sociedade? Sem leis, todos teriam o mesmo tratamento e os mesmos direitos? Por quê?

Nesta unidade você vai conhecer melhor alguns gêneros que regulam a vida em sociedade.

CAPÍTULO 1

 Antes da leitura

Observe a fotografia de um grafite de autoria da dupla OSGEMEOS, pintado no bairro do Glicério, região central da cidade de São Paulo (SP).

OSGEMEOS. *O menino que tinha frio*. São Paulo (SP). Grafite.

1. Você já viu manifestações de grafite (também chamado arte de rua)? É comum encontrá-las nas ruas de sua cidade?
2. De que assuntos os grafites das cidades costumam tratar?
3. Descreva a imagem acima, relacionando-a com o título.
4. Pode-se afirmar que a imagem faz uma denúncia? Justifique sua resposta.
5. Você já ouviu falar do Estatuto da Criança e do Adolescente? Sabe do que ele trata? Por que tem esse nome?

A seguir você lerá um trecho do Estatuto da Criança e do Adolescente. Você sabe como se organiza um estatuto? Qual é seu objetivo?

Antes de ler o texto, pesquise em dicionários o significado da palavra **estatuto**. Você compreenderá melhor por que ele está em uma unidade que trata da vida social.

Ampliar

OSGEMEOS

<www.osgemeos.com.br/pt/biografia/>.

Conheça mais sobre a vida e a obra dos artistas Gustavo Pandolfo e Otávio Pandolfo, conhecidos como OSGEMEOS.

Estatuto da Criança e do Adolescente (ECA)

Lei nº 8.069, de 13 de julho de 1990.

Dispõe sobre o Estatuto da Criança e do Adolescente e dá outras providências.
O PRESIDENTE DA REPÚBLICA: Faço saber que o Congresso Nacional decreta e eu sanciono a seguinte Lei:
Título I

Das Disposições Preliminares

Art. 1º Esta Lei dispõe sobre a proteção integral à criança e ao adolescente.
Art. 2º Considera-se criança, para os efeitos desta Lei, a pessoa até doze anos de idade incompletos, e adolescente aquela entre doze e dezoito anos de idade.
Parágrafo único. Nos casos expressos em lei, aplica-se excepcionalmente este Estatuto às pessoas entre dezoito e vinte e um anos de idade.
[...]
Art. 4º É dever da família, da comunidade, da sociedade em geral e do poder público assegurar, com absoluta prioridade, a efetivação dos direitos referentes à vida, à saúde, à alimentação, à educação, ao esporte, ao lazer, à profissionalização, à cultura, à dignidade, ao respeito, à liberdade e à convivência familiar e comunitária.
Parágrafo único. A garantia de prioridade compreende:
a) primazia de receber proteção e socorro em quaisquer circunstâncias;
b) precedência de atendimento nos serviços públicos ou de relevância pública;
c) preferência na formulação e na execução das políticas sociais públicas;
d) destinação privilegiada de recursos públicos nas áreas relacionadas com a proteção à infância e à juventude.
Art. 5º Nenhuma criança ou adolescente será objeto de qualquer forma de negligência, discriminação, exploração, violência, crueldade e opressão, punido na forma da lei qualquer atentado, por ação ou omissão, aos seus direitos fundamentais.
[...]

Brasil. Lei nº 8.069, de 13 de julho de 1990. Disponível em: <www.planalto.gov.br/ccivil_03/leis/l8069.htm>. Acesso: 8 jul. 2018.

Estatuto

Estatutos são regulamentos que estabelecem os princípios de organização e funcionamento de uma instituição, como um clube ou uma associação. Emprega-se também o nome de **estatuto** para regulamentos com valor de lei, como o Estatuto da Criança e do Adolescente (Lei 8.069) e o Estatuto do Idoso (Lei 10.741), que, por isso, são designados indiferentemente como estatuto ou como lei.

Estudo do texto

1. Você leu um trecho da lei que protege crianças e adolescentes.

   a) Quem a lei considera criança e adolescente?

   b) Segundo a lei, quem deve garantir essa proteção?

2. No Estatuto da Criança e do Adolescente (ECA) consta o seguinte trecho:

   O **PRESIDENTE DA REPÚBLICA**: Faço saber que o Congresso Nacional decreta e eu sanciono a seguinte Lei:

   a) De acordo com o trecho, é possível afirmar que o presidente foi responsável por decretar a lei?

   b) Observe o verbete **sancionar** no dicionário.

   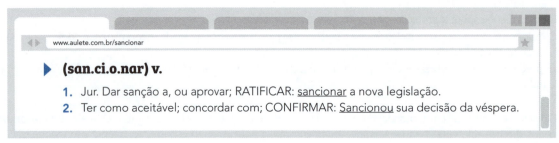

   Disponível em: <www.aulete.com.br/sancionar>.
   Acesso em: 9 jul. 2018.

   Com base nessa definição, explique qual foi a ação do presidente.

3. Uma **disposição** é uma determinação jurídica. O trecho lido faz parte da primeira parte da lei, cujo título é "Disposições preliminares". Observe, a seguir, o uso da palavra **preliminares** em outro contexto.

   ## Inep divulga resultados preliminares da avaliação de alfabetização para escolas

   Disponível em: <www.jb.com.br/pais/noticias/2017/05/22/inep-divulga-resultados-preliminares-da-avaliacao-de-alfabetizacao-para-escolas/>.
   Acesso em: 9 jul. 2018.

   a) Que sentido tem a palavra destacada na manchete do jornal?

   b) Com base no que você observou e nas informações dadas, explique o sentido da denominação do título I da lei.

4. Releia o Art. 4º do ECA.

   a) Nesse artigo são destacadas as prioridades que devem ser garantidas às crianças e aos adolescentes. O que significa dar prioridade?

Abreviaturas em dicionários

O dicionário emprega abreviaturas para indicar a classe da palavra e o campo profissional ou universo temático em que ela é usada. As abreviaturas ajudam a mostrar que as palavras se organizam em tipos, classes e campos semânticos ou de sentido.

No verbete **sancionar**, **v**. é abreviação de **verbo**, a classe gramatical da palavra. Se a palavra fosse **sanção**, a abreviatura para a classe seria **sf**, ou seja, **substantivo feminino**.

Jur. é a abreviação de **jurídico**. Isso mostra que a palavra é usada como parte de um vocabulário técnico do campo jurídico. Exemplos de outras abreviações desse tipo: Jorn. (Jornalismo); Mat. (Matemática); Ecol. (Ecologia).

b) **Alínea** é o nome que se dá a cada item indicado, na lei, por uma letra. De acordo com o que se lê na alínea **a** do parágrafo único, de que maneira bombeiros, policiais, médicos e quaisquer pessoas adultas deveriam agir diante de um acidente envolvendo adultos e crianças?

c) As alíneas **b**, **c** e **d** referem-se a obrigações do poder público. Resuma, com suas palavras, de que forma o poder público deve agir em conformidade com o ECA.

5 Releia, atentamente, o artigo 5º.

a) Que formas de maus-tratos contra crianças e adolescentes são mencionadas no ECA como passíveis de punição?

b) Em sua opinião, por que é preciso criar um instrumento jurídico de proteção a crianças e adolescentes?

6 Leia, agora, mais um trecho do ECA.

> Título II
> Dos Direitos Fundamentais
> [...]
> Capítulo V
> Do direito à profissionalização e à proteção no trabalho
> Art. 60. É proibido qualquer trabalho a menores de quatorze anos de idade, salvo na condição de aprendiz.
> Art. 61. A proteção ao trabalho dos adolescentes é regulada por legislação especial, sem prejuízo do disposto nesta Lei.
> Art. 62. Considera-se aprendizagem a formação técnico-profissional ministrada segundo as diretrizes e bases da legislação de educação em vigor.
> Art. 63. A formação técnico-profissional obedecerá aos seguintes princípios:
> I - garantia de acesso e frequência obrigatória ao ensino regular;
> II - atividade compatível com o desenvolvimento do adolescente;
> III - horário especial para o exercício das atividades.
> Art. 64. Ao adolescente até quatorze anos de idade é assegurada bolsa de aprendizagem.
> Art. 65. Ao adolescente aprendiz, maior de quatorze anos, são assegurados os direitos trabalhistas e previdenciários.
> Art. 66. Ao adolescente portador de deficiência é assegurado trabalho protegido.
> Art. 67. Ao adolescente empregado, aprendiz, em regime familiar de trabalho, aluno de escola técnica, assistido em entidade governamental ou não-governamental, é vedado trabalho:
> I - noturno, realizado entre as vinte e duas horas de um dia e as cinco horas do dia seguinte;
> II - perigoso, insalubre ou penoso;
> III - realizado em locais prejudiciais à sua formação e ao seu desenvolvimento físico, psíquico, moral e social;
> IV - realizado em horários e locais que não permitam a frequência à escola.
>
> Brasil. Lei nº 8.069, de 13 de julho de 1990.
> Disponível em: <www.planalto.gov.br/ccivil_03/leis/l8069.htm>. Acesso em: 9 jul. 2018.

O capítulo V do título II fala especificamente da profissionalização dos jovens e define o que é um jovem aprendiz.

a) Retome o artigo 60.
- O que a lei proíbe?
- Que exceção é indicada no texto desse artigo?

b) De acordo com o artigo 61, a proteção ao trabalho dos adolescentes é regulada pelo ECA? Justifique.

Ampliar

Os meninos da Rua Paulo, de Ferenc Molnár (Companhia das Letras).

Nessa obra, o escritor húngaro trabalha questões bastante complexas da vida de um grupo de meninos, como as noções de amizade, lealdade, respeito e honra, por meio de um tema simples: a disputa por um terreno baldio. Além de uma crítica ao *bullying*, o autor também explora a violência psicológica sofrida pelos jovens e denuncia a falta de espaço para eles na sociedade.

Oliver Twist, de Charles Dickens (Companhia das Letras).

O escritor inglês narra as aventuras de Oliver Twist, um menino órfão que enfrenta uma série de sofrimentos desde os anos em que viveu em orfanatos até quando decide buscar uma vida melhor nas ruas de Londres.

7 A Lei nº 10.097, conhecida como a Lei da Aprendizagem, regula a condição de jovem aprendiz. Ela altera artigos da Consolidação das Leis do Trabalho (CLT), legislação que regulamenta todas as formas de trabalho no país. Leia dois desses artigos modificados.

> Art. 403. É proibido qualquer trabalho a menores de dezesseis anos, salvo na condição de aprendiz, a partir dos quatorze anos.
>
> Parágrafo único. O trabalho do menor não poderá ser realizado em locais prejudiciais à sua formação, ao seu desenvolvimento físico, psíquico, moral e social e em horários e locais que não permitam a frequência à escola.
>
> Art. 428. Contrato de aprendizagem é o contrato de trabalho especial, ajustado por escrito e por prazo determinado, em que o empregador se compromete a assegurar ao maior de quatorze e menor de dezoito anos, inscrito em programa de aprendizagem, formação técnico-profissional metódica, compatível com o seu desenvolvimento físico, moral e psicológico, e o aprendiz, a executar, com zelo e **diligência**, as tarefas necessárias a essa formação.

Brasil. Lei nº 10.097, de 19 de dezembro de 2000. Disponível em: <www.planalto.gov.br/ccivil_03/Leis/L10097.htm>. Acesso em: 9 jul. 2018.

a) O que o parágrafo único do artigo 403 da CLT expõe sobre a relação entre o trabalho e a vida escolar do adolescente?

b) De acordo com o artigo 428 da CLT, em que idade um jovem pode ser contratado como jovem aprendiz?

Glossário
Diligência: cuidado; zelo.

c) O artigo 428 também se refere a algumas obrigações do jovem aprendiz. Leia, no **Glossário**, o sentido da palavra **diligência** e explique quais são essas obrigações.

8 Compare os artigos 62 e 63 do ECA com o artigo 428 da CLT.

a) O que significa ser um trabalhador aprendiz?

b) Organize em tópicos as condições para a realização da aprendizagem no ambiente de trabalho. Inicie suas anotações com a estrutura: "A aprendizagem no trabalho deve:"

9 O artigo 66 do ECA diz: "Ao adolescente portador de deficiência é assegurado trabalho protegido."

a) Com base no que você já estudou, explicite que tipo de proteção seria dada aos adolescentes com deficiência.

b) Considerando os trechos citados do ECA e da CLT, é possível afirmar que as necessidades dos jovens foram contempladas por essas leis? Justifique sua resposta.

10 Analise as situações relatadas nos trechos de notícia a seguir, respondendo às perguntas.

I. "Pais de crianças de Juiz de Fora estão reclamando da falta de vagas nas creches públicas da cidade. Desde o ano passado, diversas famílias procuraram o Conselho Tutelar do município para pedir ajuda. A diarista Geralda Maria Aparecida Rodrigues de Paula é uma das pessoas que pediram apoio. Mãe de oito filhos, há cerca de um ano ela tenta matricular duas crianças de 5 anos na escola, mas não encontra vagas."

Pais reclamam de falta de vagas em creches municipais. *Diário Regional*, 7 mar. 2018. Disponível em: <http://diarioregionaljf.com.br/2018/03/07/pais-reclamam-de-falta-de-vagas-em-creches-municipais/>. Acesso em: 1º set. 2018.

II. "Conjunto Hospitalar de Sorocaba (CHS) encaminhou à diretoria técnica de Saúde um documento em que afirma não ter vagas na UTI neonatal, que tem capacidade para atender 18 recém-nascidos. O hospital é referência para 48 cidades da região."

Conjunto hospitalar de Sorocaba está sem vagas na UTI neonatal. G1, 19 jul. 2018. Disponível em: <https://g1.globo.com/sp/sorocaba-jundiai/noticia/2018/07/19/conjunto-hospitalar-de-sorocaba-esta-sem-vagas-na-uti-neonatal.ghtml>. Acesso em: 1º set. 2018.

a) Que situações são relatadas?

b) Nos relatos, que direitos previstos pelo ECA deixaram de ser cumpridos?

c) Com base em sua realidade – situação de sua escola, tratamento recebido por crianças e adolescentes em seu bairro e em sua cidade – e em notícias lidas, você considera que a prioridade para crianças e adolescentes, prevista em lei, é garantida em nosso país?

25 anos de ECA

Em 2015, o Estatuto da Criança e do Adolescente completou 25 anos. Foi decisivo para a criação do ECA o artigo 227 da Constituição de 1988, que estabeleceu como dever da família, da sociedade e do Estado "assegurar à criança, ao adolescente e ao jovem, com absoluta prioridade, o direito à vida, à saúde, à alimentação, à educação, ao lazer, à profissionalização, à cultura, à dignidade, ao respeito, à liberdade e à convivência familiar e comunitária, além de colocá-los a salvo de toda forma de negligência, discriminação, exploração, violência, crueldade e opressão".

Linguagem, texto e sentidos

1 Compare a introdução do ECA (I) com a introdução de uma lei estadual de Tocantins (II).

I. "LEI Nº 8.069, DE 13 DE JULHO DE 1990.

Dispõe sobre o Estatuto da Criança e do Adolescente e **dá outras providências**.

O PRESIDENTE DA REPÚBLICA: **Faço saber que** o Congresso Nacional **decreta** e eu **sanciono** a seguinte Lei:"

II. "LEI Nº 3.367, DE 24 DE ABRIL DE 2018.

Publicada no Diário Oficial nº 5.098

Dispõe sobre a oficialização da Língua Brasileira de Sinais – LIBRAS no âmbito do Estado do Tocantins e **dá outras providências**.

O Presidente da Assembleia Legislativa, no Exercício do cargo de Governador do Estado do Tocantins.

Faço saber que a Assembleia Legislativa do Estado do Tocantins **decreta** e eu **sanciono** a seguinte Lei:"

Disponível em: <www.legisweb.com.br/legislacao/?id=359364>. Acesso em: 9 jul. 2018.

a) Nos dois trechos, que pessoa do discurso é usada? Localize passagens que comprovem sua resposta.
b) Quais são as autoridades que sancionam as leis, em cada caso?
c) Observe as palavras e expressões em destaque. Por que você acha que elas se repetem em textos legais como leis, regimentos e estatutos?

2 Ao observar o texto do ECA, podemos agrupar algumas palavras de acordo com o sentido delas.

a) A que ideias estão relacionadas as palavras **lei**, **legislação**, **dispõe** e **decreta**?
b) E as palavras **vedado** e **proibido**?
c) Qual o sentido das palavras **garantir** e **assegurar**? Que relação essas palavras estabelecem com **vedar** e **proibir**?
d) Reflita sobre os motivos pelos quais as leis são feitas. As palavras selecionadas para a redação da lei têm quais propósitos?

3 Releia atentamente o artigo 62 do ECA (I) e compare-o com o texto sobre o programa Jovem Aprendiz dos Correios (II), publicado em *site* dedicado a concursos e oportunidades de emprego.

I. "Art. 62. Considera-se aprendizagem a formação técnico-profissional ministrada segundo as diretrizes e bases da legislação de educação em vigor."

II. "**Jovem Aprendiz 2018**. Saia na frente e confira aqui tudo que você precisa saber.

Jovem Aprendiz Correios é considerado um dos melhores programas de incentivo para o jovem que busca sua primeira oportunidade no mercado de trabalho. Confira todas as dicas valiosas que deixamos para você nessa matéria e boa sorte!"

Disponível em: <https://jovemaprendiz.net.br/jovem-aprendiz-correios-2018>. Acesso em: 9 jul. 2018.

a) Qual dos trechos se dirige diretamente ao leitor? Como isso é feito? Quem seria esse leitor?

b) Identifique, no trecho II, expressões que marcam o uso mais solto e informal da linguagem.

c) Com que objetivo, possivelmente, o texto do programa Jovem Aprendiz dos Correios emprega esse tipo de linguagem?

d) Agora observe o artigo do ECA. Que palavras e expressões indicam o uso mais formal da língua? Explique sua resposta.

e) Por que o texto do ECA é escrito em registro formal?

f) O registro de linguagem (formal/informal) usado nos textos está de acordo:
- com a esfera de circulação de cada texto, isto é, com os lugares em que o texto é divulgado?
- com os objetivos de comunicação de cada texto?

4 Reflita sobre a organização do texto do ECA e responda.

a) Do que trata:
- o título I?
- o título II?

b) Qual desses títulos não contém capítulos? Associe essa informação ao conteúdo de que trata.

c) Qual dos dois títulos aborda pontos mais gerais e qual aborda pontos mais específicos? Justifique.

d) Que capítulo do título II foi transcrito nesta unidade? Do que ele trata?

e) **Art.** é a abreviação de **artigo**. Quantos artigos há no título I?

f) Que artigos do capítulo V foram transcritos?

g) Ordene os seguintes indicadores, do mais geral para o mais específico: capítulo, título, artigo.
- Esse modo específico de apresentar as informações em uma lei tem que objetivo?

5 Retorne ao texto e releia os artigos 62 e 63 que compõem o capítulo V.

a) O que é apresentado no artigo 62?

b) E no artigo 63?

c) Que referência feita no artigo 62 é repetida no 63? Por que há essa repetição?

d) Imagine que o redator da lei tivesse invertido a sequência do texto dos artigos 63 e 62. Que efeito essa troca teria na leitura do texto?

e) O artigo 63 é dividido em três subitens, chamados **incisos**. A que palavra do texto do artigo se relacionam as informações contidas nos incisos I, II e III?

f) O que a divisão da lei em artigos numerados e a divisão de alguns artigos em itens revela sobre o texto?

Pontuação: uso de ponto, de vírgula e de ponto e vírgula

1) Releia um trecho das disposições preliminares do ECA.

> Art. 4º É dever da família, da comunidade, da sociedade em geral e do poder público assegurar, com absoluta prioridade, a efetivação dos direitos referentes **à vida, à saúde, à alimentação, à educação, ao esporte, ao lazer, à profissionalização, à cultura, à dignidade, ao respeito, à liberdade e à convivência familiar e comunitária**.

a) Que sinais de pontuação aparecem no trecho? Qual deles é mais frequente?

b) A expressão "com absoluta prioridade" vem entre vírgulas e se relaciona com aquilo que é dever da família, da comunidade, da sociedade e do poder público assegurar. Que ideia a expressão acrescenta a esse dever?

c) Observe que, no trecho destacado em negrito, há inúmeras vírgulas.
- O que a vírgula separa no fragmento?
- Por que a vírgula é importante nessa parte?

> A vírgula é usada para separar itens de uma enumeração, como em direitos referentes **à vida, à saúde, à alimentação, à educação, ao esporte, ao lazer**. Também é usada para separar expressões que indicam a ideia de modo, como no caso de **com absoluta prioridade** no fragmento acima.

2) Releia um trecho do capítulo V do ECA.

> Art. 61. A proteção ao trabalho dos adolescentes é regulada por legislação especial, sem prejuízo do disposto nesta Lei.
> Art. 62. Considera-se aprendizagem a formação técnico-profissional ministrada segundo as diretrizes e bases da legislação de educação em vigor.
> Art. 63. A formação técnico-profissional obedecerá aos seguintes princípios:
> I - garantia de acesso e frequência obrigatória ao ensino regular;
> II - atividade compatível com o desenvolvimento do adolescente;
> III - horário especial para o exercício das atividades.

a) Em que caso o ponto final é usado no fragmento?

b) O texto que inicia cada artigo começa por letra maiúscula. Justifique.

c) Observe o artigo 63.
- Que sinal de pontuação separa um inciso de outro?
- No último inciso, que sinal de pontuação é usado?
- Cada um dos três incisos inicia por letra minúscula. Com base no que você observou, tente explicar por quê.

> Em textos legais, o ponto final marca o fim das frases em artigos (e no último inciso, quando houver). Por isso, usa-se letra maiúscula no início de cada artigo. O ponto e vírgula é usado para separar incisos (itens enumerados em linhas diferentes) em um documento. Assim, deve-se usar letra minúscula para iniciar os incisos.

3) Imagine que o trecho do ECA tivesse sido escrito como reproduzido a seguir, sem nenhum sinal de pontuação.

Art. 71. A criança e o adolescente têm direito a informação cultura lazer esportes diversões espetáculos e produtos e serviços que respeitem sua condição peculiar de pessoa em desenvolvimento

a) Haveria algum prejuízo para o entendimento do texto? Explique sua resposta.

b) Pontue adequadamente o fragmento.

c) Pense na situação em que o ECA é lido e consultado.
- A situação exige formalidade? Por quê?
- Quanto ao uso da língua portuguesa nesse documento, é adequado usar gírias e omitir os sinais de pontuação, por exemplo?

d) Com base no que você vem estudando nesta unidade, o que se pode dizer sobre o uso da pontuação no texto de leis?

4 Leia um trecho do título IV do ECA, que trata das medidas que cabem aos pais ou responsáveis. Com exceção dos dois pontos, todos os sinais de pontuação foram retirados. Escreva o trecho em seu caderno e, com base no que aprendeu, pontue-o adequadamente.

Art. 129. São medidas aplicáveis aos pais ou responsável:
I - encaminhamento a serviços e programas oficiais ou comunitários de proteção, apoio e promoção da família;
II - inclusão em programa oficial ou comunitário de auxílio orientação e tratamento a alcoólatras e toxicômanos
III - encaminhamento a tratamento psicológico ou psiquiátrico
IV - encaminhamento a cursos ou programas de orientação
V - obrigação de matricular o filho ou pupilo e acompanhar sua frequência e aproveitamento escolar
VI - obrigação de encaminhar a criança ou adolescente a tratamento especializado
VII - advertência
VIII - perda da guarda
IX - destituição da tutela
X - suspensão ou destituição do poder familiar

Disponível em: <www.planalto.gov.br/ccivil_03/Leis/L8069.htm>. Acesso em: 8 jul. 2018.

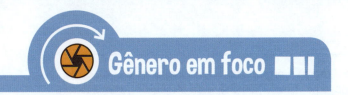# Gênero em foco

Estatutos e regimentos

1 Observe como se iniciam as duas leis a seguir.

I. "LEI Nº 8.069, DE 13 DE JULHO DE 1990.

Dispõe sobre o Estatuto da Criança e do Adolescente e dá outras providências."

II. "LEI Nº 10.741, DE 1º DE OUTUBRO DE 2003.

Dispõe sobre o Estatuto do Idoso e dá outras providências."

Disponível em: <www.planalto.gov.br/ccivil_03/LEIS/2003/L10.741.htm>. Acesso em: 30 ago. 2018.

a) Além do nome, o que mais permite, ao leitor interessado, identificar e localizar uma lei?

b) A linha após a identificação chama-se **ementa** e resume o que vai ser tratado na lei. Em II, releia a ementa e diga do que trata a Lei nº 10.741.

> As leis regulamentam a vida em sociedade, criam normas a ser seguidas e controlam comportamentos.

2 Observe um trecho do modelo de regimento sugerido pela Secretaria Municipal de Educação, Cultura e Desporto às escolas de Farroupilha (RS). Qual seria a função de um regimento escolar?

1 Dos fins, níveis, modalidades de ensino e objetivos da educação
    1.1 Níveis e modalidades de ensino
    1.2 Objetivo da educação infantil
    1.3 Objetivos do ensino fundamental
    1.4 Objetivo da educação de jovens e adultos
2 Dos objetivos da escola
3 Da organização curricular

Disponível em: <www.farroupilha.rs.gov.br/arquivos/conselho_educacao/cme_regimento_escolar.pdf>. Acesso em: 10 jun. 2018.

3 Leia agora dois trechos de um modelo de estatuto de grêmio estudantil.

CAPÍTULO I
Do Nome, Sede, Fins e Duração
Art. 1º – O Grêmio Estudantil _____, abreviadamente Grêmio, é uma instituição sem fins lucrativos constituída pelos alunos regularmente matriculados e frequentes da Escola _____ . Sediado no estado _____, cidade_____ , na rua _____ . Com duração ilimitada e regida pelas normas deste Estatuto.
[...]
CAPÍTULO III
Da Organização do Grêmio Estudantil
Art. 5º – São instâncias de decisão do Grêmio:
I – a Assembléia Geral dos Estudantes;
II – o Conselho de Representantes de Classe;
III – a Diretoria do Grêmio;
IV – o Conselho Fiscal.

Disponível em: <www.educacao.sp.gov.br/a2sitebox/arquivos/documentos/1095.pdf>. Acesso em: 30 ago. 2018.

- Que objetivo têm os capítulos iniciais de um estatuto de grêmio estudantil?

> Regimentos e estatutos são gêneros textuais que reúnem **regras** e **organizam** o funcionamento de grupos de pessoas, como grêmios estudantis e organizações não governamentais (ONGs), e de instituições, como escolas, partidos políticos, empresas públicas ou privadas. Os estatutos podem ter valor de lei, como o Estatuto da Criança e do Adolescente.

4 Releia o trecho do modelo de estatuto apresentado na atividade 3.

a) Que partes do estatuto foram transcritas?

b) Os capítulos são numerados e se subdividem em partes também numeradas. Como se chama cada uma dessas partes?

c) Do que trata o artigo 5º do capítulo III?

d) Compare o assunto do capítulo III com o assunto tratado no artigo 5º. Qual deles é mais particular e específico? Por quê?

e) Alguns artigos se dividem em partes numeradas denominadas incisos. Dos itens a seguir, qual(is) analisa(m) corretamente a organização dos incisos do artigo 5º? Escreva no caderno.

- Foram apresentados aleatoriamente.
- Revelam a hierarquia entre as instâncias de decisão.
- Mostram que o Conselho Fiscal tem maior poder de decisão.
- Mostram que, na ausência de uma Assembleia Geral, o Conselho de Representantes de Classe pode decidir.

f) Estabeleça a diferença entre **capítulo**, **artigo**, **inciso** e **alínea**. Para isso, faça, em seu caderno, a correspondência de cada uma dessas partes de um estatuto com uma das seguintes funções:

- detalha aspectos do assunto tratado no capítulo.
- refere-se, de forma mais ampla e abrangente, ao assunto a ser tratado.
- detalha desdobramentos do assunto tratado no artigo, numerando-os.
- detalha ou exemplifica aspectos apresentados no artigo ou no inciso, indicando-os por letras.

g) Estabeleça a hierarquia, isto é, a ordem das partes de um estatuto, começando pela mais abrangente e geral.

5 Observe o artigo 15 do modelo de regimento de um grêmio.

Art. 15 – Cabe à Diretoria do Grêmio Estudantil:
I – elaborar o Plano Anual de Trabalho, submetendo-o à aprovação do Conselho de Representantes de Classes;
II – colocar em execução o plano aprovado, conforme mencionado no inciso anterior;
III – dar à Assembleia Geral conhecimento sobre:
a) as normas estatutárias que regem o Grêmio;
b) as atividades desenvolvidas pela Diretoria;
c) a programação e aplicação dos recursos do fundo financeiro.
IV – tomar medidas de emergência, não previstas no Estatuto, submetendo-se à avaliação do Conselho de Representantes de Classe;
V – reunir-se, periodicamente, pelo menos uma vez por semana e, extraordinariamente, por solicitação de 2/3 de seus membros.

Grêmio escolar

Grêmio escolar é um tipo de organização estudantil que serve como espaço de discussão e fortalecimento da ação dos jovens na vida escolar e na cidadania. Com o grêmio, os alunos passam a ter representação na administração escolar.

102

a) O que o artigo 15 estabelece?

b) A Diretoria deve "elaborar o Plano Anual de Trabalho" e "colocar em execução o plano aprovado". Que opção explica a função dessas sequências no texto do regimento?

- Determinam ações a ser executadas.
- Descrevem comportamentos possíveis.
- Relatam as formas de ação dos envolvidos.
- Indicam escolhas entre ações esperadas.

c) O inciso III se subdivide em partes denominadas **alíneas**. Do que tratam as alíneas **a**, **b** e **c**?

6 Como você observou, os regimentos e estatutos são textos legais divididos em partes.

a) Que partes compõem os estatutos e regimentos?

b) A organização entre as partes obedece a uma ordem? Explique sua resposta.

Leis, estatutos e regimentos possuem uma estrutura fixa, que busca hierarquizar e organizar as informações, para que sejam claras e objetivas. O número, a data e a ementa formam um cabeçalho de identificação desses textos.

As leis e os regimentos podem ser divididos em **capítulos, títulos e seções**. No primeiro capítulo, apresentam-se as informações mais gerais. Os capítulos seguintes abordam questões particulares e se organizam em artigos. Os títulos especificam conjuntos de temas tratados.

O **artigo** (art.) é a unidade básica da lei e pode ser subdividido ou não em **parágrafos**. Quando um artigo é dividido em apenas um parágrafo, este se chama **parágrafo único**. As subdivisões dos artigos são chamadas **alíneas** (indicadas por letras minúsculas) e **incisos** (indicados por numerais romanos).

---

7 As leis, estatutos e regimentos são textos com finalidades normativas.

a) Onde esses textos circulam e a quem pode interessar a leitura deles?

b) Em que registro esses textos são escritos? Por quê?

Em estatutos e regimentos, emprega-se o registro culto da língua, ou língua-padrão, pois esses gêneros referem-se a documentos oficiais e circulam em situações em que se exige formalidade. Neles predominam as sequências injuntivas, que determinam ações a serem tomadas ou evitadas e estabelecem regras de funcionamento.

---

8 De que modo você poderia aplicar, em sua vida e na vida da comunidade, o que aprendeu nesta unidade?

Observe a seguir o esquema com as partes de uma lei. *atividade oral*

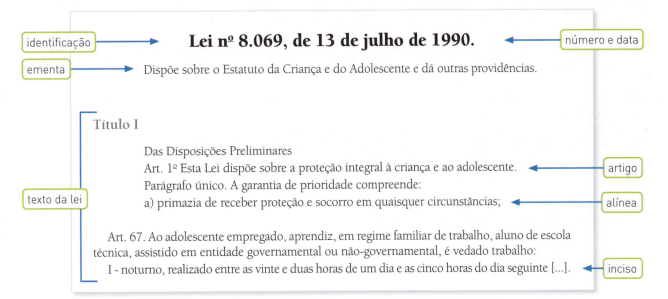

CAPÍTULO 2

Antes da leitura

1 Observe esta imagem e leia a legenda.

Imagem de abertura do livro em quadrinhos feito para comemorar os 18 anos do ECA. O livro foi publicado em 2008, por iniciativa do Plenarinho, o portal infantil da Câmara dos Deputados (www.plenarinho.gov.br).

Disponível em: <http://www.conselhodacrianca.al.gov.br/sala-de-imprensa/publicacoes/ECA_ilustrado%20tirinhas.pdf>. Acesso em: 9 out. 2018.

a) Descreva as crianças representadas na imagem.
- Como são fisicamente?
- Como parecem estar se sentindo?

b) Por que, provavelmente, as crianças foram representadas desse modo na abertura do livro comemorativo dos 18 anos do ECA?

c) Converse com os colegas:
- Na opinião de vocês, quais são as oportunidades que uma criança deve ter para desenvolver-se plenamente?
- O que pode acontecer com uma criança à qual são negados esses direitos?

2 Você diria que o ECA vem sendo cumprido no Brasil? Para responder, considere sua observação do mundo e sua própria experiência de vida.

3 Se você pudesse fazer um desenho que representasse o trabalho infantil, que cena você escolheria?

4 Seu desenho seria sério? Chocante? Engraçado? Explique como e por quê.

5 Você acha que o tema do trabalho infantil poderia ser tratado com humor? Por quê?

6 Você já viu uma charge em jornais ou na internet? Comente com os colegas o que você pensa dessa forma de manifestação.

Você analisará a seguir uma charge sobre trabalho infantil. Como será que um tema tão complexo pode ser tratado num gênero, em geral, associado ao humor?

Fernando Gonsales

O pai do Níquel Náusea

Fernando Gonsales iniciou sua carreira profissional como cartunista no jornal *Folha de S.Paulo*, em 1985, e lá trabalha até hoje. Publica suas charges e tiras também em outros jornais do país. É o criador do rato Níquel Náusea, famosa personagem das tiras de jornais. A primeira formação do cartunista é em Medicina Veterinária; por seus conhecimentos na área, ele usa nas tiras informações científicas sobre os animais.

Estudo do texto

1. Como as personagens estão distribuídas na tira? Quem elas representam? Justifique sua resposta.

2. Observe as personagens que se expressam com apenas uma palavra.

    a) Quais são as ações realizadas por elas? Como essas ações são visíveis nos traços do desenho?

    b) Que sentimentos as personagens expressam? Como é possível identificá-los?

    c) Que verbo poderia englobar todas as ações praticadas por essas personagens?

3. Observe a personagem infantil com camiseta marrom.

    a) Qual é o estado físico do menino? Identifique o elemento visual que demonstra isso.

    b) Qual é a causa provável do estado físico do menino? Isso é bom ou ruim? Explique sua resposta.

    c) Que sentido tem a palavra **trabalho** na fala do menino?

4. Observe a figura da parte inferior da charge.

    a) Na fala dessa personagem, a que se refere o pronome **esse**?

    b) O que a afirmação "Esse trabalho pode!" sugere sobre outros trabalhos? Quais seriam eles?

    c) Reformule a fala da personagem. Complete-a com palavras que tornem mais clara, mais explícita a mensagem do adulto.

5. Qual é a crítica feita na charge? Ela é feita de forma direta ou indireta? Por quê?

6. Confronte a charge com o seguinte trecho de uma reportagem de jornal.

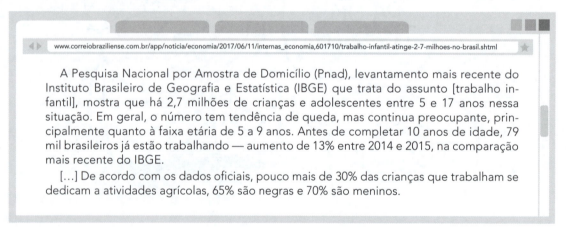

A Pesquisa Nacional por Amostra de Domicílio (Pnad), levantamento mais recente do Instituto Brasileiro de Geografia e Estatística (IBGE) que trata do assunto [trabalho infantil], mostra que há 2,7 milhões de crianças e adolescentes entre 5 e 17 anos nessa situação. Em geral, o número tem tendência de queda, mas continua preocupante, principalmente quanto à faixa etária de 5 a 9 anos. Antes de completar 10 anos de idade, 79 mil brasileiros já estão trabalhando — aumento de 13% entre 2014 e 2015, na comparação mais recente do IBGE.

[...] De acordo com os dados oficiais, pouco mais de 30% das crianças que trabalham se dedicam a atividades agrícolas, 65% são negras e 70% são meninos.

Alessandra Azevedo. Trabalho infantil atinge 2,7 milhões de crianças e adolescentes no Brasil. *Correio Braziliense*, 11 jun. 2017. Disponível em: <www.correiobraziliense.com.br/app/noticia/economia/2017/06/11/internas_economia,601710/trabalho-infantil-atinge-2-7-milhoes-no-brasil.shtml>. Acesso em: 10 jul. 2018.

   a) Em qual delas há mais objetividade? Justifique a resposta.

   b) Que palavra, na reportagem, mostra que se faz uma crítica aos índices do trabalho infantil no país?

   c) Na charge, que elementos do texto e da imagem levam a uma crítica?

7. Você acha que a crítica feita pela charge é válida? Por quê?

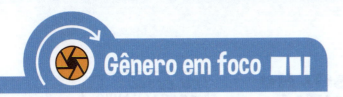

Charge

1 Que linguagens são usadas na charge?

2 Observe novamente o desenho da charge.

a) Que detalhes são ressaltados em cada criança? Como é a proporção entre as partes do corpo deles? E o adulto, como está caracterizado?

b) Por que o desenho da charge exagera detalhes das personagens? Que efeito isso cria para o leitor?

3 Examine os traços do desenho.

a) Eles são finos e nítidos, retratando pessoas reais? Ou grossos e exagerados, representando tipos de pessoas?

b) Com esse tipo de traço, o artista retrata uma situação particular ou geral? Por quê?

4 Leia a definição de caricatura a seguir.

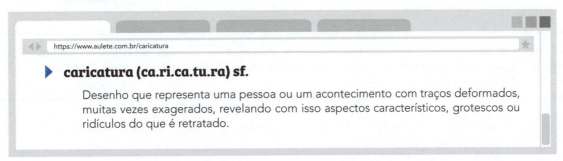

Disponível em: <www.aulete.com.br/caricatura>. Acesso em: 31 ago. 2018.

- Com base nessa definição, pode-se dizer que a charge em análise apresenta aspectos caricaturais? Explique.

> Charge é um gênero textual que se manifesta em linguagem verbo-visual ou apenas sob a forma de desenho. O desenho na charge costuma ser esquemático e caricatural, isto é, põe em destaque algum aspecto a ser ressaltado de maneira exagerada.

5 Você já identificou que a palavra **trabalho** tem diferentes sentidos na charge.

a) Explique como, no contexto de cada fala, se determinam sentidos diferentes para a mesma palavra.

b) Ao sugerir um novo sentido para a palavra, a personagem do adulto introduz a possibilidade de uma nova compreensão da charge. Qual é essa nova possibilidade de sentido?

> Numa charge – como em qualquer texto – as palavras ganham sentido de acordo com o contexto.
> - O **contexto histórico** situa o texto em um tempo e lugar. Ao representar um grupo de crianças brincando alegremente, a charge mostra ações próprias do universo infantil. O adulto que diz "esse trabalho pode!" remete ao contexto histórico da discussão sobre o trabalho infantil.
> - O **contexto do próprio texto** situa uma palavra ou um desenho em relação aos demais elementos textuais. Na charge, a expressão **esse trabalho** se refere à fala de uma personagem presente na cena desenhada. O conjunto verbovisual é o contexto imediato da charge.

107

6 Observe mais uma charge.

a) Nessa charge, um adulto e uma criança conversam. Que mal-entendido ocorre?

b) Que palavra ou locução, nessa charge, apresenta mais de um sentido? Explique de acordo com o contexto.

Nani.

> Quando uma palavra ou um elemento textual pode ter dois ou mais sentidos, diz-se que há **ambiguidade**. Na charge de Nani, a palavra **brincar** pode ser compreendida em mais de um sentido: como "zombar, gracejar", e como "entreter-se com brincadeiras, divertir-se".

7 Compare os desenhos de Nani e Fernando Gonsales. O que aproxima e o que diferencia as personagens criadas por eles?

> Numa charge, o desenho pode representar personagens-tipo, que se associam a tipos de pessoas e não a uma pessoa particular. O traço pode ser mais caricatural ou mais fino e ressalta sempre uma crítica ou comentário sobre a vida social.

8 Escolha as opções que explicam como se cria o efeito de humor nas charges, considerando as duas que você analisou.

a) Ambiguidades e mal-entendidos.

b) A expressão das personagens, que costuma ser caricatural.

c) O estranhamento causado por uma nova possibilidade de leitura.

d) A argumentação em torno de um problema da vida social.

e) Quebra de expectativa, que ocorre quando se espera uma coisa e acontece outra.

9 A charge de Fernando Gonsales é de 2018, e a de Nani é de 2013. O tema das duas charges continua atual? Por quê?

> Charge é um gênero textual que costuma circular em jornais e revistas e se caracteriza pelo humor crítico em relação a um assunto atual de domínio público.
> O humor na charge pode ser causado por estranhamentos, mal-entendidos, ambiguidades e quebra de expectativa. O desenho caricatural também ajuda a criar o humor.

Língua em foco

Pronomes e coesão textual

1 Leia o artigo 18 do ECA.

> Art. 18. A criança e o adolescente têm o direito de ser educados e cuidados sem o uso de castigo físico ou de tratamento cruel ou degradante, como formas de correção, disciplina, educação ou qualquer outro pretexto, pelos pais, pelos integrantes da família ampliada, pelos responsáveis, pelos agentes públicos executores de medidas socioeducativas ou por qualquer pessoa encarregada de cuidar deles, tratá-los, educá-los ou protegê-los.
>
> Brasil. Lei nº 8.069, de 13 de julho de 1990. Disponível em: <www.planalto.gov.br/ccivil_03/leis/l8069.htm>. Acesso em: 31 ago. 2018.

a) O artigo traz os direitos de quem?
b) Que direitos eles têm?
c) Que pronomes, no final da redação do artigo, retomam o sujeito de quem se fala?
d) Por que esses pronomes foram usados?
e) Os pronomes estão em que gênero e número? Por quê?

> Ao retomar um termo já mencionado, os pronomes mantêm a ligação entre partes do texto. No caso do artigo 18 do ECA, o sujeito "a criança e o adolescente", expresso no início do artigo, foi retomado por pronomes no masculino plural, na parte final do artigo: **(d)eles** e **(l)os**. Essa retomada garante a **coesão textual**.

2 Leia estes quadrinhos da Turma da Mônica, em revista dedicada ao ECA.

Mauricio de Sousa. *A Turma da Mônica*: o Estatuto da Criança e do Adolescente. São Paulo: Mauricio de Sousa, 2006. Disponível em: <http://cmdca.santaritadopassaquatro.sp.gov.br/documentos/equinha.pdf>. Acesso em: 1º set. 2018.

a) Na primeira fala de Franjinha, no segundo quadro, que verbo concorda com o sujeito "as crianças e adolescentes"?
b) Na segunda fala dele, qual é o verbo empregado e a que sujeito se refere?
c) Na segunda fala, que pronome poderia ter sido usado para retomar o sujeito?
d) Já que não foi repetido o sujeito nem usado o pronome, como se sabe o sujeito do verbo?
e) Reescreva as duas falas de Franjinha, considerando como sujeito apenas "**a criança**". Faça as alterações e adaptações necessárias e explique as mudanças.

> Quando o pronome que retoma um nome é omitido, podemos reconhecer as palavras omitidas pelas formas dos verbos e pela relação entre as partes do texto: **têm** está na 3ª pessoa do plural, tendo como sujeito **eles**, que substitui, na nova oração, "as crianças e adolescentes".

3 Veja este anúncio do Fundo das Nações Unidas para a Infância (Unicef) que pede apoio a uma campanha contra o trabalho infantil.

Tem muita criança ocupada com trabalho que não é da escola

O trabalho doméstico infantil tira muitas crianças da escola. Crianças que neste momento podem estar cuidando de casas de gente como você. No Brasil, um milhão de meninos e meninas trocaram os estudos pelo trabalho. O UNICEF quer ajudar a levar essas crianças e adolescentes de volta às salas de aula. Só que para isso precisa do **seu** apoio. Se você conhece algum caso de exploração do trabalho infantil, denuncie.

a) O anúncio alerta para que tipo de trabalho?
b) A quem se dirige? Como se sabe disso?
c) O que o anúncio pede ao leitor?
d) O pronome destacado se refere a quem?

> No anúncio, o pronome possessivo **seu** em "**seu** apoio" indica o vínculo de posse entre você, leitor a quem o anúncio se dirige, e o apoio à campanha, denunciando casos de exploração do trabalho infantil.
> Pronomes possessivos, como **seu, meu, tua, nossas,** entre outros, também garantem a coesão textual. Eles vão criando as ligações entre nomes já mencionados e objetos ou ações que a eles pertencem ou que deles se esperam.

4 Leia a tira em que Calvin e Haroldo conversam. Calvin é uma criança feliz e muito criativa. Tem 6 anos e imagina que Haroldo, seu tigre de pelúcia, é um tigre real, grande e bem-humorado, que adora brincar com ele.

Bill Watterson. Disponível em: <cultura.estadao.com.br/quadrinhos>. Acesso em: 31 mar. 2018.

a) O comportamento das personagens contradiz a fala de Calvin no terceiro quadro? Por quê?

b) A personagem parece ter direitos típicos de uma criança? Explique sua resposta.

c) Com base no item anterior e no que você sabe sobre a tira, a que obrigação Calvin deve estar fazendo referência no segundo quadrinho?

d) O que os pronomes **isso** e **elas** retomam na história?

> Os **pronomes demonstrativos** podem fazer referência a partes do próprio texto. Na tira, o pronome demonstrativo **isso** faz referência a elementos da própria história, retomando o que já havia sido mencionado sobre as oportunidades ilimitadas do dia de sábado. Essa função é semelhante à do pronome **elas**, que retoma e substitui "oportunidades ilimitadas".

5 Leia um trecho de uma reportagem sobre o Dia Mundial de Combate ao Trabalho Infantil, que acontece em 12 de junho. Em seguida, explique a que as palavras destacadas se referem no texto.

No dia mundial contra o trabalho infantil, a ONU divulga um dado alarmante: 168 milhões de crianças estão trabalhando enquanto deveriam estar na escola. [...]

Isso acontece, principalmente, em países menos desenvolvidos da América Latina, África e do Sudeste Asiático [...].

Em todo o Brasil, a mão de obra de crianças e adolescentes ainda é explorada de forma indiscriminada. [...]

Desde 2013, o país vem registrando aumento dos casos de trabalho infantil entre crianças de 5 a 9 anos. Em 2015, ano da última pesquisa do IBGE, quase 80 mil crianças **nessa** faixa etária estavam trabalhando e, nas próximas pesquisas, quando **elas** estiverem mais velhas, podem promover o aumento do número de adolescentes que trabalham. Cerca de 60% **delas** vivem na área rural das regiões Norte e Nordeste. [...]

"É inaceitável que crianças de 5 a 9 anos estejam trabalhando. A expressiva maioria **delas** trabalha com as próprias famílias no cultivo de hortaliças, cultivo de milho, criação de aves e pecuária. São recortes que conhecidos e analisados obrigatoriamente devem subsidiar decisões políticas ou implementação de ações e programas que deem uma resposta a **essa** grave situação", disse Isa Oliveira, socióloga e secretária executiva do Fórum Nacional de Prevenção e Erradicação do Trabalho Infantil (Fnpeti), um dos organizadores da campanha no Brasil.

Sônia Mascaro do Nascimento e Gleibe Pretti. O Brasil e o trabalho infantil. *O Estado de S. Paulo*, 16 jun. 2018. Disponível em: <https://politica.estadao.com.br/blogs/fausto-macedo/o-brasil-e-o-trabalho-infantil/>. Acesso em: 11 jul. 2018.

6 Releia um trecho da reportagem do exercício 5 (I) e compare-o ao trecho (II) a seguir.

I. "Desde 2013, o país vem registrando aumento dos casos de trabalho infantil entre crianças de 5 a 9 anos. Em 2015, ano da última pesquisa do IBGE, quase 80 mil crianças nessa faixa etária estavam trabalhando e, nas próximas pesquisas, quando elas estiverem mais velhas, podem promover o aumento do número de adolescentes que trabalham. Cerca de 60% delas vivem na área rural das regiões Norte e Nordeste."

II. "Desde 2013, o país vem registrando aumento dos casos de trabalho infantil entre crianças de 5 a 9 anos. Em 2015, ano da última pesquisa do IBGE, quase 80 mil crianças na faixa etária de 5 a 9 anos estavam trabalhando e, nas próximas pesquisas, quando as quase 80 mil crianças de 5 a 9 anos estiverem mais velhas, as crianças de 5 a 9 anos podem promover o aumento do número de adolescentes que trabalham. Cerca de 60% das crianças de 5 a 9 anos vivem na área rural das regiões Norte e Nordeste."

a) Na leitura, que problema se pode perceber em II?

b) Qual dos trechos se torna mais natural e bem organizado? Explique sua resposta.

7 Imagine que você fosse escrever um comentário na página do jornal que publicou a reportagem sobre o Dia Mundial de Combate ao Trabalho Infantil. Organize um texto curto e claro, em que você expressa sua opinião. Lembre-se de manter a relação entre as informações e evitar a repetição desnecessária de palavras. Para isso, use pronomes e sintagmas nominais.

Assembleia

A turma realizará uma assembleia para discutir os itens que devem constar em um regimento com as regras de convivência na sala de aula.

Como você estudou, o regimento é um gênero textual que regula o modo de funcionamento de escolas, condomínios, empresas, associações esportivas, entre outras instituições.

O regimento nasce de uma discussão entre os participantes da comunidade que o cria. O resultado de seu conteúdo é um acordo que deve ser seguido e respeitado.

Na seção **Oficina de produção**, o regimento da turma será escrito, com base nas conclusões votadas na assembleia.

Veja as etapas de realização da atividade.

Preparação

1. A turma formará grupos, de acordo com a distribuição feita pelo professor, para pensar sobre propostas relativas a um tema específico que trate da convivência em sala de aula.
2. Cada grupo escolherá um dentre os temas a seguir:
    - relacionamento entre colegas;
    - relacionamento entre professor e alunos;
    - limpeza da sala de aula;
    - organização da participação dos alunos durante as aulas;
    - utilização dos materiais e dos equipamentos em sala;
    - entradas e saídas de sala durante a aula;
    - tarefas dos alunos (representante de turma; coordenador cultural; coordenador esportivo etc.).

    A turma poderá sugerir outros itens ou alterar os que foram propostos acima.
3. Após a escolha do tema, o grupo discutirá propostas sobre ele, sugerindo ideias sobre as condutas que devem ser ou não adotadas e apresentando argumentos que as justifiquem. Por exemplo, o grupo que ficar com o tema "Relacionamento entre os colegas" pode pensar em propostas que regulamentem o tipo de tratamento entre colegas, a necessidade de atitudes solidárias e respeitosas, a proibição de agressões etc.
4. Em cada tema haverá comportamentos e atitudes que devem ser seguidos e aqueles que serão proibidos.
5. Um integrante do grupo ficará responsável por anotar as propostas que serão levadas à assembleia.
6. Encerrada a discussão nos grupos, passa-se à preparação da assembleia. Para isso, será preciso que os participantes organizem a sala, dispondo as carteiras em um círculo, de modo que todos possam se ver.
7. Com a sala arrumada, os alunos devem eleger o presidente da assembleia, que:
    - organizará a ordem dos temas a serem tratados;
    - mediará os turnos das falas dos participantes;
    - porá as propostas em votação.
8. Devem também eleger um secretário. Ele será responsável por registrar as decisões tomadas em votação e organizar a lista de inscritos para falar.

Realização

9. A assembleia segue esta dinâmica:
   - Forma-se uma mesa diretora, com o presidente da sessão e o secretário eleitos.
   - O presidente define a ordem dos temas que serão discutidos e convida o relator de cada grupo para falar.
   - O relator do primeiro grupo apresenta as propostas e a discussão é aberta.
   - Os que quiserem comentar a proposta devem se inscrever com o secretário da mesa, que pode fazer uma lista no quadro. O presidente dá a palavra a cada inscrito, determinando um tempo máximo de fala (3 minutos, por exemplo). Durante os comentários, os demais participantes podem solicitar um aparte e devem esperar o orador dizer se atende ou não a seu pedido. Os demais falam de acordo com a ordem de inscrição. Deve-se respeitar a ordem de fala de cada um e ouvir atentamente os colegas.
   - A proposta feita por cada grupo pode ser aceita integralmente, alterada em parte ou rejeitada. Nos dois últimos casos, será preciso apresentar uma contraproposta. Em geral, faz isso quem encaminha uma votação contrária à do orador.
   - Apresentadas a proposta e a contraproposta, faz-se a votação. Um aluno pode contar os votos e é vencedora a proposta que obtiver maioria de votos.
   - O mesmo encaminhamento é dado a todas as propostas, até que se chegue ao resultado final: os itens aprovados comporão o Regimento de Convivência da Turma.

10. A situação de comunicação que se estabelece durante uma assembleia exige certa formalidade e uso do registro de linguagem adequado. As regras referentes ao tempo disponível para cada orador e para os apartes devem ser obedecidas, para que todos tenham a mesma oportunidade de fala. As intervenções devem se dar de forma polida e a defesa das ideias deverá ser feita com argumentos bem construídos. A norma-padrão da língua portuguesa deve ser usada, já que o registro esperado é formal.

Oficina de produção

Regimento

Chegou a hora de passar as propostas aprovadas na assembleia para o papel, elaborando o Regimento de Convivência da Turma. Antes, relembre.

> Regimento é o documento que apresenta o conjunto de normas que regulamentam a organização e o bom funcionamento de determinada instituição.
>
> O objetivo de um regimento é manter a boa convivência entre os participantes e estabelecer o padrão a ser seguido em situações específicas. Desse modo, pode-se garantir que todos sejam tratados de maneira justa e igualitária e que as consequências para quem infringe as regras sejam as mesmas para todos.
>
> Um regimento possui uma estrutura específica que se divide, de acordo com a necessidade, em: capítulos, artigos, parágrafos, incisos e alíneas.

Preparação

1. Voltem a se reunir em grupo e releiam as anotações referentes às decisões tomadas sobre o tema escolhido.
2. Organizem as anotações, separando-as em tópicos, de acordo com os temas propostos na seção **Oralidade em foco** (relacionamento entre colegas; relacionamento entre professor e alunos; limpeza da sala de aula etc.). Cada tópico será tratado em um artigo.
3. Hierarquizem as informações. Para cada artigo, haverá parágrafos, incisos e alíneas, de acordo com o desdobramento do tópico. Por exemplo, se o tópico for a distribuição de tarefas entre os alunos, o primeiro parágrafo poderá ser: "São as seguintes as funções dos alunos em sala de aula:". Seguem os incisos, que enumeram as funções (I. Representante de turma; II. Coordenador cultural etc.). No segundo parágrafo, que também será organizado em incisos, podem descrever-se as funções. Se houver necessidade, os incisos podem desdobrar-se em alíneas.
4. Escolham um redator, que será encarregado de escrever os artigos no quadro, com a ajuda dos demais membros do grupo.

Realização

5. A escrita das regras aprovadas será feita coletivamente, com a orientação do professor. O relator de cada grupo escreverá no quadro os artigos correspondentes às regras aprovadas na assembleia referentes a seu tema, baseando-se nas notas tomadas.
6. Enquanto isso, os demais alunos do grupo sugerem alterações ou acertos na redação para que tudo fique de acordo com o que determina o gênero textual. Devem observar também a ortografia, a concordância entre os sintagmas e a coesão entre as partes do texto.
7. Depois que todos os grupos escreverem as deliberações sobre seus temas no quadro, o rascunho do regimento estará montado.

Revisão

8. A revisão será feita coletivamente. Todos devem ler o texto e verificar se ele está escrito no formato adequado, respeitando as regras do gênero. Para isso, observem se as informações foram organizadas de acordo com sua importância, se as regras de convivência estão claras e são de fácil compreensão e se foram definidas as responsabilidades e punições para os que as desrespeitarem. É importante verificar, também, se o texto está dividido em capítulos, artigos e parágrafos, quando necessário.
9. Releiam o texto quantas vezes forem necessárias e verifiquem se as ideias fazem sentido. Verifiquem a ortografia das palavras e a pontuação. Corrijam o emprego dos pronomes possessivos, pessoais e demonstrativos para garantir a coesão do texto.
10. O texto final poderá ser digitado no computador e emoldurado em uma cartolina, para ser exposto no mural da sala de aula.
11. Depois que o regimento estiver concluído e fixado no mural, a turma poderá convidar o 6º ano para visitar a sala e assistir a uma apresentação do trabalho. Nessa apresentação, é importante enfatizar os objetivos de fazer um regimento sobre a convivência na sala de aula. Também é interessante falar sobre o modo como ele foi construído, explicar a maneira democrática como as propostas foram votadas em assembleia até se transformarem nas regras que compõem o Regimento de Convivência da Turma.

Retomar

Leia o texto a seguir e faça as atividades propostas.

http://cotuca.unicamp.br/cotuca/wp-content/uploads/2018/03/Estatuto-do-Grêmio-Estudantil.pdf

Estatuto – Grêmio Estudantil

CAPÍTULO I
Da denominação, **sede** e objetivos

Art. 1º
O Grêmio Estudantil do Colégio Técnico de Campinas – Cotuca – é o órgão máximo de representação dos estudantes da escola, localizado na cidade de Campinas e fundado em 2016 com sede neste Estabelecimento de Ensino.

Parágrafo Único – As atividades do Grêmio **reger**-se-ão pelo presente Estatuto aprovado em Assembleia Geral dos alunos convocada para este determinado fim, sendo numerada e identificada como Assembleia nº 00.

Art. 2º
O Grêmio tem por objetivos:
I - Representar **condignamente** o **corpo discente**;
II - Defender os interesses individuais e coletivos dos alunos do Colégio;
III - Incentivar a cultura literária, artística e desportiva de seus membros;
IV - Promover a cooperação entre administradores, funcionários, professores e alunos no trabalho escolar, buscando seus aprimoramentos e comum desenvolvimento pessoal e profissional;
V - Realizar, caso apresente-se interesse do corpo discente, intercâmbio e colaboração de caráter cultural e educacional com outras instituições de caráter educacional e/ou cultural, assim como a **filiação** às entidades gerais UMES (União Municipal dos Estudantes Secundaristas), UBES (União Brasileira dos Estudantes Secundaristas) etc.;
VI - Lutar pela democracia permanente na Escola, através do direito de participação nos fóruns internos de **deliberação** da Escola.

Disponível em: <http://cotuca.unicamp.br/cotuca/wp-content/uploads/2018/03/Estatuto-do-Grêmio-Estudantil.pdf>.
Acesso em: 12 jul. 2018.

1 O capítulo I do estatuto se refere à "denominação, sede e objetivos" do grêmio. Localize no texto:

a) a denominação do grêmio;

b) a localização da sede;

c) um dos objetivos do grêmio.

2 A afirmação de que o Grêmio "é o órgão máximo de representação dos estudantes da escola" deixa qual informação subentendida, isto é, compreendida apesar de não ter sido dita?

3 Com base em suas experiências, que outras formas de representação estudantil existem nas escolas?

Glossário

Condignamente: merecidamente; com dignidade.
Corpo discente: grupo de alunos da instituição.
Deliberação: decisão tomada após debate ou reflexão.
Filiação: vinculação.
Reger: conduzir(-se); orientar(-se).
Sede: local em que uma organização, empresa ou companhia tem seu estabelecimento mais importante.

4. Os estatutos têm algumas características próprias, estudadas ao longo desta unidade.
   a) Cite três características típicas desse gênero textual, presentes no texto.
   b) O que significa, em um estatuto, a nomenclatura "parágrafo único"? Justifique sua resposta.
   c) Explique o uso do ponto e vírgula e do ponto final nos itens do artigo 2º.

5. Releia.

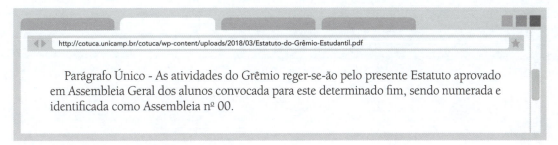

Parágrafo Único - As atividades do Grêmio reger-se-ão pelo presente Estatuto aprovado em Assembleia Geral dos alunos convocada para este determinado fim, sendo numerada e identificada como Assembleia nº 00.

A construção **reger-se-ão** contém uma mesóclise, ou seja, um pronome intercalado ao verbo. Essa estrutura é própria da língua-padrão ou norma culta da língua.

   a) O que o uso da mesóclise indica sobre o registro em que foi escrito o gênero textual estatuto?
   b) Relate a um colega o que foi estabelecido nesse parágrafo, usando um registro menos formal.

6. Releia este trecho.

   O Grêmio tem por objetivos:
   I - Representar **condignamente** o corpo **discente**;

   a) Reescreva o inciso I substituindo a palavras e a expressão em destaque por sinônimos.
   b) Que registro a escolha de palavras ajuda a construir no texto: formal ou informal? Explique sua resposta.

7. No objetivo IV, no art. 2º, foi usado o pronome possessivo **seus**.
   a) A quem esse pronome se refere?
   b) Pense em como a frase ficaria se esse pronome não tivesse sido usado. Qual a importância do uso de **seus** na construção do enunciado?

8. Releia os objetivos do grêmio estudantil apresentados no texto.
   a) Qual é o papel do grêmio na relação entre os estudantes e as outras instituições de representação estudantil?
   b) O grêmio tem compromisso com a formação dos alunos? Explique sua resposta.

9. Pela leitura do texto, qual é a importância da organização dos alunos por meio de uma representação?

10. Em sua escola existe um grêmio? Faça um breve relato sobre as formas de representação estudantil de sua escola.

11. Retome o inciso III do estatuto lido. Desenvolva alíneas que expliquem como o objetivo nele apresentado poderia ser desenvolvido. Ajuste a redação do inciso para que ele tenha os desdobramentos propostos. Mantenha o registro formal na redação das alíneas e use a pontuação adequada.

UNIDADE

Histórias de ficção

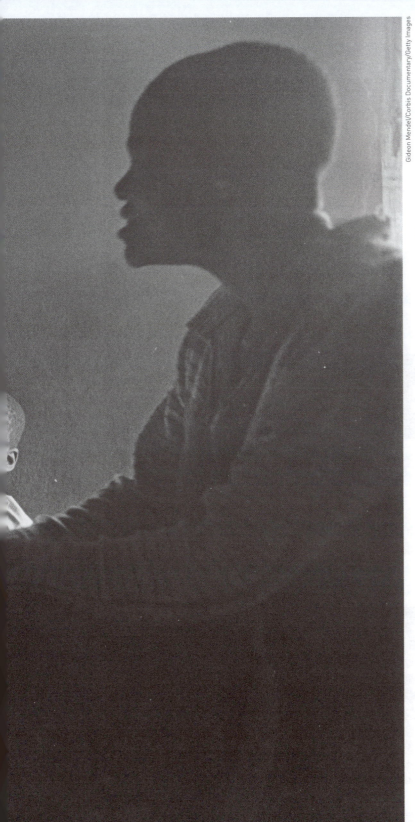

Antever

1 A legenda da fotografia explica a importância da tradição oral em países africanos. Você sabe o que é tradição oral? Que histórias fazem parte da tradição oral de sua cidade, seu estado, seu país?

2 Depois que você aprendeu a ler, desenvolveu o hábito da leitura de ficção? Por quê? De que tipo de história mais gosta? Conte aos colegas e ao professor sobre sua experiência de leitor de histórias.

3 Alberto Manguel, um pensador argentino, disse que "cada livro existe numa condição análoga ao sonho até que as mãos que o abrem e os olhos que o percorrem agitam as palavras e as despertam" (*Os livros e os dias*. São Paulo: Companhia das Letras, 2005. p. 11).

a) Em sua opinião, por que, para Manguel, o leitor de um livro deve agitar e despertar as palavras nele contidas?
b) Você concorda com a afirmação desse autor? O que os livros significam para você?

Nesta unidade, você lerá dois contos, um de um autor angolano e outro de um escritor português. Como será que a língua portuguesa, em diferentes lugares do mundo, expressa histórias feitas de imaginação e fantasia?

Contadora de histórias africana. Em países africanos, a tradição oral é considerada fundamental para a preservação não só das histórias, mas também da sabedoria e cultura dos povos.

CAPÍTULO 1

Antes da leitura

1 Observe, nesta página, a reprodução da capa, da quarta capa e da orelha do livro de onde foi extraído o conto que você lerá a seguir. Qual imagem corresponde à capa, qual corresponde à quarta capa e qual mostra a orelha?

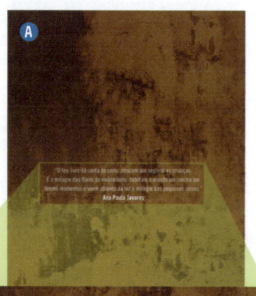

2 Como se compõe a capa? Que informações ela contém? Que imagem e cores foram usadas?

3 Na quarta capa, há um texto da poeta angolana Ana Paula Tavares, que começa assim: "O teu livro dá conta de como crescem em segredo as crianças". Associando essa apreciação à análise que fez da capa, que tipo de história você supõe que Ondjaki conta no livro?

4 Que função têm os elementos analisados? Que apelo fazem ao leitor?

Leia o conto a seguir. Será que suas hipóteses sobre o tema dos contos se confirmarão?

Imagens: Editora Língua Geral

A piscina do tio Victor

para o tio Victor que nos dava prendas do dia para a "Buraquinhos"

> **Glossário**
> **Aguentar:** imaginar.
> **Posterado:** estiloso.
> **Prenda:** objeto que se dá a uma pessoa para agradá-la, como um presente.
> **Rebuçado:** doce semelhante ao caramelo, feito com calda de açúcar endurecida, corantes e/ou essências de vários sabores.

Quando o tio Victor chegava de Benguela, as crianças até ficavam com vontade de fugar à escola só para ir lhe buscar no aeroporto dos voos das províncias. A maka é que ele chegava sempre a horas difíceis e a minha mãe não deixava ninguém faltar às aulas.

Então era em casa, à hora do almoço, que encontrávamos o tio Victor. E o sorriso dele, gargalhada tipo cascata e trovão também, nem dá para explicar aqui em palavras escritas. Só visto mesmo, só uma gargalhada dele já dava para nós começarmos a rir à toa, alegres, enquanto ele iniciava umas magias benguelenses.

— Isto, vocês de Luanda nunca viram – abria a mala onde tinha **rebuçados**, chocolates ou outras **prendas** de encantar crianças, mais o baralho de cartas para magias de aparecer e desaparecer o Ás de Ouros, também umas camisas **posteradas** que nós, "os de Luanda", não aguentávamos.

À noite deixávamos ele jantar e beber o chá que ele gostava sempre depois das refeições. Devagarinho, eu e os primos, e até alguns amigos da rua, sentávamos na varanda à espera do tio Victor. É que o tio Victor tinha umas estórias de Benguela que, é verdade, nós, os de Luanda, até não lhe aguentávamos naquela imaginação de teatro falado, com escuridão e alguns mosquitos tipo convidados extra.

Eu já tinha dito ao Bruno, ao Tibas e ao Jika, cambas da minha rua, que aquele meu tio era muito forte nas estórias. Mas o principal, embora ninguém tivesse nunca visto só uma foto de admirar, era a piscina que ele disse que havia em Benguela, na casa dele:

— Vocês de Luanda não **aguentam**, andam aqui a beber sumo Tang!

Ele ria a gargalhada dele, nós ríamos com ele, como se estivessem mil cócegas espalhadas no ar quente da noite.

— Nós lá temos uma piscina enorme – fazia uma pausa dos filmes, nós de boca aberta a imaginar a tal piscina. – Ainda por cima, não é água que pomos lá – eu a olhar para o Tibas, depois para o Jika:

— Não vos disse?

O tio Victor continuou assim numa fala fantasmagórica:

— Vocês aqui da equipa do Tang não aguentam..., a nossa piscina lá é toda cheia de Coca-Cola!

Aí foi o nosso espanto geral: dos olhos dos outros, eu vi, saía um brilho tipo fósforo quase a acender a escuridão da varanda e a assustar os mosquitos. Nós, as crianças, de boca aberta numa viagem de língua salivada, começámos a

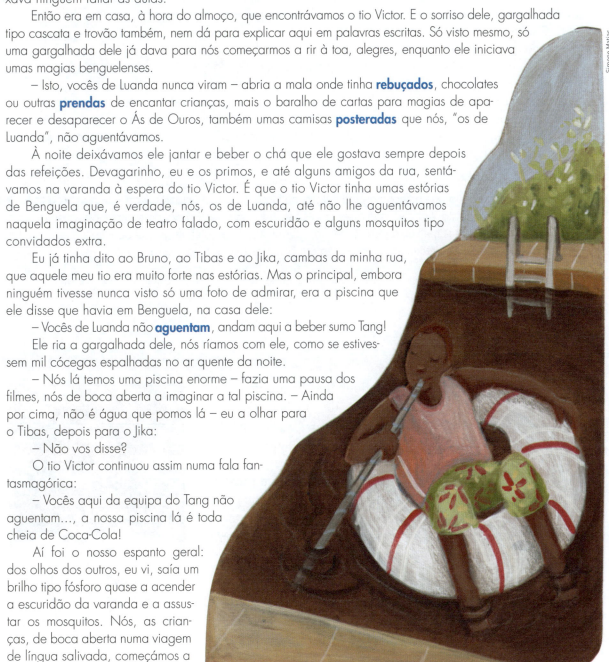

rir de espanto e gargalhámos, o tio Victor também, depois rebentámos numa salva de palmas que até a minha mãe veio ver o que se estava a passar.

Agora já ninguém me perguntava nada, falavam directamente com o tio Victor, queriam mais pormenores da piscina e ainda saber se podiam ir lhe visitar um dia destes.

— Vai todo mundo — o tio Victor riu, olhou para mim, piscou-me o olho. — Vem um avião buscar a **malta** de Luanda! Preparem a roupa, vão todos mergulhar na piscina de Coca-Cola, nós lá não bebemos desse vosso sumo Tang...

— Ó Victor, para lá de contar essas coisas às crianças — a minha mãe chegou à varanda.

Ele piscou-lhe o olho e continuou ainda mais entusiasmado.

— Não tem maka nenhuma, pode ir toda malta da rua, temos lá em Benguela a piscina de Coca-Cola... Os cantos da piscina são feitos de chuinga e chocolate!

Nós batemos palmas de novo, depois estreámos um silêncio de espanto naquelas quantidades de doce.

— A prancha de saltar é de chupa-chupa de morango, no chuveiro sai Fanta de laranja, carrega-se num botão e ainda sai Sprite... — ele olhava a minha mãe, olhos doces apertados pelas bochechas de tanto riso, batemos palmas e fomos saindo.

Glossário
Bué: muito.
Chuinga: chiclete.
Malta: turma.

Quando entrei de novo em casa, fui lá para cima dizer "boa noite" a todos. Passei no quarto do tio Victor, ele tinha só uma luz do candeeiro acesa.

— Tio, um dia podemos mesmo ir na tua piscina de Coca-Cola?

Ele fez assim com o dedo na boca, para eu fazer um pouco-barulho.

— Nem sabes do máximo... No avião que vos vem buscar, as refeições são todas de chocolate com umas palhinhas que dão voltas tipo montanha-russa e lá em Benguela há rebuçados nas ruas, é só apanhar — e ficou a rir mesmo depois de apagar a luz. Até hoje fico a perguntar onde é que o tio Victor de Benguela ia buscar tantas gargalhadas para rir assim sem medo de gastar o reservatório do riso dele.

Fui me deitar, antes que a minha mãe me apanhasse a conversar àquela hora. No meu quarto escuro quis ver, no tecto, uma água que brilhava escura e tinha bolinhas de gás que faziam cócegas no corpo todo. Nessa noite eu pensei que o tio Victor só podia ser uma pessoa tão alegre e cheia de tantas magias porque ele vivia em Benguela, e lá eles tinham uma piscina de Coca-Cola com **bué** de **chuinga** e chocolate também. Vi, também no tecto, o jeito de ele estremecer o corpo e esticar os olhos em lágrimas de tanto rir.

Foi bonito: adormeci, em Luanda, a sonhar a noite toda com a província de Benguela.

Ondjaki. *Os da minha rua.* Rio de Janeiro: Língua Geral, 2007. p. 67-71.

Ondjaki

Ondjaki é uma palavra do umbundo – língua do sul de Angola – que tem vários significados, de "guerreiro" a "traquinas". Foi essa palavra que Ndalu de Almeida adotou como nome artístico. Nascido em 1977 na cidade de Luanda, capital e maior cidade de Angola, além de ser escritor, Ondjaki cursou teatro em Portugal e participou de mostras como artista plástico no Brasil. Como cineasta, lançou um documentário sobre sua cidade natal. Na escrita, o autor se dedica a contos, poemas e romances. É reconhecido mundialmente e recebeu prêmios importantes, como o Prêmio Jabuti de Literatura, em 2010, no Brasil. Seus livros já foram traduzidos para muitas línguas, como francês, inglês, alemão, italiano, espanhol e chinês. Ele vive no Brasil, na cidade do Rio de Janeiro, desde 2007.

Estudo do texto

1. Releia o trecho a seguir.

> [...] Eu já tinha dito ao Bruno, ao Tibas e ao Jika, **cambas** da minha rua, que aquele meu tio era muito forte nas estórias.

a) A palavra **cambas** se refere a quem?

b) Com base no contexto da frase, qual é o significado da palavra?

c) O que significa dizer que o tio "era muito forte nas estórias"?

d) Quais são as personagens do conto citadas ou presentes nessa passagem?

2. Escreva no caderno a alternativa que apresenta o sinônimo da expressão destacada no trecho.

> **A maka** é que ele chegava sempre a horas difíceis e a minha mãe não deixava ninguém faltar às aulas.

a) A solução.

b) O problema.

c) A alternativa.

d) O melhor.

3. Em I, a seguir, há um trecho do conto lido e, em II, uma notícia publicada em um jornal brasileiro. Observe as palavras destacadas e compare seus usos.

I. "Vocês aqui da equipa do Tang não **aguentam**..., a nossa piscina lá é toda cheia de Coca-Cola!"

II. "[...]'O espaço é completamente inadequado para nos receber, pois não tem estrutura para **aguentar** uma chuva um pouco mais forte. Estamos esperando a reforma da nossa sede para podermos estudar tranquilamente', afirmou uma estudante, que preferiu não se identificar."

Tribuna de Minas, 11 mar. 2016. Disponível em: <www.tribunademinas.com.br/noticias/cidade/11-03-2016/temporal-alaga-diferentes-pontos-da-cidade.html>. Acesso em: 14 jul. 2018

a) Em II, sobre o que é o depoimento da estudante?

b) No português do Brasil, qual é o sentido de **aguentar**?

c) No conto de Onjaki, qual é o sentido de **aguentar**? Se precisar, consulte o glossário.

4. O conto é uma narrativa que se desenvolve a partir da chegada de uma personagem importante.

a) De onde vinha tio Victor? Os sobrinhos costumavam visitá-lo? Como se pode saber disso?

b) Em que cidade se passa a narrativa?

c) Releia o primeiro parágrafo. Os verbos **chegava**, **ficavam** e **deixava** localizam as ações em que tempo? Por que é usado esse tempo verbal?

5 Releia este parágrafo.

Aí **foi** o nosso espanto geral: dos olhos dos outros, eu **vi**, saía um brilho tipo fósforo quase a acender a escuridão da varanda e a assustar os mosquitos. Nós, as crianças, de boca aberta numa viagem de língua salivada, **começámos** a rir de espanto e **gargalhámos**, o tio Victor também, depois **rebentámos** numa salva de palmas que até a minha mãe veio ver o que se estava a passar.

a) A palavra **aí**, no início do parágrafo, anuncia que mudança de situação?

b) Observe os verbos em negrito. O tempo verbal está de acordo com o que você respondeu no item anterior?

c) Que mudança houve na narrativa nesse momento? Como isso se reflete nos tempos verbais usados? Para responder, pense em duas situações narradas no conto:
- as visitas do tio;
- a história que o tio contou na última visita.

d) Pode-se dizer que essa transformação é o clímax, ou momento principal da narrativa? Justifique sua resposta.

Simone Matias

6 Releia o trecho a seguir.

— Nós lá temos uma piscina enorme — fazia uma pausa dos filmes, nós de boca aberta a imaginar a tal piscina. — Ainda por cima, não é água que pomos lá — eu a olhar para o Tibas, depois para o Jika:

— Não vos disse?

O tio Victor continuou assim numa fala fantasmagórica:

— Vocês aqui da equipa do Tang não aguentam..., a nossa piscina lá é toda cheia de Coca-Cola!

a) Leia para os colegas a segunda fala do tio Victor usando um tom fantasmagórico. Faça pausa nas reticências.

b) Que efeito de sentido o adjetivo **fantasmagórica** e as reticências criam no conto?

c) Como você caracterizaria o tio Victor?

7 **Foco narrativo** é o modo como a narrativa é contada. Identifique-o respondendo aos itens a seguir.

a) O narrador observa a história ou também faz parte dela? Quem é ele?

b) Em que pessoa do discurso ele narra? Justifique sua resposta transcrevendo do texto duas passagens que a comprovem.

c) Escreva no caderno a resposta que explica os sentidos criados no texto por esse foco narrativo.

- Efeito de objetividade, porque o narrador em 1ª pessoa fala das emoções das demais personagens, mantendo-se distante e fantasioso.
- Efeito de subjetividade, porque o narrador em 1ª pessoa fala com emoção de sua própria experiência, imprimindo à narrativa um valor de testemunho verdadeiro.
- Efeito de subjetividade, porque o narrador em 3ª pessoa relata os fatos que observou e acrescenta elementos de fantasia a seu relato.
- Efeito de objetividade, porque o narrador em 3ª pessoa não participa da história, fazendo com que se torne mais verdadeira.

> Em uma narrativa de ficção, existem dois tipos de foco narrativo. Veja as características de cada um deles.
>
> | Foco narrativo | Tipo de narrador | Efeito de sentido | Modo de narrar |
> |---|---|---|---|
> | 1ª pessoa | narrador-personagem | subjetividade | O narrador faz parte da história e narra de acordo com um ponto de vista subjetivo, usa verbos e pronomes na 1ª pessoa. |
> | 3ª pessoa | narrador-observador | objetividade | O narrador narra com distanciamento, observa a sucessão de ações, descreve e comenta reações e comportamentos das personagens. |

Museu Afro Brasil
<www.museuafrobrasil.org.br>

Na visita virtual ao Museu Afro Brasil, é possível conhecer objetos que retratam a cultura de grupos afrodescendentes que vieram para o Brasil. Movendo-se virtualmente pelo museu, você encontra ferramentas de carpintaria e de produção agrícola e ainda tecnologias da época da escravidão. Conhecer a cultura material e imaterial dos povos de matriz africana é fundamental, pois influenciaram a construção social de nosso país.

Se tiver oportunidade, faça uma visita física a esse museu, localizado no Parque Ibirapuera, na cidade de São Paulo (SP).

8 Em alguns momentos da narrativa, o narrador cede a palavra ao tio Victor.

a) Qual é o recurso gráfico que indica o discurso direto?

b) Que história contada pelo tio deixa os meninos espantados?

c) Por que o narrador prefere deixar que a personagem conte essa história?

9 As crianças interpretam a história da piscina como verdadeira ou falsa? Justifique sua resposta.

10 Analise a relação entre o tio Victor e as crianças.

a) Que imagem as crianças fazem do tio Victor?

b) E qual é a ideia que o tio Victor tem dos meninos, ao descrever a casa dele com piscina de Coca-Cola, chuveiro de Fanta e outras fantasias?

125

11 O narrador desenvolve a narrativa usando sequências narrativas e descritivas.

  a) Transcreva uma sequência descritiva que revele as reações físicas das crianças à história da piscina de Coca-Cola.

  b) Por que as sequências descritivas são importantes nesse momento da narrativa?

  c) Nas sequências narrativas, mostra-se o desenvolvimento da história. Quando o tio Victor chegava, o que acontecia na hora do almoço? E à noite?

  d) Por que as sequências narrativas são importantes em um conto?

12 Ao deitar-se para dormir, no que pensa o menino-narrador? O que isso revela?

13 O que você achou da história do tio Victor? Gostaria de mergulhar nessa piscina de que ele falou?

A língua portuguesa no mundo

A língua portuguesa é falada no Brasil, em Portugal, Angola, Moçambique, Cabo Verde, Guiné-Bissau, Guiné Equatorial, São Tomé e Príncipe e Timor Leste, países que integram a Comunidade dos Países de Língua Portuguesa (CPLP). É falada também em Macau (na China) e em Goa (na Índia), regiões que foram colonizadas pelos portugueses, mas onde as línguas nativas dominam a comunicação.

A língua expressa a cultura, o modo de vida, os valores, as crenças e a história de um povo. Por isso, a língua portuguesa apresenta variações em cada país em que é falada. Essas variações ocorrem principalmente na pronúncia e no vocabulário. No mesmo território pode haver variações. Um brasileiro não fala como um angolano e, no Brasil, na fala dos baianos, por exemplo, há diferenças em relação à fala dos gaúchos.

Para designar o documento que prova a habilitação de uma pessoa para dirigir, por exemplo, usa-se, em Portugal e Angola, a expressão "carta de condução". Na maior parte do território brasileiro, usa-se a expressão "carteira de motorista".

As explicações para as variações são muitas, mas todas estão relacionadas ao fato de que as línguas são vivas, dinâmicas, movimentam-se no tempo e no espaço e se ajustam às diferentes situações de comunicação.

Em 1990, os países de língua oficial portuguesa, membros da Comunidade de Países de Língua Portuguesa (CPLP), assinaram um novo Acordo Ortográfico, cujo objetivo é defender a unidade ortográfica da língua portuguesa nos diferentes países. As mudanças previstas no acordo recaíram sobre a modalidade escrita da língua e buscam aumentar o prestígio internacional do idioma, facilitar a comunicação oficial e a circulação de publicações entre os países-membros da CPLP.

Fonte: IBGE. Atlas geográfico escolar. 7 ed. Rio de Janeiro. 2016. p.92.

Países e regiões onde se fala a língua portuguesa.

Linguagem, texto e sentidos

1 Compare a grafia das palavras destacadas com a grafia delas no português do Brasil.

   I. "No meu quarto escuro quis ver, no **tecto**, uma água que brilhava escura [...].

   II. "Agora já ninguém me perguntava nada, falavam **directamente** com o tio **Victor** [...]."

   III. "Vocês aqui da **equipa** do Tang não aguentam..."

   IV. "Nós, as crianças, de boca aberta numa viagem de língua salivada, **começámos** a rir de espanto e **gargalhámos**, o tio Victor também, depois **rebentámos** numa salva de palmas [...]."

   a) O que as palavras destacadas nos trechos I e II têm em comum? Como as escrevemos no Brasil?
   b) Em relação ao português do Brasil, qual é a diferença no trecho III?
   c) No trecho IV, compare a conjugação dos verbos com a que é feita no português do Brasil. O que há de diferente?
   d) Leia os verbos em voz alta e verifique se há diferença na pronúncia. Indique, em seguida, de que tempo verbal se trata.
   e) As palavras estão grafadas de acordo com a norma escrita de Angola e de Portugal. O significado delas muda no português do Brasil?

2 Nas frases a seguir, as locuções destacadas são usuais no português de Portugal e de Angola.

   I. "[...] **ficou a rir** mesmo depois de apagar a luz."

   II. "Até hoje **fico a perguntar** onde é que o tio Victor de Benguela ia buscar tantas gargalhadas."

   a) Em que modo estão empregados os verbos **rir** e **perguntar**?
   b) Reescreva as frases adaptando as locuções para a forma mais usual no português do Brasil.
   c) As locuções verbais usadas em Angola e no Brasil têm o mesmo sentido? Qual?

3 Releia o trecho a seguir e observe o significado do dicionário para o verbo **fugar**.

   ▶ ²**fugar**
      2. deixar de comparecer (a aula, escola, trabalho) para ir passear, para vadiar; cabular.

   Dicionário eletrônico Houaiss da Língua Portuguesa.

   Que expressões do registro informal são usadas, no português do Brasil, com o mesmo sentido de "fugar à escola"?

4 Na frase "Não vos disse?", há um pronome pouco usado no Brasil. Identifique-o.
   a) A que pessoa o pronome se refere? À pessoa que fala, à pessoa com quem se fala ou à pessoa de quem se fala?
   b) Reescreva a frase adaptando-a à forma mais usada no português do Brasil.

5 Escreva no caderno as duas alternativas que completam adequadamente o enunciado a seguir em relação ao conto lido. As variações linguísticas:
   a) prejudicam a leitura, porque parece que se lê outra língua, diferente do português.
   b) ajudam a construir o ambiente em que se passa a história.
   c) exigem que se preste atenção ao contexto para entender algumas palavras.
   d) não permitem que se compreenda a história contada.

CAPÍTULO 2

Antes da leitura

A fotografia a seguir mostra a estação ferroviária de Alcântara-Mar, em Lisboa (Portugal).

Fotografia da estação ferroviária de Alcântara-Mar. 2008.

1 Observe a fotografia e descreva a estação de Alcântara-Mar. Que ideias você associa a esse lugar?

2 O conto que você lerá se passa em Alcântara, uma freguesia, ou seja, uma divisão da cidade de Lisboa, capital de Portugal. O narrador fala sobre alguns tipos lisboetas, cidadãos que nasceram e vivem em Lisboa. Você faz ideia de como são os lisboetas? Como vivem? Quais são os hábitos e costumes deles?

3 Você já observou o modo como se fala português em Portugal? Notou diferenças em relação ao modo como falamos a língua no Brasil?

4 Quanto aos brasileiros, você já notou ou ouviu falar em diferenças e semelhanças nos costumes das pessoas que moram nas diversas partes do país?

5 Quanto ao modo de falar, você reconhece diferenças entre as regiões do Brasil? O que muda de uma cidade para outra, de um estado para outro?

6 Pense em textos literários que já leu e, com base em suas experiências anteriores, responda:

a) Um escritor de ficção se interessa pelo modo como as pessoas vivem e agem? Por quê?

b) Você acha que os tipos humanos podem ser assunto para a literatura?

Você lerá a seguir um texto em que, por meio de acontecimentos aparentemente simples, o narrador apresenta o perfil de interessantes tipos humanos da cidade de Lisboa. Por meio deles, fala de sentimentos e inquietações de todos os seres humanos e conta uma história.

O velho de Alcântara-Mar

Eu estava a almoçar sozinho num restaurante, como tanto gosto de fazer, a meio do dia de trabalho. [...]

O restaurante era pouco mais que uma **tasquinha** de Alcântara, que tem a vantagem de ter uma comida caseira e sem pretensões e de não ser frequentado pela classe emergente dos almoços, com os telemóveis em cima da mesa, ao alcance de uma urgência, porque gente importante e ocupada é assim. Este restaurante, pelo contrário, é frequentado por uns clientes discretos, habituais e silenciosos, que vêm comer polvo cozido com todos e parecem cobertos por uma fina poeira de tristeza que os torna, de certa forma, íntimos. Íntimos, apesar do nosso mútuo silêncio, cúmplices na solidão das mesas, como marinheiros naufragados, cada um em sua ilha.

Gosto destes personagens lisboetas da hora de almoço, que comem sozinhos resmungando entre dentes, que compram lotaria, leem os anúncios do *Correio da Manhã* e tratam as empregadas de mesa por "Menina isto" e "Menina aquilo". Imagino em cada um deles um Fernando Pessoa, órfão de obra e deserdado de sentimentos. São solitários e tristes, porém não são **trôpegos**, mas dignos, de costas direitas e cara fechada olhando em frente, quando se levantam da mesa discretamente em direcção à porta, como se deslizassem em direcção à vida.

Um dia entrou um homem destes, que eu já tinha visto anteriormente. Era um cliente de bairro, um "vizinho" do restaurante – ocasionalmente almoça, mas, regra geral, limita-se a chegar **sobre o tarde**, senta-se numa mesa em frente à porta com um jornal dobrado à frente, encomenda uma **bica** e fica a olhar para a rua, atento ao passar do tempo. Vê-se que é **reformado** porque não tem horário fixo nem pressa alguma. Não será viúvo, mas apenas gasto, viverá num 3º esquerdo, indiferente às lamúrias da "patroa", sentado num sofá de costas para a janela para receber a luz para as palavras cruzadas do jornal.

Glossário

Bica: café expresso.
Reformado: quem se aposentou.
Tasquinha: pequena tasca, estabelecimento modesto que vende bebidas e refeições.
Sobre o tarde: um pouco mais tarde.
Trôpego: que não se sustenta bem nas pernas e anda com dificuldade.

Simone Matias

Mas nesse dia o homem entrou no restaurante com um sorriso luminoso na cara. Parecia ter rejuvenescido dez anos, as costas estavam mais direitas, a roupa mais alisada, o cabelo penteado deveria cheirar a água de colónia Ach. Brito. Só percebi a razão da transformação quando o vi virar-se para trás na porta da entrada e estender a mão a um **miúdo** que o seguia: era o neto. Passeou o miúdo pelo restaurante como se apresentasse uma namorada rainha de beleza. De mão dada com ele, foi até ao balcão e sentou-o lá em cima para que todos os empregados o vissem, sorriu à volta e fez um gesto largo para o miúdo, indicando o mostruário onde repousavam a pescada para cozer ou fritar, o leitão frio ou quente da Mealhada e as costeletas de vitela para grelhar, e disse: "Então, escolhe lá o que queres almoçar".

Pediu mesa com toalha de pano, encostada à parede, de onde todos o pudessem ver e ele pudesse ver todos. Levou o neto ao colo até à mesa, sentou-o na cadeira, atou-lhe o guardanapo de pano ao pescoço e então o miúdo agarrou-lhe a cara de repente, puxou-o para si e deu-lhe um beijo. O velho sentou-se à frente dele e olhou em frente. Encontrou o meu olhar, que devorava a cena. Por um brevíssimo instante pareceu-me que ele tinha ficado suspenso da minha reacção: queria ser visto, mas tinha medo. Inclinei a cabeça e cumprimentei-o em silêncio – foi a primeira vez que o cumprimentei: o seu olhar era líquido de ternura e firme de orgulho. Quando for velho, quero ser exactamente assim.

Miguel Sousa Tavares. *Não te deixarei morrer, David Crockett*. Rio de Janeiro: Nova Fronteira, 2005. p. 99-101.

Glossário

Miúdo: criança.

Miguel Sousa Tavares

Miguel Sousa Tavares nasceu em 1952, no Porto, Portugal, filho da poeta Sophia de Mello Breyner Andresen e do advogado, político e escritor Francisco Sousa Tavares.

Formou-se em Direito, mas passou a trabalhar como jornalista em revistas e na televisão. Só mais tarde dedicou-se à atividade literária. Seu primeiro livro publicado foi *Sahara, a república da areia* (1983), seguido de livros de crônicas e contos, inclusive infantis. Seu livro mais famoso, o *best-seller Equador* (2003), é considerado um dos romances mais representativos da literatura portuguesa contemporânea.

Estudo do texto

1. O texto deixa claro, desde o início, que emprega o foco narrativo em 1ª pessoa. Observe.

    Eu estava a almoçar sozinho num restaurante, como tanto gosto de fazer, a meio do dia de trabalho.

    a) Sobre quem o narrador fala no início do texto? O que ele informa?
    b) Pela leitura do parágrafo inicial, que ponto de vista será empregado para narrar os fatos? Que efeito de sentido ele ajuda a construir?
    c) Esse início de parágrafo localiza a cena em um lugar e num determinado momento. Identifique-os.

2. No segundo parágrafo, o narrador fala dos frequentadores da tasquinha.
    a) Como eles são?
    b) O narrador faz uma comparação entre eles e outro tipo de personagem, que não costuma frequentar aquele restaurante.
        - Que expressão o narrador usa para caracterizar os frequentadores da tasquinha?
        - Que hábito desses outros frequentadores os diferencia dos clientes habituais?
    c) Observe, neste trecho do segundo parágrafo, a palavra em destaque:

    "[...] tem a vantagem de ter uma comida caseira e sem pretensões e de não ser frequentado pela classe emergente dos almoços, com os **telemóveis** em cima da mesa".

    Tele forma palavras como televisão, telejornal, telecomando. **Móvel** está em vocábulos como automóvel e batmóvel. Com base nessas informações, que tipo de aparelho seria o telemóvel?

    d) No português do Brasil, como o telemóvel é chamado?
    e) Que característica dos clientes que usam esse aparelho, subentendida no texto, os diferencia dos clientes habituais? Explique.
    f) Que característica dos frequentadores habituais da tasquinha é reforçada por meio dessa comparação?

3. Releia a caracterização dos clientes da tasquinha.

    Este restaurante, pelo contrário, é frequentado por uns clientes discretos, habituais e silenciosos, que vêm comer polvo cozido com todos e parecem cobertos por uma fina poeira de tristeza que os torna, de certa forma, íntimos. Íntimos, apesar do nosso mútuo silêncio, cúmplices na solidão das mesas, como marinheiros naufragados, cada um em sua ilha.

    a) Que expressão o narrador usa para mostrar que os clientes da tasquinha são bem diferentes dos clientes de outros tipos de restaurantes?
    b) O narrador afirma que os clientes da tasquinha são habituais e, de algum modo, íntimos. Que sentimento comum os torna íntimos uns dos outros?
    c) De que modo a expressão "fina poeira de tristeza" indica uma característica dos clientes?
    d) O que as descrições "mútuo silêncio", "solidão das mesas", "marinheiros naufragados" e "cada um em sua ilha" revelam sobre os clientes?

e) As expressões usadas caracterizam uma linguagem figurada. Em que tipo de texto costuma ser usada?

f) Que efeito essas expressões podem provocar no leitor? Leia o boxe **Linguagem literária**, ao lado, para responder.

4 Releia atentamente o terceiro parágrafo do texto.

> Gosto destes personagens lisboetas da hora de almoço, que comem sozinhos resmungando entre dentes, que compram lotaria, leem os anúncios do *Correio da Manhã* e tratam as empregadas de mesa por "Menina isto" e "Menina aquilo". Imagino em cada um deles um Fernando Pessoa, órfão de obra e deserdado de sentimentos. São solitários e tristes, porém não são trôpegos, mas dignos, de costas direitas e cara fechada olhando em frente, quando se levantam da mesa discretamente em direcção à porta, como se deslizassem em direcção à vida.

a) Que tipos de sequência textual predominam no trecho? Por que foram empregadas?

b) Você já ouviu falar do poeta português Fernando Pessoa? Por que acha que ele foi citado? Que identidade existe entre ele e os frequentadores da tasca?

c) Com base no trecho, construa o perfil dessas personagens em relação:
- ao lugar onde vivem;
- aos traços de personalidade;
- aos hábitos de vida;
- às características físicas.

d) Identifique, no trecho, as duas palavras cuja grafia usada em Portugal é diferente da consagrada no Brasil.

e) Reescreva as palavras, na forma que têm na variedade brasileira.

5 De acordo com tudo o que analisou, diga que função têm na narrativa os três parágrafos iniciais.

6 Do quarto parágrafo em diante a narrativa se concentra em uma personagem particular. Observe.

> Um dia entrou um homem destes, que eu já tinha visto anteriormente. Era um cliente de bairro, um "vizinho" do restaurante – ocasionalmente almoça, mas, regra geral, limita-se a chegar sobre o tarde, senta-se numa mesa em frente à porta com um jornal dobrado à frente, encomenda uma bica e fica a olhar para a rua, atento ao passar do tempo. Vê-se que é reformado porque não tem horário fixo nem pressa alguma.

Linguagem literária

A literatura, segundo um escritor brasileiro:

> "é uma forma de sabedoria em que você procura trabalhar os materiais da vida para melhor conhecê-los [...]. Eis a função da literatura: comover, deleitar e ensinar".

Silviano Santiago. A experiência radical. In: José Eduardo Gonçalves (Org.). *Ofício da palavra*. Belo Horizonte: Autêntica, 2014. p. 104.

No conto de José Miguel Tavares, o autor serve-se de um dia comum, em um restaurante simples, para refletir sobre a solidão humana, a rotina e o inesperado. Para fazer isso, usa uma linguagem figurada, isto é, uma linguagem que cria imagens inusitadas, originais, em vez de usar palavras do dia a dia.

A linguagem literária exige mais do leitor do que a linguagem dos jornais, por exemplo. Na literatura, é preciso ler com menos pressa, ler para aproveitar o que as palavras podem significar. Com isso, a linguagem causa surpresas, produz impactos e pode proporcionar mais emoção e encantamento, além de descobertas a respeito das pessoas e de nós mesmos.

a) Que expressão é usada para iniciar o parágrafo? O que ela indica?

b) Que relação essa expressão estabelece entre o parágrafo iniciado e o que vinha sendo narrado antes? Explique sua resposta.

c) Sobre o que o narrador fala? Que sequências textuais são usadas? Explique.

7 Na caracterização da personagem principal, o narrador afirma:

> Não será viúvo, mas apenas gasto, viverá num **3º esquerdo** [...].

Nos prédios antigos de Lisboa, costuma haver dois apartamentos por andar. Para identificar o apartamento, diz-se o andar e o lado em que ele fica: direito ou esquerdo.

a) Com base no contexto em que o texto foi produzido, explique o sentido da expressão assinalada.

b) O trecho mostra que o narrador criou hipóteses sobre a personagem. Como o leitor percebe isso?

8 Releia o 5º parágrafo do texto e verifique se as hipóteses sobre a personagem podem ser confirmadas.

a) Que palavra assinala uma contrariedade em relação ao que foi dito antes sobre o homem?

b) Que fato inesperado modifica a rotina?

c) Como o narrador mostra ao leitor a transformação da personagem?

d) A chegada dessa personagem pode ser considerada o clímax da narrativa? Por quê?

9 Releia o último parágrafo do texto.

Padrão dos descobrimentos
<www.padraodosdescobrimentos.pt/pt/monumento/rosa-dos-ventos/>

Visite o *site* do Centro Cultural das Descobertas e conheça o monumento *Padrão dos descobrimentos*, que tem o objetivo de mostrar a história da expansão territorial portuguesa.

No *link* "rosa-dos-ventos", você pode observar de perto a cronologia da expansão de Portugal. Confira!

> Pediu mesa com toalha de pano, encostada à parede, de onde todos o pudessem ver e ele pudesse ver todos. Levou o neto ao colo até à mesa, sentou-o na cadeira, atou-lhe o guardanapo de pano ao pescoço e então o miúdo agarrou-lhe a cara de repente, puxou-o para si e deu-lhe um beijo. O velho sentou-se à frente dele e olhou em frente. Encontrou o meu olhar, que devorava a cena. Por um brevíssimo instante pareceu-me que ele tinha ficado suspenso da minha reacção: queria ser visto, mas tinha medo. Inclinei a cabeça e cumprimentei-o em silêncio – foi a primeira vez que o cumprimentei: o seu olhar era líquido de ternura e firme de orgulho. Quando for velho, quero ser exactamente assim.

a) Como a personagem se sentia? Como o narrador revela isso?

b) Por que o narrador "devorava a cena"?

c) Como o senhor reagiu ao perceber que estava sendo observado? Como o narrador mostra o sentimento da personagem?

d) Pela reação da personagem, o que ele sentia?

e) Que atitude do narrador rompe com os hábitos dos frequentadores do restaurante?

Gênero em foco

Conto

1. Observe como o narrador de cada conto lido inicia a história.

   I. "Quando o tio Victor chegava de Benguela, as crianças até ficavam com vontade de fugar à escola só para ir lhe buscar no aeroporto dos voos das províncias. A maka é que ele chegava sempre a horas difíceis e a minha mãe não deixava ninguém faltar às aulas.

   Então era em casa, à hora do almoço, que encontrávamos o tio Victor [...]."

   II. "Eu estava a almoçar sozinho num restaurante, como tanto gosto de fazer, a meio do dia de trabalho."

   a) Como os dois contos apresentam, já no início, o foco narrativo escolhido?

   b) Há uma diferença nos verbos usados nos dois trechos: **encontrávamos,** em I, e **gosto**, em II. Explique por que há essa diferença.

   c) Onde os fatos narrados se passam? Há referências a muitos lugares, os textos mostram deslocamentos? Justifique.

   d) As narrativas se referem a fatos passados. Compare.

      I. "Quando o tio Victor chegava de Benguela [...]."

      II. "Eu estava a almoçar sozinho num restaurante [...]."

      • Que tempo verbal é usado para iniciar as narrativas?

      • A escolha desse tempo indica acontecimentos pontuais ou habituais? Por quê?

      • Por que os narradores escolheram esse tempo para começar os textos?

   e) Que acontecimento quebra a continuidade do tempo em cada conto? Releia os textos para responder.

2. Releia estes trechos dos contos.

   I. "– Vai todo mundo – o tio Victor riu, olhou para mim, piscou-me o olho. – Vem um avião buscar a malta de Luanda! Preparem a roupa, vão todos mergulhar na piscina de Coca-Cola, nós lá não bebemos desse vosso sumo Tang [...].

   – Ó Victor, pára lá de contar essas coisas às crianças – a minha mãe chegou à varanda."

   II. "De mão dada com ele, foi até ao balcão e sentou-o lá em cima para que todos os empregados o vissem, sorriu à volta e fez um gesto largo para o miúdo, indicando o mostruário onde repousavam a pescada para cozer ou fritar, o leitão frio ou quente da Mealhada e as costeletas de vitela para grelhar, e disse: 'Então, escolhe lá o que queres almoçar'."

   a) A quem o narrador dá a palavra nesses trechos dos contos?

   b) De que modo os narradores marcam o uso do discurso direto?

   c) Que efeito de sentido tem a inserção da fala das personagens na narrativa?

3 Com base nas observações feitas, elabore conclusões sobre o papel do narrador nesses textos, em relação:

- à escolha da pessoa do discurso que narra a história;
- ao ponto de vista adotado;
- ao emprego do tempo passado na narrativa;
- à organização e seleção dos fatos.

4 Leia o trecho inicial de um conto da escritora Clarice Lispector (1920-1977), intitulado "A fuga".

> Começou a ficar escuro e ela teve medo. A chuva caía sem tréguas e as calçadas brilhavam úmidas à luz das lâmpadas. Passavam pessoas de guarda-chuva, impermeável, muito apressadas, os rostos cansados. Os automóveis deslizavam pelo asfalto molhado e uma ou outra buzina tocava maciamente.
>
> Quis sentar-se num banco do jardim, porque na verdade não sentia a chuva e não se importava com o frio. Só mesmo um pouco de medo, porque ainda não resolvera o caminho a tomar. O banco seria um ponto de repouso. Mas os transeuntes olhavam-na com estranheza e ela prosseguia na marcha.
>
> [...]
>
> Clarice Lispector. *O primeiro beijo e outros contos*. São Paulo: Ática, 1995. p. 23.

a) Que personagem é apresentada nesse início? O que ela parece estar fazendo?

b) Como é o ambiente onde se passa esse trecho da história? Que outras personagens aparecem?

c) Como se sente a personagem principal? Como as outras personagens interagem com ela?

d) Como o leitor conhece o ambiente da história, os sentimentos das personagens e as relações entre elas?

e) Qual é o foco narrativo do conto?

> O conto é um gênero textual caracterizado pela presença de um narrador, que escolhe um foco narrativo e um ponto de vista a respeito da história. Ele desenvolve um enredo, ou trama, e localiza a ação no tempo e no espaço. Como o conto é uma narrativa curta, há poucos deslocamentos espaciais e temporais.
>
> Ao adotar a primeira pessoa, o narrador constrói uma narrativa subjetiva e escolhe, de seu ponto de vista, o que vai destacar. Ele pode, ainda, escolher narrar em terceira pessoa e apresentar os fatos com maior distanciamento.
>
> Outras vozes podem surgir no texto por meio do discurso direto das personagens, o que costuma dar vivacidade e movimento à história, mostrando outros pontos de vista sobre os fatos.

---

5 No conto "A piscina de Tio Victor", a chegada do tio é um acontecimento que muda a rotina das crianças. Observe um trecho.

> O tio Victor continuou assim numa fala fantasmagórica:
> – Vocês aqui da equipa do Tang não aguentam..., a nossa piscina lá é toda cheia de Coca-Cola!
> Aí foi o nosso espanto geral: dos olhos dos outros, eu vi, saía um brilho tipo fósforo quase a acender a escuridão da varanda e a assustar os mosquitos. Nós, as crianças, de boca aberta numa viagem de língua salivada, começámos a rir de espanto e gargalhámos, o tio Victor também, depois rebentámos numa salva de palmas que até a minha mãe veio ver o que se estava a passar.

a) No trecho, a ação narrada mostra um momento de impacto. Como a reação das crianças confirma esse impacto?

b) Pode-se considerar o trecho em destaque como o momento mais importante do conto? Por quê?

6 Nos contos maravilhosos, acontecem transformações que são impossíveis na vida real, mas fazem sentido na atmosfera de fantasia e encantamento própria desse gênero. Por exemplo, um sapo se transforma em príncipe e a menina humilde se transforma em princesa, a abóbora se transforma em carruagem. No conto "A piscina de tio Victor":

a) Que transformações as histórias de tio Victor causavam na vida das crianças de Luanda?

b) De que modo as transformações ocorridas nesse conto se diferenciam das transformações dos contos de fada?

> O gênero conto privilegia um conflito ou complicação. Em geral, ele está associado a um acontecimento que, ao interromper uma rotina ou continuidade, chegará a um clímax, ou momento principal de transformação da narrativa.

7 Os contos lidos nesta unidade abordam a relação entre crianças e adultos.

a) Que atitudes próprias da infância são retratadas na relação entre as crianças e tio Victor? E entre o neto e o avô?

b) Veja o esquema de assuntos e temas tratados no conto do Capítulo 1.

Conto	Assuntos	Temas
"A piscina de tio Victor"	Histórias fantásticas, piscina de refrigerante, doces, mágicas.	Ingenuidade da infância. Deslumbramento, empolgação diante de coisas simples da vida.

- No caderno, faça um esquema semelhante para o conto do Capítulo 2, "O velho de Alcântara-Mar".

8 Os contos usam a linguagem literária. Observe como os contos lidos descrevem duas partes do corpo.

I. "Nós, as crianças, de boca aberta numa viagem de língua salivada [...]."

II. "[...] foi a primeira vez que o cumprimentei: o seu olhar era líquido de ternura [...]."

a) A que parte do corpo cada narrador se refere?

b) O que há de particular na maneira como falam?

c) Explique o sentido das imagens criadas pelos narradores.

9 Em sua opinião:

a) Que sentimentos os contos "A piscina do tio Victor" e "O velho de Alcântara-Mar" provocam no leitor?

b) A quem esses textos podem interessar?

> Contos são narrativas literárias compactas, curtas, que alcançam sua força pela concentração das ações em torno de um conflito principal.
>
> Num conto, importa mais o modo de narrar do que a história narrada em si. O uso de linguagem figurada, a criação de um ambiente e de personagens em torno das quais gira a narrativa são recursos próprios do conto.

10 Leia o trecho inicial da crônica "A visita do casal", de Rubem Braga.

> Um casal de amigos vem me visitar. Vejo-os que sobem lentamente a rua. Certamente ainda não me viram, pois a luz do meu quarto está apagada.
>
> É uma quarta-feira de abril. Com certeza acabaram de jantar, ficaram à toa, e depois disseram "vamos passar pela casa do Rubem? É, podemos dar uma passadinha lá". Talvez venham apenas fazer hora para a última sessão de cinema. De qualquer modo, vieram. E me agrada que tenham vindo. Dá-me prazer vê-los assim subindo a rua vazia e saber que vêm me visitar.
>
> [...]
>
> Rubem Braga. *Coisas simples do cotidiano.*
> São Paulo: Nacional, 1984. p. 42.

a) Em que pessoa do discurso o cronista inicia a narrativa?

b) O que a escolha dessa pessoa do discurso indica em relação ao ponto de vista adotado?

c) Que fato é escolhido pelo cronista para iniciar a crônica?

d) Como você imagina que a crônica continue?

11 O conto de Miguel Sousa Tavares, "O velho de Alcântara-Mar", emprega a linguagem literária para narrar um fato do cotidiano que ocorre em um dia como qualquer outro, em um restaurante simples.

a) Há semelhança entre esse conto e a crônica de Rubem Braga? Em caso positivo, qual é ela?

b) Ao usar a estrutura de uma narrativa, o texto reforça as características do conto. Que acontecimento principal mostrou a transformação da personagem central?

Conto × crônica

Nem sempre a distinção entre os gêneros textuais é clara. Por vezes, os contos se assemelham a crônicas, ao tratar de assuntos comuns e retratar o cotidiano. Os contos preservam uma estrutura narrativa, mas podem se aproximar de outros gêneros, nem sempre sendo fácil defini-los.

O escritor Mário de Andrade (1893-1945) criou uma definição que se tornou famosa; segundo ele, um conto é aquilo que seu autor batizou com o nome de conto.

A estrutura narrativa, a esfera de circulação e a própria classificação do autor ajudam a classificar o texto como conto.

Ampliar

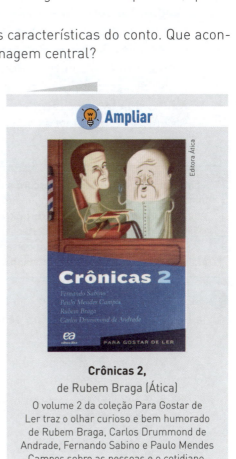

Crônicas 2,
de Rubem Braga (Ática)

O volume 2 da coleção Para Gostar de Ler traz o olhar curioso e bem humorado de Rubem Braga, Carlos Drummond de Andrade, Fernando Sabino e Paulo Mendes Campos sobre as pessoas e o cotidiano.

Adjuntos adnominais e adjuntos adverbiais

1. No conto "A piscina do tio Victor", a história que tio Victor conta aos meninos de Luanda desperta a imaginação e a fantasia deles. Releia o trecho final do conto.

> Fui me deitar, antes que a minha mãe me apanhasse a conversar àquela hora. No meu quarto escuro quis ver, no tecto, uma água que brilhava escura e tinha bolinhas de gás que faziam cócegas no corpo todo.

a) Que palavras se ligam ao substantivo **quarto**? Por que são importantes no trecho do conto?

b) Que termos se ligam ao substantivo **água**? Para que servem no trecho?

2. Releia mais um trecho do final do conto.

> Nessa noite eu pensei que o tio Victor só podia ser uma pessoa tão alegre e cheia de tantas magias porque ele vivia em Benguela, e lá eles tinham uma piscina de Coca-Cola com bué de chuinga e chocolate também. [...]

a) Como tio Victor é caracterizado? Que palavras indicam isso?

b) De que forma percebemos que a piscina do tio Victor não era comum?

c) Imagine que você fosse o sobrinho de tio Victor e, no dia seguinte, fosse contar a história da piscina de Benguela a seus colegas da escola. Como a contaria? Para tornar sua história mais interessante, não se esqueça de usar diferentes adjetivos, locuções e também pronomes e artigos para descrever o que vai narrar. Se quiser, use palavras e expressões que demonstrem seu diálogo direto com o ouvinte da história.

> Em "**uma** água **que brilhava escura e tinha bolinhas de gás**", o artigo **uma** e as orações **que brilhava escura e tinha bolinhas de gás** se ligam ao mesmo núcleo (**água**), especificando-o e caracterizando-o no conto.
> Em "**no meu** quarto **escuro**", as palavras destacadas se ligam a **quarto** e especificam esse espaço indicando como estava (escuro) e a quem pertencia (ao menino que narra o trecho do conto).
> Palavras e orações que se ligam ao substantivo, núcleo do sintagma nominal, especificando-o, delimitando-o ou qualificando-o são **adjuntos adnominais**.

3. Leia este trecho de uma notícia em que Ondjaki, autor do conto "A piscina do tio Victor", fala sobre a literatura e as crianças, na ocasião em que ganhou o Prêmio de Literatura para a Infância, em Portugal, em 2012.

> "Hoje vivemos um tempo de muitas dificuldades, e esse acesso à fantasia [da literatura] permite que as crianças cresçam mais felizes", afirmou [...], dedicando o prémio às crianças de Angola e de Portugal. A criatividade, a imaginação, no fundo, "o modo como a literatura mexe com o imaginário das crianças, permite o acesso a outros mundos que não o quotidiano", sublinhou.

> *Correio da Manhã*, 18 jun. 2012. Disponível em: <www.cmjornal.pt/cultura/detalhe/literatura-ondjaki-destaca-literatura-no-crescimento-feliz-das-criancas>. Acesso em: 1º set. 2018.

a) De que forma o conto que você leu no Capítulo 1 se relaciona à fala do escritor no trecho da notícia?

b) Você concorda com a opinião do escritor? Por quê?

c) No trecho, quais adjuntos adnominais são usados para caracterizar:
- os tempos em que vivemos?
- as crianças a quem o escritor dedica o prêmio?
- o imaginário de que se fala?

d) Por que o uso dessas palavras é importante?

e) Pense em palavras e expressões de sentido equivalente aos adjuntos adnominais que você identificou no item **c** e reescreva os sintagmas, mantendo os mesmos núcleos.

f) Agora compare suas opções àquelas usadas por Ondjaki no trecho. As palavras ou locuções escolhidas por você produzem o mesmo efeito de sentido?

4 Observe o trecho do conto do Capítulo 1 em que o menino de Luanda fala da gargalhada do tio Victor.

> E o sorriso dele, gargalhada tipo cascata e trovão também, nem dá para explicar aqui em palavras escritas.

a) Que palavras caracterizam a gargalhada do tio Victor?

b) Em geral, essas palavras são usadas para falar de que assunto?

c) Com base na descrição, como você imagina que era essa gargalhada?

d) Que modificação essas palavras produzem no substantivo **gargalhada**? Explique sua resposta.

5 Releia o início do conto do Capítulo 2.

> Eu estava a almoçar sozinho num restaurante, como tanto gosto de fazer, a meio do dia de trabalho.

a) Que expressões situam a cena descrita no tempo e no espaço?

b) Por que são importantes nessa parte do conto?

6 Observe o trecho do conto em que o narrador fala do velho de Alcântara-Mar pela primeira vez.

> **Um dia entrou um homem destes**, que eu já tinha visto anteriormente. Era um cliente de bairro, um "vizinho" do restaurante – **ocasionalmente almoça**, mas, regra geral, **limita-se a chegar sobre o tarde, senta-se numa mesa em frente à porta** [...]

a) Em cada oração destacada, identifique o predicado.

b) Que tipo de sintagma cada predicado forma? Por quê?

c) No predicado da primeira, da segunda e da quarta oração, que palavras se ligam ao verbo? Por que são usadas?

7 No trecho, o narrador ainda descreve o velho de Alcântara-Mar assim: "Parecia ter rejuvenescido **dez anos**, as costas estavam **mais** direitas, a roupa **mais** alisada [...]"

a) A que termos as palavras destacadas se ligam?

b) Que informação as palavras destacadas indicam, respectivamente? Escreva a resposta certa no caderno.

- tempo, lugar e modo
- tempo, lugar e intensidade
- tempo, tempo e intensidade
- tempo, intensidade e intensidade

8 Releia estes trechos.

I. "[...] as costas estavam **mais** direitas, a roupa **mais** alisada [...]"

II. "**De mão dada com ele**, foi até ao balcão e sentou-o lá **em cima** [...]"

a) A que classes de palavras as expressões e palavras destacadas nas frases se referem?

b) Que ideia acrescentam ao fragmento?

> **Advérbio** é a palavra que se liga ao verbo, a um adjetivo ou a outro advérbio e modifica seu sentido. Acrescenta-lhes uma ideia de tempo, modo, lugar etc. Mais de uma palavra pode indicar, em conjunto, essas circunstâncias; nesse caso, há uma locução adverbial. Essas palavras e locuções funcionam como **adjuntos adverbiais**.
>
> Observe como as locuções em destaque se ligam ao verbo **sentar-se** e indicam uma ideia de lugar:
>
> SV
> [Senta-se [**numa mesa**] [**em frente à porta**].
>
> **adjuntos adverbiais**

9 Nos períodos a seguir, destaque os adjuntos adverbiais e descreva a ideia que acrescentam no trecho.

I. "Quando o tio Victor chegava de Benguela, as crianças até ficavam com vontade de fugir à escola [...]."

II. "São solitários e tristes, porém não são trôpegos, mas dignos, de costas direitas e cara fechada [...], quando se levantam da mesa [...]."

> Além de advérbios e locuções adverbiais, uma oração inteira pode funcionar como **adjunto adverbial** e indicar diferentes circunstâncias nos textos (tempo, lugar etc.). É o caso de "quando se levantam da mesa [...]" no trecho II.

10 Compare os textos em I, original, e II, modificado.

I. "Parecia ter rejuvenescido dez anos, as costas estavam mais direitas, a roupa mais alisada [...]".

II. Parecia ter rejuvenescido, as costas estavam direitas, a roupa alisada.

a) O que diferencia I de II?

b) Em II, a diferença observada impede o entendimento básico do período?

c) Na descrição do velho de Alcântara-Mar no conto, por que a construção I foi mais adequada?

11 Considere os períodos abaixo, retirados do conto "O velho de Alcântara-Mar".

I. "Por um brevíssimo instante pareceu-me que ele tinha ficado suspenso da minha reacção: queria ser visto, mas tinha medo."

II. "Inclinei a cabeça e cumprimentei-o em silêncio [...]."

a) Identifique os adjuntos adverbiais usados e a circunstância que indicam.

b) Em cada caso, explique se os adjuntos adverbiais poderiam ser retirados das orações sem comprometer sua informação básica.

c) O que aconteceria aos trechos se os adjuntos adverbiais fossem retirados? Por quê?

12 Com base no que observou nas atividades 10 e 11, formule uma conclusão sobre o uso de adjuntos adverbiais em textos.

> ↑ Em geral, os adjuntos adverbiais não são essenciais para a compreensão básica das orações. São muito importantes, porém, para a produção de sentidos no texto, porque expandem as informações e indicam diferentes circunstâncias.

13 Imagine que você é um escritor de contos. Assim como o narrador de "O velho de Alcântara-Mar", você começa a descrever uma personagem que viu entrar em um restaurante típico de sua região ou de sua cidade, em que você também está. Como descreveria essa personagem que acabou de entrar no restaurante? Comece o texto à semelhança de Miguel Sousa Tavares e desenvolva-o de forma criativa e pessoal. Lembre-se:

- use adjuntos adnominais variados para caracterizar a personagem;
- escolha adjuntos adverbiais adequados às circunstâncias que deseja indicar e às ações que a personagem descrita por você exerce na cena.

14 Leia o título da notícia.

Disponível em: <www.agenciabrasilia.df.gov.br/2018/06/08/feira-do-livro-de-brasilia-da-destaque-a-literatura-infantil-na-34a-edicao/>. Acesso em: 15 jul. 2018.

a) Identifique o sujeito e o predicado no título.

b) No sujeito, que palavras se ligam ao núcleo do sintagma nominal?

c) E no predicado? Que palavras se ligam ao verbo?

d) Compare o título lido à frase "Feira dá destaque à literatura". Nesse caso, o entendimento da informação seria prejudicado? Por quê?

e) Com base nas questões anteriores, formule uma conclusão sobre a importância do uso de adjuntos adnominais e adverbiais em títulos de notícia.

f) Agora imagine que você é o redator de um jornal voltado para o público infantojuvenil e produzirá um título de notícia sobre a publicação de um novo livro de um dos autores que conheceu nesta unidade. Seja criativo e imagine também o título do livro. Pense em quando e onde seria lançado. Lembre-se de que o título de notícias é curto e traz as informações centrais sobre determinado assunto.

Escrita em foco

Pontuação: uso da vírgula

1 Releia um trecho do conto "A piscina do tio Victor".

> Então era em casa, à hora do almoço, que encontrávamos o tio Victor.

a) Que adjuntos adverbiais são usados?

b) Algum deles poderia ser usado em outra posição no período? Explique sua resposta.

c) Compare o trecho transcrito a este: "Então era em casa que encontrávamos o tio Victor à hora do almoço". Quanto à pontuação, qual é a diferença entre os dois trechos?

2 Compare os trechos a seguir e formule uma conclusão para explicar a diferença no uso da pontuação em cada caso.

a) "Quando o tio Victor chegava de Benguela, as crianças até ficavam com vontade de fugar à escola só para ir lhe buscar no aeroporto dos voos das províncias". ("A piscina do tio Victor")

b) As crianças até ficavam com vontade de fugar à escola só para ir lhe buscar no aeroporto dos voos das províncias quando o tio Victor chegava de Benguela. (trecho reescrito)

c) "De mão dada com ele, foi até ao balcão e sentou-o lá em cima [...]". ("O velho de Alcântara-Mar")

d) Foi até o balcão de mão dada com ele e sentou-o lá em cima. (trecho reescrito)

- Compare sua conclusão com a explicação do boxe a seguir. A regra que você formulou está de acordo com o conceito do boxe?

> Em geral, emprega-se a vírgula para destacar os adjuntos adverbiais quando são usados no início ou no meio das orações ou períodos.

3 Leia os períodos a seguir.

I. "O velho sentou-se à frente dele e olhou em frente." ("O velho de Alcântara-Mar")

II. À frente dele, o velho sentou-se e olhou em frente. (trecho reescrito)

a) Identifique as orações que formam os períodos.

b) Em cada oração, identifique o sujeito e o predicado.

c) Usa-se algum sinal de pontuação para separar um termo do outro?

d) Agora destaque os adjuntos adverbiais. Por que se emprega a vírgula em II?

e) Nos adjuntos adverbiais em I e em II, devemos separar as palavras que os formam com vírgulas?

> A vírgula também indica as relações entre os termos de orações e períodos. O sujeito e o predicado são termos intimamente relacionados, por isso não são separados por vírgula, como em "O velho sentou-se à frente dele", em que "o velho" é o sujeito e "sentou-se à frente dele" é o predicado. Também não separamos os elementos que formam os adjuntos adverbiais porque funcionam como um todo ("à frente dele", "em frente", "quando o tio Victor chegava de Benguela") etc.

4. Leia o trecho de uma notícia sobre a exposição "A língua portuguesa em nós", realizada em Angola pelo Museu da Língua Portuguesa, sediado em São Paulo.

www.oglobo.globo.com/cultura/artes-visuais/exposicao-do-museu-da-lingua-portuguesa-em-angola-cria-dialogo-com-paises-africanos

Exposição do Museu da Língua Portuguesa em Angola cria diálogo com países africanos

Centro Cultural Brasil-Angola, em Luanda, capital de Angola.

[...]

A mostra — que, após passar por Cabo Verde, será aberta ao público nesta quarta no Centro Cultural Brasil-Angola, em Luanda, e seguirá para Moçambique em agosto — reforça a via de mão dupla do idioma ao se abrir para as expressões e sotaques locais.

Além de atrações do museu paulistano (que será reinaugurado no ano que vem, após as obras de reconstrução por conta do incêndio que o atingiu em dezembro de 2015), a exposição conta com um espaço chamado "Falares", no qual uma câmera coleta depoimentos e histórias, que passarão a integrar o acervo da instituição.

Esta itinerância dá ao museu, no momento de sua reconstrução, a oportunidade de navegar por outros mares, e voltar modificado pelo contato com outras variações do idioma — destaca Deca Farroco, gerente de Projetos de Patrimônio e Cultura na Fundação Roberto Marinho, instituição que concebeu e implementou o museu, em parceria com o governo de São Paulo.

Nelson Gobbi. *O Globo*, 12 jun. 2018. Disponível em: <www.oglobo.globo.com/cultura/artes-visuais/exposicao-do-museu-da-lingua-portuguesa-em-angola-cria-dialogo-com-paises-africanos-22772054#ixzz5JeWvjvh1stest>. Acesso em: 15 jul. 2018.

a) Explique o uso das vírgulas destacadas no trecho.

b) Releia este trecho e observe os destaques em negrito.

A mostra [...] reforça a via de mão dupla do idioma ao se abrir para as expressões e sotaques locais.

- Por que não se usa vírgula após a palavra **mostra**?
- A oração "ao se abrir para as expressões e sotaques locais" funciona como um adjunto adverbial? Por quê?
- Reescreva o período colocando essa oração em outras posições possíveis.
- Que alteração você fez quanto à pontuação?

Contação de história

Nesta unidade, você viu que o ato de contar histórias remonta a uma tradição antiga. Na seção **Antever**, você leu sobre as rodas de contação de histórias na tradição oral africana. Agora você se reunirá com os colegas da turma para produzir uma roda de conversa com contação de histórias. Preste atenção às etapas da atividade.

Preparação

Leia, no boxe abaixo, alguns conceitos importantes sobre a dinâmica de uma conversa. Para contar uma história, antes vocês precisam conversar uns com os outros no grupo. O professor estabelecerá alguns critérios para a composição do grupo.

> **Hora de falar e hora de escutar**
>
> Conversar é uma atividade oral descontraída, por isso, a linguagem pode assumir um tom mais informal. Entretanto, é importante considerar que você se comunica com muitas pessoas e precisa ser compreendido por todas elas. Assim, é aconselhável expressar-se com objetividade e clareza, evitar a repetição de palavras como **tá** e **aí**, para tornar a conversa mais fluida.
>
> Quando se estabelece uma conversa entre indivíduos, um fala enquanto o outro escuta, e o turno de fala se alterna entre os falantes, criando, assim, o diálogo. No entanto, quando o objetivo é contar uma história, o locutor assume a voz de um narrador, e é responsável por transmitir aos ouvintes o enredo, que pode ser real ou inventado. É ele, então, que apresenta aos demais as personagens que fazem parte da história contada e os fatos que aconteceram com elas.

Na roda de conversa com seu grupo, observem os pontos a seguir.

1. Escolham a história que vão contar e tomem notas sobre ela. Decidam se a história vai basear-se em um fato real ou se será inventada. Registrem no caderno fatos que vão compor o enredo, o nome das personagens, o lugar e o tempo em que a história ocorreu.
2. Com base nas anotações feitas, esquematizem um roteiro com a ordem dos acontecimentos na história a ser contada e pensem na distribuição de tarefas entre vocês:
   - quem contará a história para os colegas da turma?
   - o que os outros integrantes do grupo farão enquanto a história é contada? Há várias maneiras de contribuir para a contação. Alguns podem reproduzir os "barulhos da narrativa" em determinados momentos, isto é, fazer sonoplastia para dar emoção à história. Outros podem representar algumas cenas para acrescentar humor ou emoção à contação. Os que preferirem desenhar podem mostrar imagens dos acontecimentos, ao longo da fala do contador.
3. Pensem na linguagem que será utilizada. Vocês irão falar em uma situação pública de comunicação na sala de aula.
4. Após a conversa com o grupo, ajude a arrumar a sala em um grande círculo de carteiras, de modo que todos possam ver uns aos outros na roda de conversa em que cada grupo contará para todos os colegas a história que criou.

Realização

5. Com a ajuda do professor, organizem uma sequência para os grupos, cada um contará a história na sua vez.
6. O contador escolhido em cada grupo ficará responsável por contar a história na roda da turma. Nesse momento, os outros podem ajudar, se necessário, a lembrar de algum detalhe, mas espera-se que cada um pratique sua própria função, de acordo com o combinado. O contador, por sua vez, deve lembrar-se das fases da narrativa: situação inicial, onde são apresentados lugar, tempo e espaço da narrativa; conflito, clímax e desfecho.
7. É importante que o grupo preste atenção ao encadeamento dos fatos, às ligações entre as partes do que está sendo contado, pois os colegas devem entender a progressão da história.
8. Cada grupo deve cativar a atenção dos ouvintes e contar a história com entusiasmo. É preciso observar o tom de voz utilizado ao falar, que não pode ser muito baixo, para que as pessoas possam ouvir com clareza, nem muito alto, para não incomodar o interlocutor.
9. Enquanto um grupo conta sua história, os demais devem escutar com atenção e em silêncio. Assim, é necessário respeitar as regras de convivência, demonstrar interesse, saber ouvir e não conversar durante o turno de fala do colega.

Autoavaliação

10. Após a apresentação de todos os grupos, a turma irá autoavaliar-se.
    - Todos os grupos conseguiram falar em um tempo adequado? Algum grupo falou por mais tempo do que outro, prejudicando a contação de história dos demais?
    - Cada grupo foi capaz de organizar bem sua história e contá-la de modo compreensível?
    - Os grupos encadearam bem as sequências narrativas, de modo que a história fosse contada com progressão?
    - Os colegas ficaram atentos à contação de história dos grupos e ouviram a apresentação com interesse?
11. Junto com o professor, analisem as apresentações da turma e verifiquem o que pode ser aprimorado.

Oficina de produção

Conto

Agora chegou sua vez de escrever um conto para compor um Caderno de Contos da turma. Leia o texto abaixo para relembrar algumas características importantes desse gênero.

> Conto é uma narrativa curta e concisa, uma unidade em torno de um enredo com número de personagens limitado e, em geral, com um único conflito.
>
> Os verbos e advérbios temporais marcam o tempo em que a narrativa ocorre.
>
> A movimentação das personagens e o ambiente em que se encontram estabelecem o espaço da narrativa.
>
> O enredo é contado pelo narrador, que pode participar da história assumindo o foco de 1ª pessoa, ou pode estar fora da história, assumindo o foco de 3ª pessoa.
>
> O narrador pode escolher dar a voz às personagens, apresentar suas falas em discurso direto, ou contar o que as personagens disseram e pensaram usando discurso indireto.
>
> O conto é um texto ficcional, que elege um conflito em torno do qual gira o enredo.
>
> É um gênero da literatura que usa a linguagem de forma surpreendente, criativa.
>
> Por meio de personagens ficcionais, linguagem figurada e estrutura narrativa enxuta, o conto não apenas narra uma história, mas proporciona reflexão, encantamento, humor ou emoção diante de situações que podem ser associadas à vida comum de todas as pessoas.

Preparação

1. Nesta unidade, você leu "A piscina do tio Victor", um conto do escritor angolano Ondjaki, publicado no livro *Os da minha rua*. Nesse conto, vemos a história das visitas de tio Victor que, por ser um ótimo contador de histórias, deixava as crianças muito empolgadas.
2. Releia o conto de Ondjaki para relembrar os assuntos abordados e o tema da narrativa. Reflita sobre o motivo da escolha desse tema, pense no modo como o narrador conseguiu fazer com que as histórias fantasiosas do tio rendessem uma boa narrativa. Observe ainda que o conto oferece ao leitor certa perspectiva sobre o tema. Repare que o autor dá forma aos elementos do gênero. Verifique como ele constrói as marcas do tempo e do espaço da narrativa. Fique atento ao tipo de narrador escolhido e ao modo como esse narrador encaminha as falas das personagens.
3. Com base na releitura do conto de Ondjaki, planeje seu próprio texto. Mas não use o conto de Ondjaki como um modelo a copiar; use a imaginação e a criatividade para escrever seu próprio conto.
4. Organize, no caderno, um roteiro para seu texto, siga os passos.
   Defina o foco narrativo da história.

   - Anote quais serão as personagens que vão participar dela.
   - Pense em quando e onde a narrativa irá ocorrer.

- Defina o registro de linguagem em que será escrito, formal ou informal, e anote alguns recursos literários que poderá utilizar, como metáforas, comparações e personificações. A descrição de ambientes e a caracterização de personagens pode enriquecer-se muito com a linguagem figurada.

Realização

5. Escreva um conto curto, com 20 a 30 linhas. Preste atenção à sequência da narrativa. Apresente as personagens e mostre o tempo e o espaço em que elas estão inseridas. Desenvolva a ação que constrói o enredo evidenciando o conflito e o clímax da trama. Apresente a resolução do conflito, construindo um desfecho surpreendente para o texto.
6. É importante estar atento à progressão dos parágrafos para que o texto forme uma unidade narrativa coerente. O conto não precisa condizer com a realidade fora do texto, mas os fatos narrados devem seguir uma lógica de verdade dentro da narrativa. Observe a linguagem utilizada e faça uma seleção cuidadosa do vocabulário, para que ele ajude a construir o tema central da narrativa. Além disso, o cuidado na seleção de palavras pode evitar repetições desnecessárias e garantir uma leitura mais agradável, contínua, fluida.
7. A escolha do registro formal ou informal garante um certo tom à narrativa, que pode ser mais grave, séria e tensa, ou mais descontraída e leve. Pense também na linguagem literária; o conto é um gênero que utiliza linguagem figurada e emprega recursos poéticos, como comparações, metáforas, personificações. Esses recursos, quando utilizados de forma eficiente, contribuem para surpreender o leitor e fazê-lo ler com mais atenção, provocando certa reflexão a respeito das inquietações humanas retratadas no conto.
8. Não se esqueça de dar um título interessante ao conto, convidando, assim, o leitor para a leitura do texto.

Revisão

9. Ao terminar o texto, releia-o e verifique se há uma progressão da narrativa ao longo dos parágrafos. Observe se o uso dos tempos verbais criou uma linha coerente do tempo e se as personagens têm verdade em suas ações. Reveja também a ortografia e a pontuação do texto e reescreva os trechos que precisarem de ajustes.
10. Releia o texto quantas vezes forem necessárias e, após terminar a revisão, passe-o a limpo. Digite o texto para compor o Caderno de Contos da turma. É interessante ilustrar o conto com desenhos e pinturas que façam referência ao enredo da narrativa.

Caleidoscópio

A língua portuguesa
NO MUNDO

Oscar Pereira da Silva, *Desembarque de Pedro Álvares Cabral em Porto Seguro em 1500*. 1900. Óleo sobre tela, 190 cm x 330 cm.

Durante a Expansão Marítima, nos séculos XV e XVI, Portugal conquistou vários territórios e a eles impôs a língua portuguesa.

Atualmente, a língua portuguesa é a língua oficial de nove países em quatro continentes. O Brasil é o país com o maior número de falantes desse idioma.

Brasil
207,435 milhões de habitantes

Várias línguas em uma

Os diferentes tipos de colonização, a mistura da língua portuguesa com as línguas já existentes nos territórios colonizados e seu uso cotidiano promoveram variações que existem também na sintaxe e na fonética, mas que são mais facilmente notadas no vocabulário. Observe, no quadro, algumas variações de vocabulário entre o português de Portugal e o do Brasil.

Campanha contra o uso do celular nas estradas em Portugal.

Portugal	Brasil
Fato	Terno
Fato de banho	Maiô
Paragem	Ponto de ônibus
Autocarro	Ônibus
Telemóvel	Telefone celular
Pequeno almoço	Café da manhã
Banda desenhada	História em quadrinhos
Gelado	Sorvete
Constipação	Resfriado
Passadeira	Faixa de pedestres

148

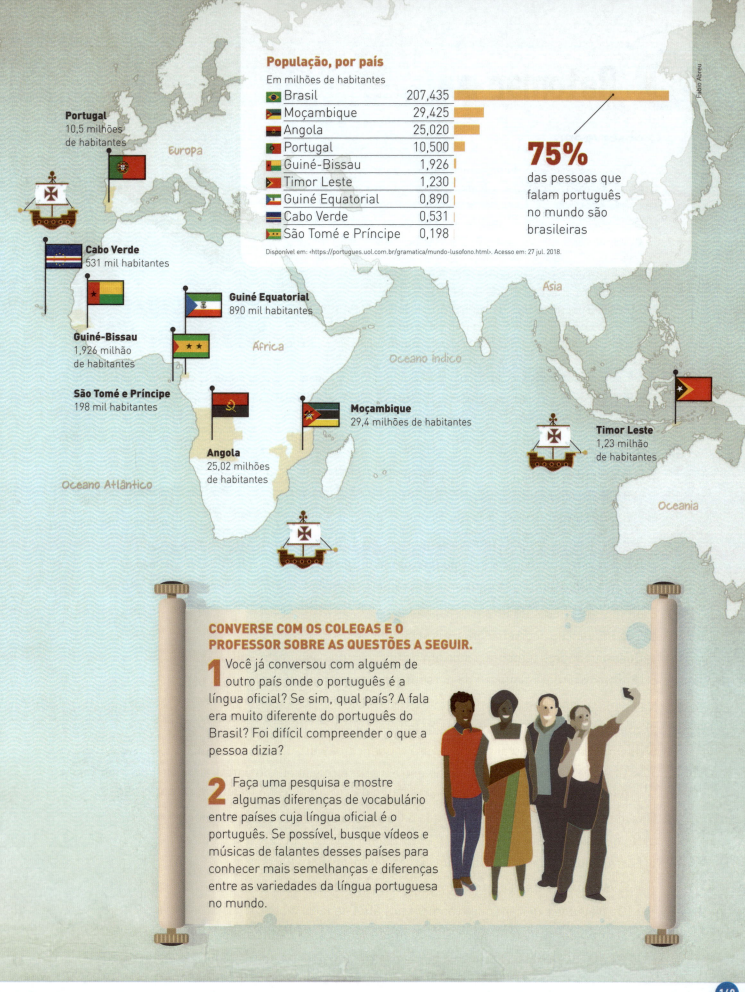

Retomar

O observador

O homem parou em frente a um aquário e viu os peixes. Eles nadavam entre as plantas e o homem observou seus movimentos e descobriu seus hábitos. Quando aqueles peixes não possuíam mais mistérios para ele, o homem foi para junto de outros aquários. Depois de observar os peixes de todos os aquários o homem mergulhou no mar. Havia resolvido saber o que ninguém sabia sobre a vida dos peixes, e pensou e agiu para este fim.

Um dia ele caiu na rede de um pescador.

Gesticulou e gritou reclamando contra a quebra de suas observações. O pescador não entendeu o que ele dizia e jogou-o dentro de um tanque. Depois reuniu os estudiosos para verem o que havia caído em sua rede.

Agora, nos **tratados** sobre o mar, vem a fotografia do homem que caiu na rede, com explicações de que é o **remanescente** de uma espécie que habitava as águas profundas.

Oswaldo França Junior. *As laranjas iguais*: contos. Rio de Janeiro: Nova Fronteira, 1996. p. 67-68.

Glossário
Remanescente: restante; o que resta, o que sobra.
Tratado: obra que estuda uma ciência ou uma arte.

1. A história narrada no conto:
   a) fala de que experiência humana que pode ocorrer com qualquer pessoa?
   b) inclui que experiências fantásticas que só podem acontecer na ficção?

2. Sobre a personagem principal, responda:
   a) Por que, em sua opinião, ela não tem nome próprio?
   b) Como o título ajuda a compreender essa personagem?

3. Examine o primeiro parágrafo e responda:
   a) Que mudanças ocorrem com a personagem?
   b) Que marcadores temporais indicam a sucessão dos acontecimentos?
   c) Que efeito a movimentação da personagem tem sobre o leitor?

4. Na sequência do conto:
   a) que conflito principal marca uma nova transformação da personagem?
   b) que marcador temporal assinala essa mudança na narrativa?
   - Observe a diferença de tamanho entre o primeiro e segundo parágrafos: De que modo essa diferença assinala para o leitor o impacto das mudanças na trajetória da personagem?

5. Nos dois últimos parágrafos é narrada a transformação final do observador.
   a) No que ele se transforma?
   b) Escreva no caderno a resposta que explica a transformação ocorrida.
   - O observador transformou-se em objeto de observação.
   - Os tratados explicam que o homem era uma espécie de peixe.
   - O pescador transformou o homem em remanescente de uma espécie.
   - Os estudiosos classificaram o homem como um observador de espécies em extinção.

6 Você estudou, ao longo desta unidade, o gênero conto e aprendeu que ele é feito de narrativas literárias compactas, que alcançam sua força pela concentração das ações em torno de um conflito principal.

- O conto lido está de acordo com essa definição do gênero? Por quê?

7 Explique qual é o foco narrativo escolhido nesse conto e caracterize o narrador.

8 Responda às questões sobre a linguagem usada no conto.

a) Os períodos são curtos e simples, como se o narrador estivesse contando uma história comum, ou são longos e elaborados, como numa história cheia de complicações e mistérios? Justifique sua resposta.

b) Que efeito sobre o leitor tem esse modo de narrar? Escolha a melhor resposta e escreva-a no caderno.

- Aumenta o impacto da leitura, porque o leitor surpreende-se com uma história fantástica contada de um jeito simples e coloquial.
- Diminui o impacto do leitor diante da história, porque ele não tem surpresas.
- Não tem efeito de impacto, porque a história poderia ser contada por qualquer pessoa, já que se trata de um acontecimento comum.
- Causa grande surpresa ao leitor, porque uma história tão comum deveria ser contada de modo mais elaborado.

9 Releia as passagens a seguir.

I. "O homem parou em frente a um aquário e viu os peixes. Eles nadavam entre as plantas e o homem observou seus movimentos e descobriu seus hábitos."

II. "Um dia ele caiu na rede de um pescador."

III. "O pescador não entendeu o que ele dizia e jogou-o dentro de um tanque."

a) Transcreva as palavras e expressões que se referem à personagem principal.

b) As palavras e expressões transcritas referem-se à personagem principal qualificando-a por meio de adjuntos adnominais? Justifique sua resposta.

c) De acordo com a resposta anterior, estabeleça uma relação entre a forma de caracterizar a personagem principal e o modo de narrar a história apontado na questão 8.

d) Destaque os adjuntos adverbiais das três passagens.

e) Que função principal têm os adjuntos adverbiais?

f) A que elemento do conto (personagens, ambientes, momentos ou modo de narrar) essa função principal dos adjuntos adverbiais ajuda a dar destaque?

Oswaldo França Junior

Esse autor nasceu em 1936, na cidade do Serro, em Minas Gerais, e morreu em 1989, na cidade mineira de João Monlevade. Era piloto da Força Aérea Brasileira, de onde foi expulso pelo golpe militar de 1964. Tornou-se motorista de táxi e, nas horas vagas, escrevia contos. Publicou romances e contos, e seu livro *Jorge, um brasileiro* foi adaptado para o cinema, em filme de Paulo Thiago (1988), e inspirou a minissérie *Carga pesada*, exibida na TV.

UNIDADE 6

Propaganda e comunicação

Feliz Comunicação

Propaganda da Secretaria de Turismo, Esportes e Lazer de Pernambuco na Estação Paulista do Metrô de São Paulo (SP), em novembro de 2017.

Antever

1. Observe a imagem e leia a legenda. Que convite é feito ao usuário da Estação Paulista do Metrô de São Paulo?

2. Como é a propaganda? Fale do tamanho dela, das cores e das figuras que apresenta.

3. Observe o piso do corredor. O que aconteceu com ele?

4. Em sua opinião, o que essa propaganda pode causar em quem passar por essa estação do metrô? Antes de responder, observe mais uma vez a imagem e repare no traçado curvo das paredes e no que aconteceu com o piso.

5. Você já viu esse tipo de propaganda em espaços públicos? Onde? Como era?

6. Converse com os colegas sobre o modo como a propaganda se espalha pelos espaços públicos das cidades. O que isso mostra sobre o tipo de vida que levamos? Que efeitos tem a propaganda sobre o cotidiano de cada um?

Nesta unidade, você vai refletir sobre a propaganda e suas funções. Ela é capaz de educar e esclarecer, além de convidar ao consumo? É o que você descobrirá a seguir.

153

CAPÍTULO 1

Antes da leitura

1 Observe atentamente a fotografia. A imagem lhe é familiar? Descreva-a.

Loja de brinquedos em Bangcoc, Tailândia.

2 Que sensações e desejos essa imagem provoca em você?

3 Você considera que a imagem de produtos expostos de modo atraente é uma forma de publicidade?

4 Para você, a área da publicidade e da propaganda envolve que tipos de procedimento e tem que funções? Defina alguns deles.

5 Você teve dúvidas para definir as palavras?

6 Quando tem dúvidas sobre o significado de uma palavra, o que costuma fazer?

A seguir, você lerá verbetes de dicionários que exploram os significados da palavra **propaganda**. Que tal comparar as definições com as que a turma produziu? Será que existem muitas definições para essa palavra? Confira!

> **Propaganda [pp] 1.** Comunicação **persuasiva**. Conjunto de técnicas e atividades de informação e de persuasão, destinadas a influenciar as opiniões, os sentimentos e as atitudes do público num determinado sentido. Ação planejada e racional, desenvolvida através dos veículos de comunicação, para divulgação das vantagens, das qualidades e da superioridade de um produto, de um serviço, de uma marca, de uma ideia, de uma **doutrina**, de uma instituição etc. Processo de disseminar informações para fins **ideológicos** (políticos, filosóficos, religiosos) ou para fins comerciais. No Brasil e em alguns outros países de língua latina, as palavras 'propaganda' e 'publicidade' são geralmente usadas com o mesmo sentido, e esta **tendência** parece ser definitiva, independentemente das tentativas de definição que possamos elaborar em dicionários ou em livros acadêmicos. Em alguns aspectos, porém, é possível perceber algumas distinções no uso das duas palavras: em geral, não se fala em publicidade com relação à comunicação persuasiva de ideias (neste aspecto, propaganda é mais **abrangente**, pois inclui objetivos ideológicos, comerciais etc.); a publicidade mostra-se mais abrangente no sentido de divulgação (tornar público, informar, sem que isso implique necessariamente persuasão). [...] **2.** Qualquer mensagem, texto, anúncio, cartaz etc. com caráter **publicitário**.

Carlos Alberto Rabaça e Gustavo Guimarães Barbosa. *Dicionário de Comunicação*. Rio de Janeiro: Campus, 2001. p. 598.

Glossário

Abrangente: que abrange; que engloba; amplo.
Doutrina: conjunto de princípios a ser ensinado; conjunto de preceitos básicos de um sistema.
Ideológico: que se refere à ideologia ou a um conjunto de ideias.
Persuasivo: que persuade; que convence; convincente.
Publicitário: aquele que trabalha com publicidade; o que se refere à publicidade.
Tendência: inclinação; propensão; disposição para agir de determinada maneira.

Publicidade, propaganda e *marketing*

As palavras **publicidade** e **propaganda** costumam ser usadas, na linguagem comum do Brasil, indiferentemente. No entanto, em alguns contextos, uma se mostra mais adequada que a outra. A publicidade é o conjunto de técnicas e métodos usado para divulgar, tornar pública uma informação sobre produtos e serviços. A propaganda busca persuadir o público a respeito de uma ideia.

Marketing é o conjunto de recursos estratégicos e conhecimento especializado que contribui para o planejamento, o lançamento e a sustentação de um produto ou serviço no mercado.

Estudo do texto

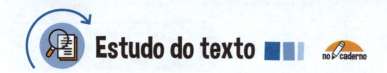

1. Na entrada 1 do verbete, há uma expressão que sintetiza o sentido da palavra **propaganda**.
   a) Transcreva-a.
   b) Consulte o glossário e explique o significado da expressão.
   c) Identifique na frase que vem logo depois dessa expressão um verbo que apresenta significado relacionado ao da palavra **propaganda**.
   d) Com base no que você respondeu nas atividades anteriores, que característica principal pode ser associada à ação de fazer propaganda?

2. Analise os trechos a seguir. O primeiro é transcrito do verbete; o segundo, de uma notícia.

   I. "Processo de **disseminar** informações para fins ideológicos."

   II. "[...] a SMI [Sociedade Mineira de Infectologia] reforçou a necessidade de as pessoas não imunizadas buscarem a vacina [contra a febre amarela] e afirmou que, 'quanto maior for a cobertura vacinal, menor o risco de as pessoas adoecerem e do vírus se **disseminar** para a área urbana'."

   Rafaela Carvalho. Órgãos de saúde defendem eficácia da vacina contra a febre amarela. *Tribuna de Minas*, 28 fev. 2018. Disponível em: <www.tribunademinas.com.br/noticias/cidade/28-02-2018/orgaos-de-saude-defendem-eficacia-de-vacina-contra-febre-amarela.html>. Acesso em: 13 jul. 2018.

   a) O segundo trecho refere-se à campanha de vacinação contra que doença?
   b) Com a vacinação, que riscos podem ser evitados?
   c) Com base nos dois trechos, explique o significado do verbo **disseminar**.
   d) Considerando que ideologia remete a um conjunto de ideias, você diria que a propaganda feita em época de campanhas eleitorais tem "fins ideológicos"? Por quê?

3. O verbete estabelece uma ligação entre os termos **propaganda** e **publicidade**.
   a) Que tendência o dicionário aponta para o uso dessas palavras?
   b) Depois de apontar essa tendência, o dicionário apresenta uma diferença.
      • Qual dos termos vem associado à expressão "comunicação persuasiva de ideias"?
      • Que palavra vem associada ao outro termo?
   c) Considerando essa diferença, um anúncio de campanha de vacinação seria propaganda ou publicidade? Por quê?
   d) E uma vitrine bem exposta, como a que você viu na seção **Antes da leitura**, seria uma forma de propaganda ou de publicidade? Por quê?

4. No caderno, associe cada definição transcrita da entrada 1 do verbete **propaganda** com o tipo de propaganda que corresponde a ela.

   I. Conjunto de técnicas e atividades de informação e de persuasão, destinadas a influenciar as opiniões, os sentimentos e as atitudes do público num determinado sentido.

   II. Ação planejada e racional, desenvolvida através dos veículos de comunicação, para divulgação das vantagens, das qualidades e da superioridade de um produto, de um serviço, de uma marca, de uma ideia, de uma doutrina, de uma instituição etc.

   III. Processo de disseminar informações para fins ideológicos (políticos, filosóficos, religiosos) ou para fins comerciais.

a) Cartazes sobre vacinação espalhados em postos de saúde.
b) Anúncio em rádio e TV do último modelo de uma bicicleta.
c) Panfleto com avisos sobre cultos religiosos de uma igreja.
d) Propaganda eleitoral de candidatos à prefeitura.
e) Campanha na televisão pela preservação da fauna amazônica.
f) Pequeno filme na televisão sobre as vantagens de uma marca de automóvel sobre as outras.

5 A entrada 1 do verbete, como você já viu, apresenta uma primeira definição, sob a forma de um sintagma nominal. Em seguida, aparecem as definições transcritas na atividade anterior. Que funções têm as definições, umas em relação às outras?

6 Cada entrada de um verbete anuncia uma acepção da palavra, isto é, o significado dela em um contexto determinado. Compare as informações iniciais de cada entrada do verbete:

1. Conjunto de técnicas e atividades; Ação planejada e racional; Processo de disseminar informações.

2. Qualquer mensagem, texto, anúncio, cartaz etc.

a) Em qual acepção as definições são mais concretas?
b) Em qual delas as explicações são mais específicas e completas?
c) Qual é o objetivo do verbete?

7 Leia, na referência no final do verbete, o nome do dicionário de onde foi retirado.

a) Transcreva o nome do dicionário.
b) Considerando o título do dicionário e o verbete lido, responda às questões.
- Que campo do conhecimento o dicionário contempla?
- A quem ele se destina?
- Que outras palavras, em sua opinião, podem figurar como verbete nesse dicionário?

Merchandising

Merchandising é um termo próprio das áreas de publicidade e *marketing*. Originalmente, a palavra nomeia o conjunto de técnicas usadas para apresentar e expor produtos. Isso significa que trabalhar com *merchandising* é pensar em como um produto vai chamar a atenção do comprador, por suas cores, sua disposição na vitrine ou na prateleira, o tamanho e formato da embalagem, tudo o que cria o desejo de comprar.

Propaganda enganosa

O Brasil tem um Código de Defesa do Consumidor, a Lei nº 8.078, de 11 de setembro de 1990, que estabelece normas de proteção e defesa do consumidor. A seção III dessa lei trata da publicidade e define o que é a propaganda enganosa, aquela que engana o consumidor. Leia o artigo 37.

Art. 37. É proibida toda publicidade enganosa ou abusiva.

§ 1º É enganosa qualquer modalidade de informação ou comunicação de caráter publicitário, inteira ou parcialmente falsa, ou, por qualquer outro modo, mesmo por omissão, capaz de induzir em erro o consumidor a respeito da natureza, características, qualidade, quantidade, propriedades, origem, preço e quaisquer outros dados sobre produtos e serviços.

§ 2º É abusiva, dentre outras a publicidade discriminatória de qualquer natureza, a que incite à violência, explore o medo ou a superstição, se aproveite da deficiência de julgamento e experiência da criança, desrespeita valores ambientais, ou que seja capaz de induzir o consumidor a se comportar de forma prejudicial ou perigosa à sua saúde ou segurança.

§ 3º Para os efeitos deste código, a publicidade é enganosa por omissão quando deixar de informar sobre dado essencial do produto ou serviço.

Brasil. Lei nº 8.078, de 11 de setembro de 1990. Disponível em: <www.planalto.gov.br/ccivil_03/LEIS/L8078.htm>. Acesso em: 26 out. 2018.

Comparando textos

Leia o verbete a seguir.

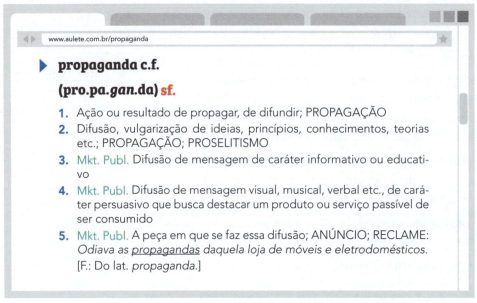

Disponível em: <www.aulete.com.br/propaganda>. Acesso em: 30 jun. 2018.

1 No endereço eletrônico que indica de onde o verbete foi extraído, é possível identificar o nome do dicionário. Qual é ele?

2 Logo abaixo do nome do verbete, aparece uma divisão da palavra.

a) Que unidades são representadas?

b) Uma das divisões da palavra está em itálico. O que esse destaque indica?

c) Escreva no caderno a resposta correta. Essa divisão diz respeito:
   - a um campo disciplinar.
   - ao funcionamento da língua portuguesa.
   - a uma classe de palavras.
   - às particularidades da área de Comunicação.

3 Compare as primeiras definições em cada um dos dicionários citados nesta unidade. A primeira é do *Dicionário de Comunicação*, a segunda, do *Dicionário Aulete digital*.

I. "Conjunto de técnicas e atividades de informação e de persuasão, destinadas a influenciar as opiniões, os sentimentos e as atitudes do público num determinado sentido."

II. "Ação ou resultado de propagar, de difundir; PROPAGAÇÃO"

a) Qual das definições é mais completa e informativa?

b) Qual definição é mais geral, de uso comum?

c) Pense no público a que se destina cada dicionário e explique a razão da diferença de redação nos verbetes.

d) Qual definição do *Dicionário Aulete digital* se assemelha à definição citada do *Dicionário de Comunicação*?

Linguagem, texto e sentidos

1. Releia, na página 155, a acepção **2** do verbete **propaganda** do *Dicionário de Comunicação*.
   a) Que tipo de frase foi usado na definição: nominal ou verbal? Justifique sua resposta.
   b) Escreva a definição, começando a frase com a palavra propaganda e o verbo ser, conjugado no presente do indicativo.
   c) Por que, no dicionário, não foi preciso usar a frase completa?

2. Releia agora as duas primeiras acepções do *Dicionário Aulete digital*.

   1. Ação ou resultado de propagar, de difundir; PROPAGAÇÃO

   2. Difusão, vulgarização de ideias, princípios, conhecimentos, teorias etc.; PROPAGAÇÃO; PROSELITISMO

   a) Descreva como é organizado o verbete.
   b) Como são feitas as definições nesse dicionário? Compare com o que você analisou na atividade 1 e verifique se há semelhanças com o *Dicionário de Comunicação*.

3. A linguagem dos dois verbetes (o do *Dicionário de Comunicação* e o do *Dicionário Aulete digital*) é:
   a) opinativa e subjetiva ou informativa e objetiva? Por quê?
   b) formal ou informal? Por quê?

4. Observe as abreviaturas no verbete do *Dicionário Aulete digital*. Por que aparecem em cores diferentes?

Dicionário e hipertexto

Na consulta a um dicionário *on-line*, o leitor digita a palavra na caixa de texto e clica em **Buscar**. Na pesquisa no dicionário impresso, deve pesquisar a palavra pela ordem alfabética.

> ▶ **pu.bli.ci.da.de s.f. 1.** qualidade do que é público **2.** atividade que torna público um produto ou serviço com o intuito de persuadir as pessoas a comprá-lo; propaganda <*agência de p.*> <*produto divulgado com muita p.*>
>
> Antônio Houaiss; Mauro de Salles Villar. *Minidicionário Houaiss da língua portuguesa*. Rio de Janeiro: Objetiva, 2004. p. 606.

O verbete acima mostra a separação das sílabas, seguida de uma abreviação. Caso o leitor não a conheça, deve voltar à parte introdutória do dicionário, onde costuma haver uma lista das abreviaturas usadas na obra. Por exemplo, **s.f.** é "substantivo feminino". Podem aparecer outras informações, que indicam campos do conhecimento, como **Pub.** ou **Publ.** para publicidade, mostram se a acepção é pejorativa (**pej.**), se é um regionalismo (**reg.**) etc.

A acepção 2 do verbete explica o significado da palavra **publicidade**, associando-a ao verbo **persuadir**. Se o leitor não conhece o significado desse verbo, deve fazer uma nova pesquisa. Para compreender o sentido de uma palavra no dicionário, o leitor pode ser levado a outras. A consulta ganha movimento, o leitor vai de uma página a outra e explora o dicionário de maneira não linear. O texto que permite vários caminhos de leitura chama-se **hipertexto**.

Quando se lê um jornal, por exemplo, a chamada de capa indica a página interna em que está a notícia. O leitor, para saber mais, deve fazer o movimento de procurar a página indicada. No dicionário, dá-se o mesmo; o leitor pode ir de palavra em palavra até compreender bem o significado daquela que buscou originalmente. Conhecer o funcionamento do hipertexto é importante não só para saber ler textos publicados na internet, como *sites* e *blogs*, mas também para ler textos impressos, como jornais, dicionários e enciclopédias.

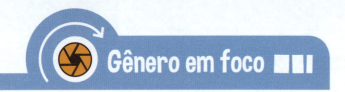

Verbete de dicionário

1 Leia a tirinha.

— DESSE JEITO VOCÊ NUNCA VAI TERMINAR DE LER UM LIVRO TÃO GROSSO!

Quino. *Toda Mafalda*. São Paulo: Martins Fontes, 2010. p. 2.

a) Mafalda observa os movimentos do pai. O que ele procurava no dicionário?

b) Mafalda sabia qual era a função do livro que o pai tinha nas mãos? Por quê?

2 Explique o que um leitor procura num dicionário. Fale sobre os diferentes tipos de dicionário que ele pode consultar.

3 Com base na tira da Mafalda e no que você já estudou nesta unidade, diga o que é um verbete.

4 Pensando em sua experiência de leitor, responda às questões.

a) Em que tipo de situação você precisou consultar um verbete de dicionário?

b) Você já abriu um dicionário ao acaso para descobrir palavras novas?

c) Informe se já consultou uma enciclopédia *on-line* ou impressa. Como foi a experiência?

> Dicionários e enciclopédias são obras de referência, isto é, de consulta, que se organizam em verbetes. Um **verbete** é um conjunto formado por uma palavra e as diferentes acepções que informam seus significados.

5 Leia o verbete do *Dicionário Houaiss da língua portuguesa*.

> https://houaiss.uol.com.br/pub/apps/www/v3-3/html/index.php#
>
> ▶ **propaganda (1858 cf. MS6)** substantivo feminino
>
> 1. divulgação, propagação de uma ideia, uma crença, uma religião; apostolado, proselitismo, catequese ‹trabalho de p. da Igreja católica›
> 2. ação ou efeito de exaltar as qualidades de algo ou alguém, para um grande número de pessoas; anúncio, reclame ‹fazer p. de um candidato› ‹a p. é a alma do negócio›
> 3. (d.1940) disseminação de ideias, informações (verdadeiras ou falsas), boatos etc., com o fim de ajudar ou prejudicar (outrem); campanha ‹p. anticomunista› ‹p. antissemita› ‹p. nazista›
> 4. pub. difusão de mensagem verbal, pictórica, musical etc., de conteúdo informativo e persuasivo, em TV, jornal, revista, volantes, outdoors etc.; publicidade ‹escritório de p.›
> 5. p.ext. peça de propaganda; anúncio ‹gosto muito dessa p.›

Disponível: <https://houaiss.uol.com.br/pub/apps/www/v3-3/html/index.php#>. Acesso em: 23 jun. 2018.

a) Compare esse verbete com os demais verbetes lidos neste capítulo. Eles assemelham-se na organização das definições? Explique por quê.

b) O que são as frases em laranja, depois de cada explicação? O que a abreviação **p.** substitui em cada caso?

c) Leia uma das frases em laranja, substituindo o **p.** pelo termo correspondente.

> Num verbete, os exemplos que ilustram as acepções são chamados **abonações**. Outro dado que pode constar de um verbete é o ano de entrada da palavra na língua portuguesa, como faz o *Dicionário Houaiss da língua portuguesa*. Ao lado da palavra **propaganda**, ele informa: "(1858 cf. MS6)". Isso significa que a palavra foi registrada pela primeira vez numa obra em língua portuguesa no ano de 1858. Em seguida, aparece a fonte em que a palavra apareceu – que, no caso de **propaganda**, foi o *Dicionário da língua portuguesa*, de Antonio de Morais Silva (MS), em sua sexta edição (6).
>
> As explicações sobre siglas e fontes de citação aparecem nas páginas iniciais do dicionário.

6 Releia o verbete **propaganda**, no *Dicionário de Comunicação* (I) e no *Dicionário Houaiss da língua portuguesa* (II) e indique, para os itens **a** e **b**:

- a definição que corresponde ao significado da palavra, de acordo com (I);
- a(s) acepção(ões) da palavra, de acordo com (II).

a) "O Tribunal Superior Eleitoral (TSE) deve ficar mais rigoroso na análise de casos de suspeitas de **propaganda** antecipada. O tema está longe de ser um consenso, com a discussão envolvendo os limites à livre atividade partidária."

TSE deve ficar mais rigoroso com propaganda antecipada. *GaúchaZH*, 31 mar. 2018. Disponível em: <https://gauchazh.clicrbs.com.br/politica/noticia/2018/03/tse-deve-ficar-mais-rigoroso-com-propaganda-eleitoral-antecipada-cjffpo42w00qe01ns7hvs6i94.html>. Acesso em: 3 set. 2018.

b) "**Propaganda** bem bolada dos Correios, usando a narrativa da Carta de descobrimento do Brasil de Pero Vaz Caminha. Vale a pena rever algumas das diversas belezas de nosso Brasil com esta bela narrativa."

Disponível em: <www.nahoradointervalo.com/propaganda-carta-descobrimento-brasil/>. Acesso: 16 jul. 2018.

7 Recapitule as características do gênero verbete.

a) Em que tipo de obra aparece?

b) Como se organiza?

c) Em que registro de linguagem é escrito: formal ou informal? Por que é usado esse registro?

d) Que informações oferece?

e) Em que tipo de obra circula? Essa obra se destina a que público?

> O gênero textual **verbete** é escrito em registro formal, numa linguagem objetiva e informativa. Organiza-se por meio de definições, que contemplam as diferentes acepções da palavra. O verbete circula em obras de referência, como dicionários técnicos, específicos de uma área de conhecimento, dicionários de língua portuguesa, ou enciclopédias, que podem ser *on-line* ou impressas.

8 Observe a imagem a seguir.

criança (s.f.)

é sorrir por causa de um sorvete. se lambuzar sem frescura de querer se limpar logo. é usar roupas com personagens e pantufas. é não entender as maldades do mundo. é um anjo que esqueceu de vestir as asas. é quem tem a risada mais gostosa. é um ser com energia 24h por dia. é aquela pessoa que acredita na bondade dos outros. é quem acredita que o nariz cresce quando mente.

é quem sabe dar amor sincero.

(JOÃO DOEDERLEIN)
@akapoeta

João Doederlein. *O livro dos ressignificados*. São Paulo: Paralela, 2017. p. 165.

a) A imagem é parecida visualmente com um verbete? Por quê?
b) A linguagem é impessoal, objetiva e formal, como a dos verbetes estudados? Explique.
c) Procure, na referência abaixo da imagem, o nome do livro de onde o verbete foi retirado. O que o prefixo **re-**, usado na palavra que caracteriza o livro, indica sobre ele?
d) O objetivo desse verbete é o mesmo do identificado nos verbetes estudados? A circulação é a mesma?

> Os gêneros podem adaptar-se a novas esferas de circulação. Um texto poético pode ser escrito em forma de verbete. Nesse caso, desloca-se o gênero verbete da esfera de circulação escolar, científica, para a literária. Um gênero tem certas regras de organização, mas elas podem ser "ressignificadas", para produzir um efeito de surpresa ou inquietação.

Um "instapoeta"

João Doederlein nasceu em Brasília (DF) e é estudante de Publicidade. Ele publica poemas em redes sociais e, por isso, é conhecido como um "instapoeta". Seus textos são compostos com estrutura de verbete, mas têm o objetivo de desconstruir o significado habitual das palavras e produzir novos sentidos para elas. Os poemas surgidos nas redes sociais propagam-se com facilidade e conquistam novos leitores rapidamente.

Estudo e pesquisa

Produção de verbete

Forme grupo com alguns colegas para produzir um verbete no formato próprio de um dicionário de língua portuguesa. Os termos a definir serão verbos do campo da propaganda: **persuadir**, **convencer**, **anunciar**, **divulgar**, **propagar**, **difundir**. Cada grupo escolherá um verbo. Eles formarão um glossário que ficará exposto no mural da sala de aula.

Por serem textos pequenos, com informação concentrada e objetiva, os verbetes são um bom recurso de estudo e pesquisa. Ao praticar a elaboração desse gênero, você poderá contar com mais uma estratégia para a fixação e organização dos conteúdos aprendidos na aula.

Siga as instruções.

1. Após escolher o verbo a definir em um verbete, o grupo fará uma pesquisa sobre sua utilização em jornais e *sites* informativos sobre propaganda, utilizando programas de busca. Registrem frases em que o verbo apareça. Consultem dicionários *on-line* e impressos, especializados ou comuns, de língua portuguesa, e verifiquem como o termo está definido neles. Anotem dados, acepções, mas não copiem as definições.

2. Verifiquem nos exemplos que selecionaram se existe mais de uma acepção para o verbo, de acordo com o que costumam informar os dicionários. Caso haja, registre as diferentes acepções, numerando-as. Com elas, vocês organizarão o verbete. Ele não precisa abranger todas as significações possíveis da palavra. Vocês podem restringir-se a duas ou três acepções, de acordo com os exemplos selecionados.

3. Escrevam o verbete com a seguinte estrutura: registro da palavra e indicação entre parênteses de classe gramatical. Na linha abaixo deve aparecer a separação de sílabas, com a sílaba tônica em itálico. Logo abaixo, as acepções, com a definição e os exemplos. Lembrem-se de escolher o exemplo adequado para cada acepção.

4. A linguagem do verbete deve ser formal, objetiva e direta. Releiam alguns dos verbetes estudados neste capítulo para relembrar o tipo de frase usada em definições.

5. Quando ficar pronto, recorram a dicionários e confiram se o verbete está adequado para definir a palavra. Reescrevam, se necessário. Mostrem ao professor e peçam que faça sugestões de aprimoramento.

6. Passem a limpo ou digitem a versão final.

7. Cada grupo apresentará seu verbete para os demais colegas, que poderão sugerir acréscimos ou cortes.

8. A versão final de cada verbete vai compor um glossário a ser fixado no mural da sala de aula, como recurso de consulta ao longo das atividades propostas na unidade.

Tipos de dicionário

Visite a biblioteca de sua escola ou cidade e pesquise os tipos de dicionário que lá existem. Será que você vai encontrar um dicionário etimológico (que traz a origem das palavras)? Um dicionário de filosofia? Um de literatura? Um português-inglês? Que tal conhecer esse universo tão variado dos dicionários?

CAPÍTULO 2

Antes da leitura

O *site* do instituto Chico Mendes, ligado ao Ministério do Meio Ambiente, publicou, em janeiro de 2018, diante de uma epidemia de febre amarela no Brasil, um informe com esclarecimentos à população. Veja o que aparece na abertura do informe.

Disponível em: <www.icmbio.gov.br/portal/ultimas-noticias/20-geral/9416-febre-amarela-macacos-nao-transmitem-a-doenca>. Acesso em: 22 ago. 2018.

1. O título do informe diz que "macacos não transmitem a doença". Que informação fica subentendida no título?

2. No texto abaixo do título, a quem se referem as palavras **sentinela** e **vilão**?

3. O que a fotografia mostra? Que função essa imagem tem nesse texto?

4. Leia este trecho do informe.

"O impacto que a febre amarela pode ter sobre os primatas não-humanos foi evidenciado no surto que ocorreu entre 2008 e 2009, no Rio Grande do Sul, que afetou populações de bugio-preto (*Alouatta caraya*) e bugio-ruivo (*Alouatta guariba clamitans*), matando milhares de macacos, com registros de extinções locais, inclusive em unidades de conservação.

[...] além das mortes causadas diretamente pela febre amarela, naquela ocasião foram reportadas agressões aos bugios por parte de moradores do interior do estado, inclusive com mortes. "Havia o receio de que os macacos pudessem transmitir diretamente a doença aos humanos. Como consequência desses impactos, o bugio-ruivo voltou a ser listado como espécie ameaçada de extinção no Brasil", afirmou.

a) Por que a população agrediu e chegou a matar os macacos?

b) Que consequência a morte de macacos por febre amarela e essa reação das pessoas teve para o bugio-ruivo?

5. Na época, os governos federal, estaduais e municipais fizeram campanhas de esclarecimento à população sobre a doença. Por que ela foi necessária?

O folheto de propaganda a seguir tem como tema a relação entre a febre amarela e os macacos. Confira se ele aborda os aspectos que você considera importantes numa campanha sobre o tema.

Disponível em: <www.rio.rj.gov.br/web/vigilanciasanitaria/zoonoses1>. Acesso em: 17 jul. 2018.

Estudo do texto

1. Observe a organização visual do folheto.

   a) Em quantas partes ele foi dividido? Explique.

   b) Que cores predominam no folheto? Com o que elas se relacionam?

2. Analise a fotografia dos macacos.

   a) Que parte ela ocupa no folheto?

   b) Que cena é representada?

   c) Observe o olhar dos macacos na fotografia. Para onde parecem olhar?

   d) A distância entre a máquina fotográfica e o objeto fotografado determina o foco. Quanto mais perto do objeto, mais o ângulo é fechado e mais aparecem os detalhes; quanto mais longe, mais aberta e ampla é a fotografia. O que se pode dizer quanto ao foco dessa fotografia?

   e) Que efeito o tamanho da fotografia e o foco usado constroem no folheto?

3. O folheto apresenta também elementos verbais. Observe o texto que aparece à esquerda.

   > Eu também sou vítima
   > Quem transmite a febre amarela é o mosquito, não eu.

   a) Quem toma a palavra no texto? Como é possível saber? Que efeito isso causa?

   b) No título "Eu também sou vítima", que informação fica subentendida pelo uso do advérbio **também**?

   c) O texto dá a entender que alguém se defende de uma acusação. Quem? De qual acusação?

   d) Que argumento o eu que fala no trecho usa para se defender?

   ### Febre amarela

   A febre amarela é uma doença causada por vírus e transmitida por mosquitos. Um dos sintomas é a cor amarelada do corpo de quem contrai a doença (icterícia), que, por isso, tem esse nome. Considerada uma doença grave, a febre amarela provoca febre, calafrios, hemorragias. Para conhecer os sintomas e os meios de prevenção, acesse: <portalms.saude.gov.br/saude-de-a-z/febre-amarela-sintomas-transmissao-e-prevencao> (acesso em: 17 jul. 2018).

4. Do lado direito do folheto há outro trecho verbal.

   > Ao encontrar um macaco caído, ligue imediatamente para 1746.

   a) Considerando que o macaco também é vítima da doença, o que indica o aparecimento de um macaco morto ou caído?

   b) O folheto usa uma sequência injuntiva (destinada a dar conselhos e ordens e a fazer pedidos). Identifique-a e indique com que finalidade foi empregada.

   c) Que sentido o advérbio **imediatamente** acrescenta à sequência?

5. O folheto faz parte de uma campanha da Vigilância Sanitária da Prefeitura do Rio de Janeiro. Leia trechos do texto explicativo publicado no *site* desse órgão.

   No dia 21 de fevereiro, a Vigilância Sanitária lançou a campanha "O macaco não é só vítima, mas um grande aliado no combate à febre amarela", para conscientizar a população carioca sobre o perigo que a cidade corre se a matança dos macacos continuar. [...]

   Além de alertar sobre a matança dos animais, a campanha também orienta sobre a importância de não tocar em primatas encontrados mortos e acionar, imediatamente, os técnicos da área de zoonoses do órgão, por meio da central de atendimento 1746, para recolhê-los e evitar a contaminação de doenças virais que pode acontecer mesmo com o animal sem vida. [...]

   Disponível em: <www.prefeitura.rio/web/vigilanciasanitaria/exibeconteudo?id=7702816>. Acesso em: 18 jul. 2018.

a) Além de vítima, que outro papel a campanha atribui ao macaco?
b) Quais são os objetivos da campanha, de acordo com o texto?
c) De acordo com essas informações contextuais, é possível dar outra interpretação ao texto "Ao encontrar um macaco caído, ligue imediatamente para 1746"? Explique sua resposta.

6 Observe.

a) O que se informa nessa parte do folheto?
b) Que palavra foi escrita acima dos números?
c) Essa mesma informação já havia aparecido em outro campo do folheto. Explique por que foi repetida.
d) Observe mais atentamente o recurso visual usado no número 6 e compare-o com a imagem de um telefone antigo.

- Com o que se parece o número 6?
- Como a publicidade explorou essa semelhança?
- Que efeito foi criado?

O cinema retrata o consumismo

Nossos hábitos consumistas e os efeitos para o planeta do excesso de consumo são tema de filme. No cinema, *Super size me – A dieta do palhaço* ganhou notoriedade em 2004 ao documentar a experiência do próprio diretor do filme, que, durante um mês, alimentou-se apenas com os lanches de uma famosa rede de lanchonetes. As animações *Wall-E* e *Robôs* também discutem o consumo. Na primeira, os humanos já não vivem no planeta Terra, que está abandonado ao lixo e às baratas. Na segunda, a sociedade é formada por robôs que precisam se renovar com peças novas e caras ou serão descartados. Que tal ver esses e outros filmes tentando relacioná-los com a cultura de consumo e com a propaganda?

De quanta terra precisa o homem?, de Liev Tolstói (Companhia das Letrinhas)

Tolstói nasceu na Rússia Imperial em 1828, em uma família que possuía muitas terras, e morreu em 1910. É dele o conto "De quanta terra precisa o homem?", que conta a história do camponês Pakhóm. Movido pela ganância e pela ambição, a personagem segue em busca de adquirir mais e mais terras. Com base no questionamento do próprio título, nós, leitores, podemos refletir sobre a sociedade em que vivemos hoje e em seu padrão exagerado de consumo. Isso revela que o livro segue atual, mesmo tendo sido escrito em 1886.

Gênero em foco

Folheto

1. Observe atentamente o folheto analisado neste capítulo (que chamaremos de folheto I).
   a) Ao defender que o mosquito é o verdadeiro transmissor da doença, o que o folheto pretende?
   b) O uso da primeira pessoa é um recurso da linguagem verbal, a aproximação do foco na fotografia é um recurso visual. Esses recursos apelam ao sentimento do leitor? Por quê?
   c) O modo como esses recursos foram usados cria impacto no leitor? Por quê?

2. O folheto faz parte de uma campanha publicitária promovida pela Subvisa, a Subsecretaria de Vigilância, Fiscalização Sanitária e Controle de Zoonoses do Rio de Janeiro. Observe, ao lado, outro folheto (folheto II) que faz parte da mesma campanha.

   Disponível em: <www.rio.rj.gov.br/web/vigilanciasanitaria/zoonoses1>. Acesso em: 18 jul. 2018.

   a) Compare os trechos a seguir, extraídos do texto verbal dos dois folhetos.

   I. "Eu também sou **vítima**."

   II. "Não sou o **culpado**, sou o sentinela."

   • Qual é a relação de sentido estabelecida entre as duas palavras em destaque?
   • Que informação se mantém no texto dos dois folhetos?

   b) O folheto II pretende persuadir o público a adotar que atitude? Há semelhança entre o objetivo dele e o do folheto I?

   c) O folheto II afirma que o macaco é o sentinela. Observe o sentido dessa palavra no dicionário.

   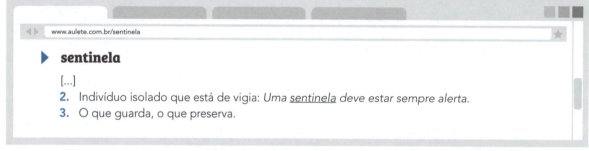

   Disponível em: <www.aulete.com.br/sentinela>. Acesso em: 18 jul. 2018.

   • No contexto do folheto, o que significa considerar o macaco como sentinela?
   • De que modo o macaco é retratado na fotografia do folheto II? Há alguma relação entre o modo de retratá-lo e o papel enfatizado no texto?

   d) Que informação explicitada no folheto I não aparece no folheto II?

   e) Apesar de os dois folhetos fazerem parte da mesma campanha de conscientização e serem semelhantes, eles não trazem exatamente as mesmas informações. Por quê?

Folheto é um gênero textual da esfera publicitária, impresso para distribuição pública. Por meio de textos curtos, persuasivos, em linguagem verbovisual, o folheto divulga uma ideia, uma instituição, uma marca, uma ação social, um produto. Os folhetos costumam fazer parte de **campanhas** que reúnem peças publicitárias diversas, como anúncios em rádio, TV e internet, panfletos, filmes, ações de rua e outras, criadas e difundidas de modo coordenado, com um objetivo comum.

3 Observe a reprodução de parte da página da internet onde o material de divulgação da campanha promovida pela Subsecretaria de Vigilância, Fiscalização Sanitária e Controle de Zoonoses (Subvisa), da cidade do Rio de Janeiro (RJ), fica disponível ao público.

Disponível em: <www.rio.rj.gov.br/web/vigilanciasanitaria/zoonoses1>. Acesso em: 21 ago. 2018

a) Que peças publicitárias fazem parte da campanha?

b) Além de ficarem disponíveis nesse *site*, você consegue supor onde esses materiais circulam?

4 De acordo com as informações contidas no trecho a seguir responda às questões:

A campanha conta com placas, cartazes e folhetos para serem distribuídos à população e afixados em parques e trilhas da cidade, orientando a não matar os animais e nem tocá-los, bem como informativo com orientações para profissionais que trabalham nesses locais. [...]

Disponível em: <http://prefeitura.rio/web/vigilanciasanitaria/exibeconteudo?id=7702816>. Acesso em: 19 jul. 2019.

a) Que peças publicitárias fazem parte da campanha?

b) Na atividade anterior, você levantou hipóteses sobre a circulação desses textos. Onde eles circulam? Suas hipóteses se confirmaram?

c) Em sua opinião, que importância tem uma campanha como essa?

5 Retome um trecho do verbete lido no Capítulo 1.

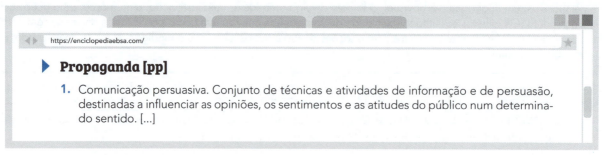

Carlos Alberto Rabaça e Gustavo Guimarães Barbosa. *Dicionário de Comunicação*. Rio de Janeiro: Campus, 2001. p. 598.

a) Com base na definição do verbete, para que servem os folhetos?
b) O que pretendem os folhetos analisados neste capítulo?
c) De acordo com os textos lidos, quem acredita que o macaco transmite a doença? E quem afirma o contrário?
d) Que argumentos os folhetos usam para defender o ponto de vista da ciência?
e) Que atitude os folhetos incentivam?
f) Os folhetos também apelam para os sentimentos dos leitores? Justifique sua resposta.
g) O que os dois folhetos têm em comum em relação ao que pretendem comunicar?
h) Você já recebeu um folheto semelhante a esses na rua? Sobre o que ele falava? Conte sua experiência aos colegas.

> Nas **campanhas publicitárias**, o objetivo é que a informação seja propagada por diferentes meios. Cada peça de uma campanha tem um modo próprio de circular e um objetivo de comunicação particular. Anúncios costumam ser afixados em espaços públicos e circulam também na televisão, no rádio e em redes sociais, destinando-se a chamar a atenção para determinados aspectos da questão; folhetos são distribuídos à população e deixados em lugares estratégicos, como postos de saúde e escolas, e têm como objetivo esclarecer e divulgar amplamente o tema da campanha.

6 Leia o título de uma notícia.

Distribuição de panfletos marca início da Campanha de Vacinação

Edson Frankowiak. Prefeitura de São Bento do Sul.
Disponível em: <www.saobentodosul.sc.gov.br/noticia/12455/distribuicao-de-panfletos-marca-inicio-da-campanha-de-vacinacao#.W3xMsC3OoSI>.
Acesso em: 21 ago. 2018.

a) A ação de distribuir panfletos ou folhetos nas ruas, de mão em mão, chama-se panfletagem. Que tipos de panfleto costumam ser entregues nas ruas? Qual é o objetivo de uma panfletagem?
b) Por que a panfletagem de rua é importante?

Concordância nominal e verbal; variação linguística

1 Releia um trecho do folheto I do Capítulo 2.

"Ao encontrar um macaco caído, ligue imediatamente para o 1746"

a) Que palavras se referem ao leitor?

b) Com base na função do gênero folheto, tente explicar por que os verbos estão no singular.

c) Imagine que o texto se dirigisse a vários leitores. Que mudanças deveriam ser feitas?

2 Veja o anúncio da campanha "Não solte balões", da Polícia Militar Ambiental do Estado de São Paulo.

a) É comum, em anúncios, o uso da ambiguidade para criar efeitos de sentido. Esse anúncio faz um jogo com dois sentidos da palavra **legal**. Quais são eles?

b) Que função tem a palavra **não**, em fonte e cor diferentes, escrita ao lado da frase "Soltar balão é legal"?

c) Explique a concordância da locução verbal destacada com o sujeito na oração "Este crime **é punido** com pena de 1 a 3 anos de detenção".

d) Compare as frases.

I. A soltura de balões **é** crime.

II. Soltar balões **é** crime.

- Em I, qual é o sujeito do verbo destacado? Como ele é formado?
- Em II, qual é o sujeito? Como é formado?

> O verbo **soltar** está no **infinitivo**. Verbos no infinitivo podem funcionar como substantivos, ou seja, formar sintagmas nominais e ser sujeito de orações. Por isso, dizemos que o infinitivo é uma **forma nominal do verbo**. Essas formas não indicam o valor de tempo.
>
> Quando o sujeito é formado por um verbo no infinitivo ("soltar balões"), o verbo no predicado deve se manter no singular, como em "Soltar balões **é** crime".

3 Em 2017 circulou na internet um anúncio do Instituto Brasileiro do Meio Ambiente e dos Recursos Naturais Renováveis (Ibama) que trazia a seguinte frase.

Macacos não transmitem febre amarela. Eles também são vítimas.

Disponível em: <www.instagram.com/p/BgZpPq8gFLn/?taken-by=ibamagov>. Acesso em: 1º set. 2018.

a) Justifique o uso dos verbos **transmitem** e **são** no plural nas frases do anúncio.

b) Caso o sujeito da primeira oração fosse "o macaco", como ficariam as orações?

c) Com base nas atividades anteriores, formule a regra básica de concordância entre sujeito e predicado.

171

4 Observe as frases.

I. Matar ou agredir macacos é uma ação criminosa.

II. Matar e agredir macacos são ações criminosas.

a) Qual é o sujeito de cada frase?
b) Qual é a diferença de sentido entre essas duas frases?
c) Que palavras indicam essa diferença?
d) Como é feita a concordância do sujeito com o verbo, nas duas frases? Por quê?

> Em frases com sujeitos ligados por **e**, temos um sujeito composto, com dois núcleos. Nesse caso, o verbo fica no plural. Com sujeitos ligados por **ou**, quando existe ideia de alternância (ou isso ou aquilo), o verbo fica no singular, como no anúncio: "Matar ou agredir macacos **é** crime".

5 Leia dois fragmentos sobre a febre amarela.

---

http://portalms.saude.gov.br/saude-de-a-z/febre-amarela-sintomas-transmissao-e-prevencao

Febre amarela

Sintomas

Os sintomas iniciais da febre amarela incluem o início súbito de febre, calafrios, dor de cabeça intensa, dores nas costas, dores no corpo em geral, náuseas e vômitos, fadiga e fraqueza. <u>A maioria das pessoas melhora após estes sintomas iniciais.</u> No entanto, cerca de 15% apresentam um breve período de horas a um dia sem sintomas e, então, desenvolvem uma forma mais grave da doença. [...] Cerca de 20% a 50% das pessoas que desenvolvem doença grave podem morrer.

Disponível em: <http://portalms.saude.gov.br/saude-de-a-z/febre-amarela-sintomas-transmissao-e-prevencao>. Acesso em: 18 jul. 2018.

---

www.g1.globo.com/bemestar/febre-amarela/noticia/da-contaminacao-ao-tratamento-o-papel-da-desigualdade-no-atual-surto-de-febre-amarela-no-pais.ghtml

Da contaminação ao tratamento, o papel da desigualdade no atual surto de febre amarela no país

[...]

Segundo o mais recente boletim do Ministério da Saúde, de julho de 2017 ao início de abril de 2018 foram confirmados 1.127 casos de febre amarela no país [...].

"A grande maioria das vítimas é de agricultores pobres", resume Paulo Buss, sanitarista e diretor do Centro de Relações Internacionais da Fundação Oswaldo Cruz (Fiocruz). [...]

Outro dado que denuncia o papel da atividade econômica na vitimização pela doença é sua prevalência em homens: segundo o Ministério da Saúde, entre os casos suspeitos registrados desde julho de 2017, 17% foram em mulheres e 83% em homens. Para especialistas, essa diferença vem justamente do contato mais frequente de homens com a mata para fins de trabalho. [...]

Disponível em: <www.g1.globo.com/bemestar/febre-amarela/noticia/da-contaminacao-ao-tratamento-o-papel-da-desigualdade-no-atual-surto-de-febre-amarela-no-pais.ghtml>. Acesso em: 18 jul. 2018.

a) Embora os textos tratem do mesmo assunto, eles têm os mesmos objetivos? Explique.

b) Observe a oração sublinhada no primeiro fragmento. Por que o verbo aparece no singular?

c) Em "A grande maioria das vítimas é de agricultores pobres", por que o verbo está no singular?

d) Justifique a concordância entre sujeito e predicado realizada nas orações analisadas em **b** e **c**.

e) Considere este período do primeiro fragmento: "No entanto, cerca de 15% **apresentam** um breve período de horas a um dia sem sintomas e, então, **desenvolvem** uma forma mais grave da doença. [...]". A que se referem os verbos destacados?

f) Com base no que se observa no trecho dado no item anterior, o que se pode concluir sobre a relação entre os verbos e o sujeito formado com porcentagens?

g) Retire do segundo fragmento um exemplo semelhante ao que foi analisado no item anterior e explique a concordância entre o verbo e o sujeito.

> Quando o sujeito é formado por porcentagem maior que 1%, o verbo ou locução verbal, em geral, é usado no plural, como em "[...] Cerca de 15% apresentam [...]".

6 Leia e compare os dois textos a seguir. O primeiro é um folheto da Vigilância Sanitária da cidade do Rio de Janeiro sobre a relação do macaco com a febre amarela; o segundo é um anúncio de jornal sobre a dengue produzido para a prefeitura de São José dos Campos (SP).

a) O folheto e o anúncio são exemplos de propaganda? Por quê?

b) Os textos empregam qual registro da linguagem? Justifique sua resposta.

c) Com base no que estudou sobre gêneros de propaganda nesta unidade e também em anos anteriores, busque explicar a forma como a linguagem foi usada nesses textos. Pense no público a que se destinam e nos ambientes em que geralmente circulam.

7 No anúncio sobre o combate à dengue que você leu na atividade 6, há orientações para eliminar os focos do mosquito. Leia algumas delas: "Para acabar com a dengue, **acabe** com as larvas: **tampe** a caixa-d'água, **limpe** as calhas e **coloque** areia nos recipientes dos vasos de plantas".

a) Em que modo os verbos destacados são flexionados? Considere a função do anúncio e justifique sua resposta.

b) A que sujeito esses verbos se referem?

c) Escreva os verbos destacados no infinitivo. Observe a última sílaba e destaque a terminação que têm em comum.

d) No imperativo, que terminação esses verbos têm?

e) Agora imagine que você vai aconselhar seu vizinho a tomar medidas de combate à dengue. Use os verbos destacados e empregue-os no modo subjuntivo.

f) Considere o item anterior e observe, mais uma vez, os verbos em destaque. O que você pode concluir sobre a forma dos verbos no modo imperativo comparadas às formas do subjuntivo?

8 Em abril de 2017, numa campanha nacional de vacinação do Ministério da Saúde, o compositor e cantor de samba Martinho da Vila aparece em um comercial de televisão, cantando uma versão de sua canção "Canta, canta, minha gente", com a letra adaptada para o tema da gripe e da vacinação. Leia um trecho da letra.

> Toma a vacina, minha gente
> Deixe a gripe pra lá
> Toma logo e se proteja,
> Que a vida não pode parar.
> Bebês com mais de seis meses,
> Menores de cinco anos,
> Quem tem mais de 60,
> A mamãe no pós-parto,
> Também as gestantes. [...]

Disponível em: <www.facebook.com/minsaude/videos/1568516129833664/>. Acesso em: 19 jul. 2018.

a) Na letra da canção, a linguagem é semelhante à que foi utilizada nos textos das atividades 2 e 3 quanto ao grau de formalidade? Por quê?

b) Sabendo que a letra foi cantada em ritmo de samba, em um comercial de televisão, tente explicar por que a linguagem usada difere da linguagem dos textos mencionados.

c) A quem a letra da canção se dirige? Que expressão indica isso e a que pessoa gramatical se refere?

d) Que verbos se referem a essa expressão? Qual é a terminação deles no infinitivo?

e) Em que modo são conjugados na letra? Explique por quê.

f) Considerando a terminação dos verbos e o modo em que são flexionados, pode-se dizer que os dois verbos variam de acordo com a pessoa gramatical a que se referem?

9. Crie frases sobre a campanha de vacinação e o combate à dengue usando os verbos **parar**, **fazer**, **dar** e **dizer** no modo imperativo. Imagine que essas frases pudessem fazer parte dos anúncios lidos e lembre-se de:
- pensar no público-alvo (população em geral) e no assunto em foco;
- considerar os efeitos de sentido que o emprego do modo imperativo pode produzir nesse tipo de situação de uso.

10. Leia os verbetes.

> ▶ **Variação** 1. Chama-se variação o fenômeno no qual, na prática corrente, uma língua determinada não é jamais, numa época, num lugar e num grupo social dados, idêntica ao que ela é noutra época, em outro lugar e em outro grupo social. [...]

Jean Dubois et al. *Dicionário de Linguística*.
São Paulo: Cultrix, 2001. p. 609.

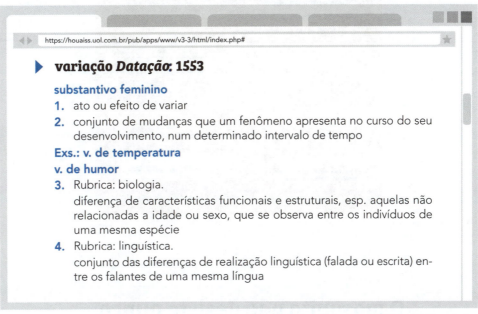

▶ **variação** *Datação:* **1553**
substantivo feminino
1. ato ou efeito de variar
2. conjunto de mudanças que um fenômeno apresenta no curso do seu desenvolvimento, num determinado intervalo de tempo
Exs.: v. de temperatura
v. de humor
3. Rubrica: biologia.
   diferença de características funcionais e estruturais, esp. aquelas não relacionadas a idade ou sexo, que se observa entre os indivíduos de uma mesma espécie
4. Rubrica: linguística.
   conjunto das diferenças de realização linguística (falada ou escrita) entre os falantes de uma mesma língua

Disponível em: <https://houaiss.uol.com.br/pub/apps/www/v3-3/html/index.php#>.
Acesso em: 4 set. 2018.

a) Qual dos verbetes é mais técnico, específico de uma área de conhecimento? Por quê?

b) Com qual acepção do segundo verbete a definição do primeiro se relaciona mais diretamente?

c) Reveja as atividades 7 e 8 e responda:
- As diferentes formas que os verbos no imperativo apresentam para se referir a **você** são um exemplo de variação linguística?
- Explique sua resposta.

> ↑ No modo imperativo, típico de anúncios, por exemplo, é comum haver variações na flexão dos verbos que concordam com você. Esse é um exemplo de variação linguística no português do Brasil: diferentes modos de fazer a concordância entre as formas do verbo no imperativo e o sujeito a que se referem.

11 Leia abaixo um cartaz produzido pelo Ministério da Saúde para ser exposto em locais públicos da cidade, como abrigos de pontos de ônibus. Leia também o texto tirado do *site* de uma campanha contra a dengue promovida pela prefeitura de Ribeirão Preto (SP).

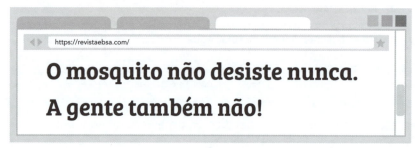

Disponível em: <www.rpcontraomosquito.com.br>. Acesso em: 28 out. 2018

a) Que palavras mostram que os textos apresentam usos mais formais ou menos formais da língua?
b) Esses usos exemplificam que tipo de variação?
c) Com base no você estudou sobre diferentes formas de propaganda, explique essa variação.

> A **variação linguística** caracteriza-se pela possibilidade de produzir significados equivalentes com o uso de formas diferentes. As diferentes formas de expressar algo devem ser empregadas de acordo com alguns fatores, como a situação de comunicação, as pessoas que falam e com quem se fala, o nível de formalidade exigido nos textos etc.
> Todas as línguas vivas apresentam variação linguística. Isso ocorre porque estão em constante uso para produzir diferentes efeitos de sentido de acordo com as necessidades sociais e comunicativas de seus falantes.

Oficina de produção

Folheto de propaganda

Você fará, em grupo, um folheto de utilidade pública, que será divulgado na escola.

Para ter ideias criativas, importantes e interessantes, é preciso pesquisar bastante sobre o que será divulgado, bem como conhecer o público-alvo que deseja atingir. Além disso, é necessário relembrar as características do gênero textual folheto. Para isso, leia o quadro abaixo.

> O folheto é um gênero textual da esfera publicitária, impresso para distribuição pública, entregue individualmente para as pessoas.
> Usa linguagem verbovisual, com uma imagem de impacto e texto curto e persuasivo, isto é, que visa fazer o público adotar determinada atitude ou comportamento.
> Pode ser sintético, apenas com uma informação principal e um apelo ao leitor, ou mais explicativo, com texto que forneça informações detalhadas.
> Pode usar o registro informal, se quiser criar um efeito de aproximação com o público, ou o registro formal, se tratar de explicações mais técnicas sobre determinado tema.

Você analisou, neste capítulo, um folheto sintético.

Veja agora, ao lado, um exemplo de folheto explicativo distribuído em campanha do Sistema Único de Saúde (SUS) e da Prefeitura de Santos (SP).

Disponível em: <www.santos.sp.gov.br/?q=portal/tuberculose>. Acesso em: 27 out. 2018.

1. Observe a parte superior do folheto. Qual é a relação entre o nome da doença e a imagem à esquerda dele?
2. Sobre o que se fala em cada um dos três itens na parte central do folheto?
3. O que as ilustrações que acompanham esses itens representam?

Agora que você já conhece dois tipos diferentes de folheto, um mais sintético e outro mais explicativo, chegou a hora de produzir, em grupo, um folheto de propaganda, de utilidade pública.

Veja, a seguir, as etapas da atividade de criação. Faça anotações sobre cada uma delas, pois serão necessárias para a atividade proposta na seção **Oralidade em foco**.

Planejamento

1. **Escolha do tema**. Em grupo, discuta o tema a ser explorado no folheto. Seguem algumas sugestões, mas vocês podem escolher outros temas.
    - Prevenção contra o mosquito transmissor de doenças como dengue, *chikungunya* e *zika*.
    - Incentivo à leitura.
    - Estímulo à reciclagem de materiais.
    - Dicas para criar uma horta.
    - Adoção de cães e gatos abandonados.
    - Dicas para reciclar o lixo corretamente.
    - Prevenção de acidentes de trânsito.

2. **Pesquisa**. Procure informações sobre o tema em livros, revistas, jornais e *sites* da internet. Converse com os professores de Ciências, Geografia ou Português, de acordo com o tema escolhido, para pedir sugestões de fontes de pesquisa. Nas buscas na internet, escolha *sites* confiáveis, como os de órgãos de governo, universidades, centros de saúde, institutos ambientais e ONGs. Nos *sites* a seguir, você pode encontrar dados e explicações confiáveis:
    - **Anda** (Agência de Notícias de Direitos dos Animais): <www.anda.jor.br>. ONG voltada para a defesa dos direitos dos animais.
    - **Greenpeace Brasil**: <www.greenpeace.org/brasil/pt/>.
    - **Ministério da Educação**: <portal.mec.gov.br/>.
    - **Ministério da Saúde**: <portalms.saude.gov.br/>.
    - **WWF Brasil**: <www.wwf.org.br/>. ONG voltada para a conservação da natureza.

3. **Definição do público-alvo e da circulação**. O folheto será distribuído na escola. Definam como vai ser impresso e distribuído. Pensem que ele deve atingir alunos de todas as idades e anos, mas também poderá ser lido por familiares, vizinhos e amigos.

4. **Seleção de imagens e de texto**. O folheto pode ser produzido no computador, para depois ser impresso, ou em cartolina. Selecione imagens e traga para a discussão com o grupo. A escolha deverá considerar o impacto da imagem e sua força persuasiva. O texto a ser produzido depende do tipo de folheto.
    - Um folheto mais sintético exige poucas frases de apelo e a apresentação dos dados de contato.
    - Um folheto explicativo pode conter um texto, sob a forma de perguntas e respostas sobre o assunto do folheto.

5. ***Layout* do folheto**. Nessa etapa, faz-se a programação visual do folheto. Como será dividida a superfície dele? Que cores serão usadas? Que fontes? Onde entra a imagem e onde fica o texto?
6. **Linguagem do folheto**. O texto será escrito em registro informal? Fará perguntas ou apelos diretos ao leitor? Que argumento principal será usado? Faça com seu grupo um esquema gráfico do folheto e registre as ideias sobre o texto.

Realização

7. Preparem-se para a montagem do folheto usando programas de computador ou folhas de papel branco ou cartolina cortada em tamanho próprio de folheto. A imagem já deve ter sido selecionada e os textos esboçados na etapa de planejamento.
8. Dividam-se, no grupo, entre redatores e artistas gráficos. Os primeiros escrevem o texto; os outros cuidam da apresentação visual.
9. Os redatores devem:
    - prestar atenção ao tamanho do texto que vai entrar no espaço disponível, já previsto no *layout*;
    - observar o registro de linguagem a ser usado, o emprego de verbos no imperativo, as regras de concordância e o efeito de impacto do texto, tendo em vista sua função persuasiva.
10. Os artistas gráficos:
    - escolhem a cor de fundo, o formato e as cores das fontes;
    - encaixam texto e imagem na superfície disponível, de acordo com o *layout*.

Revisão

11. Revejam a ortografia das palavras, a pontuação e a articulação coerente entre texto e imagem. Como o folheto tem por objetivo convencer o público a respeito de uma iniciativa e persuadi-lo a adotar determinada atitude, observem:
    - o tom apelativo do texto;
    - o emprego de sequências injuntivas;
    - o uso de subentendidos, ambiguidades e das informações fundamentais necessárias.
12. Avaliem o impacto que a imagem produz e verifiquem se ela está bem disposta, destacada no folheto.
13. Façam os acertos necessários e peçam ao professor uma avaliação do resultado.
14. Depois da avaliação do professor, façam os últimos ajustes e preparem-se para imprimir os folhetos e distribuí-los na escola.

Dicas para fazer um folheto

Capriche na imagem! Ela deve ter poder de síntese, isto é, concentrar muitos significados, dizer muito com poucos recursos. Por exemplo, a imagem de um macaco abraçado a seu filhote concentra sentidos ligados à paternidade ou à maternidade, ao cuidado, à carência, à desproteção etc. A imagem deve também causar impacto, surpreender, fazer o observador se sentir tocado, mobilizado por ela. A imagem do macaco com seu filhote tem força persuasiva porque isola no anúncio uma cena íntima, familiar e a põe em evidência.

Diga apenas o essencial! Use frases curtas, simples e que façam um apelo direto ao leitor. O poder de síntese é importante para que a atenção do público não se disperse. Quem recebe um folheto na rua quer saber de imediato algumas coisas: Do que se trata? O que é para fazer? Como fazer?

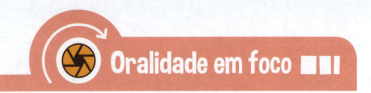

Exposição oral

Agora chegou a hora de expor para toda a turma o processo de criação do folheto feito na **Oficina de produção**. Cada grupo escolherá um relator, que fará uma exposição oral sobre o trabalho realizado e apresentará o produto final criado.

Planejamento

Nessa etapa, cada grupo deverá seguir estas orientações:

1. Definam estratégias argumentativas que deixem bem clara a importância do folheto como uma propaganda de utilidade pública, que vai influenciar um comportamento, uma atitude.
2. Anotem argumentos que justifiquem:
    - a importância do tema do folheto;
    - o problema que ele denuncia ou explica;
    - a atitude que deseja persuadir o leitor do folheto a assumir.
3. Descrevam o folheto, mostrando sua força persuasiva, por meio da articulação coerente entre imagem e texto.
4. Escolham um relator, para fazer a exposição, e um redator, para preparar o roteiro, com base nas sugestões dos colegas de grupo.
5. Preparem o material de apoio à exposição oral, que pode ser feita por meio de projeção de *slides* produzidos em programas de computador ou de cartazes.
6. Ensaiem a apresentação, que poderá guiar-se pelo roteiro preparado pelo redator.

Apresentação

7. A exposição oral é um gênero público de apresentação oral de um trabalho. O registro usado deve ser mais formal, e a linguagem precisa ser clara, objetiva e direta. As exposições orais costumam ter três fases:
    - introdução, com a apresentação do tema;
    - desenvolvimento, com a argumentação em torno da ideia a ser defendida;
    - conclusão, com uma síntese dos pontos mais importantes e uma proposta ou solução final da questão discutida.
8. Organizem as carteiras de modo a formar uma espécie de auditório. O professor será o mediador e anunciará cada grupo.
9. O relator dirige-se ao local da apresentação, com o material necessário. Ele deve:
    - limitar-se ao tempo de fala determinado pelo professor;
    - regular o tom de voz: não falar muito alto nem muito baixo (o relator deve demonstrar pleno conhecimento do assunto de que fala para convencer o auditório sobre a importância do tema e conquistar apoio e adesão);
    - seguir o roteiro preparado pelo redator, com a colaboração de todos do grupo;
    - expor inicialmente o tema do folheto, justificando sua importância;
    - em seguida, falar da pesquisa feita, dos aspectos sociais relevantes da questão e da necessidade de persuadir o público a adotar certas atitudes;
    - na conclusão, apresentar o folheto, justificando sua adequação ao tema e aos objetivos da propaganda;

- usar o material de apoio preparado, como:
  - cartazes
  - *slides* elaborados em programas de criação, edição e exibição de apresentações gráficas.
10. No final da apresentação, o professor pode destinar um tempo a perguntas e troca de ideias. Nessa ocasião, quem estiver assistindo à exposição pode inscrever-se para esclarecer dúvidas ou fazer comentários.
11. Os colegas do auditório devem acompanhar a apresentação com interesse e participar da conversa final com cordialidade e respeito.

Avaliação

12. Após a apresentação de todos os grupos, a turma avaliará se:
    - todos os grupos conseguiram falar de modo adequado e tiveram a atenção da turma na hora da apresentação;
    - os grupos foram capazes de desenvolver as apresentações cumprindo as etapas do gênero exposição oral:
      - introdução;
      - desenvolvimento;
      - conclusão;
    - houve emprego adequado de recursos gráficos;
    - as conversas após as apresentações foram respeitosas e produtivas;
    - se as perguntas ofereceram contribuições ao trabalho;
    - há algo que possa ser aprimorado numa próxima atividade.

Retomar

Leia o folheto para realizar as atividades propostas.

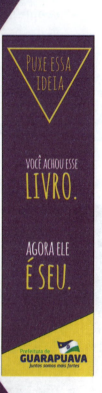

VEM AÍ MAIS UMA EDIÇÃO

Esqueça um livro e espalhe conhecimento.

Nesta segunda (26/06), deixe um **livro** em algum local público junto com o **marca - página**, que você encontra nos seguintes pontos:

Prefeitura
Casa da Cultura
Terminal da Fonte
Restaurantes
(Dom Nunez, Casa Vecchia, Dom Henrique, Cheiro Verde e Sabor do Oriente)
Livrarias
(Regina, Chain e Gato Preto)

VemLer — Secretaria de Educação e cultura — Prefeitura de GUARAPUAVA — Juntos somos mais fortes

1. Localize no folheto as seguintes informações:
   a) cidade onde ocorre o evento;
   b) data do evento;
   c) ação principal a ser feita;
   d) órgãos responsáveis pela campanha;
   e) palavra que indica que o evento já aconteceu anteriormente.

2 Em sua opinião:

a) qual é o objetivo principal da ação divulgada no folheto?

b) a ideia é boa? Você gostaria de propor uma campanha como essa em sua escola ou bairro? Por quê?

3 Releia a frase principal do folheto.

> **Esqueça um livro e espalhe conhecimento.**

a) É possível compreender o sentido da frase isoladamente ou apenas no contexto do folheto ele se torna claro?

b) Qual é a relação de sentido entre "esquecer um livro" e "espalhar conhecimento"?

c) O que mais se pode espalhar ao esquecer um livro? Complete com outras opções a frase: Esqueça um livro e...

d) Os dois verbos da frase estão flexionados em que modo verbal? Por que apresentam terminações diferentes?

4 Na composição do folheto foi destacado um marca-página.

a) Você conhece outros nomes para esse objeto?

b) Que ligação tem o objeto com a campanha veiculada no folheto?

5 O texto escrito no folheto usa sequências injuntivas.

a) Transcreva os verbos no imperativo que formam essas sequências.

b) Como a escolha desse modo verbal e desse tipo de sequência se relaciona aos objetivos de um folheto de propaganda?

c) Qual é o sujeito dos verbos destacados? A concordância dos verbos com o sujeito está de acordo com a norma-padrão da língua portuguesa? Justifique.

6 Leia o título e o subtítulo de uma notícia.

Brasileiro lê em média 2,43 livros por ano, diz pesquisa

O estudo revelou ainda que 30% da população nunca comprou um livro

Disponível em: <www.portalt5.com.br/noticias/paraiba/2018/4/83640-brasileiro-le-em-media-2-43-livros-por-ano-diz-pesquisa>. Acesso em: 27 out 2018.

a) Compare o subtítulo com a frase "30% dos habitantes do Brasil nunca compraram um livro". Explique a mudança ocorrida com o verbo.

b) Conforme a notícia, as pessoas ouvidas na pesquisa leem porque gostam (25%), para atualização cultural (19%) e por distração (15%), entre outras motivações. Alguma dessas razões define seu interesse pela leitura? O que você busca ao ler um livro?

UNIDADE 7

Linguagem poética

Joan Miró. *O carnaval do Arlequim*, 1924-1925. Óleo sobre tela, 66 cm × 93 cm.

Antever

1. O pintor espanhol Joan Miró (1893-1983) explorou, em sua obra, as relações entre linhas, cores e formas no espaço da tela. Identifique, na tela ao lado, figuras que correspondam a coisas e seres do mundo.

A respeito de sua obra, disse Miró:

> Como é que encontrava todas as minhas ideias para os quadros? Pois bem, à noite, já tarde, voltava ao meu ateliê [...] e deitava-me, às vezes, sem sequer ter jantado. Tinha sensações que anotava no meu caderno. Via aparecer formas no teto [...]
>
> Janis Mink. *Miró*. Lisboa: Paisagem, 1993. p. 41.

2.
a) Em sua opinião, a pintura aqui reproduzida ilustra bem essas palavras?

b) Você costuma registrar impressões e pensamentos em um caderno ou arquivo? Fale de sua experiência de criar mundos imaginários.

c) Observe as cores, as linhas e as formas da pintura de Miró. Que movimentos elas criam na superfície da tela?

d) Há um equilíbrio entre formas mais cheias e mais finas, linhas curvas e retas, cores fortes e claras? Como tudo isso está distribuído na tela?

Nesta unidade, você lerá alguns poemas e poderá perceber que neles a palavra é empregada de modo surpreendente e inovador, assim como na pintura de Miró.

CAPÍTULO 1

Antes da leitura

Você lerá a seguir um poema intitulado "Em busca do amor", de Florbela Espanca. Veja abaixo uma fotografia da poeta portuguesa.

1. Em que época você acha que Florbela Espanca viveu? Como você chegou a essa conclusão?

2. O que você espera da linguagem que a poeta emprega em seus poemas?

3. Leia o trecho publicado em uma das páginas de abertura do livro do qual o poema foi retirado.

> O meu mundo não é como o dos outros, quero demais, exijo demais; há em mim uma sede de infinito, uma angústia constante que eu nem mesma compreendo, pois estou longe de ser uma pessoa; sou antes uma exaltada, com uma alma intensa, violenta, atormentada, uma alma que não se sente bem onde está, que tem saudade... sei lá de quê!

Florbela Espanca. Cartas a Guido Batteli. In: Denyse Cantuária (Org.). *Florbela Espanca*: antologia de poemas para a juventude. São Paulo: Peirópolis, 2007. p. 7.

Florbela Espanca.

a) O que você entende pelas expressões "sede de infinito" e "angústia constante"? Elas sugerem uma alma que vivencia que tipos de sentimento?

b) O título do poema que você lerá na página seguinte é "Em busca do amor". Considerando a maneira como Florbela Espanca se definiu no texto acima, como você imagina que será o poema? Que vivências e sentimentos vai explorar?

4. Pense nos poemas que você já leu.

a) Em sua opinião, o tema da busca do amor é comum em poemas?

b) Como ele costuma ser tratado?

c) Em um poema, que formas de expressão costumam ser usadas? Como o conteúdo ganha forma no papel?

Texto

Em busca do amor

O meu Destino disse-me a chorar:
"Pela estrada da Vida vai andando;
E, aos que vires passar, interrogando
Acerca do amor que hás de encontrar."

Fui pela estrada a rir e a cantar,
As contas do meu sonho desfiando...
E noite e dia, à chuva e ao luar,
Fui sempre caminhando e perguntando...

Mesmo a um velho eu perguntei: "Velhinho,
Viste o Amor acaso em teu caminho?"
E o velho estremeceu... olhou... e riu...

Agora pela estrada, já cansados
Voltam todos pra trás desanimados...
E eu paro a **murmurar**: "Ninguém o viu!..."

Florbela Espanca. In: Denyse Cantuária (Org.). *Florbela Espanca*: antologia de poemas para a juventude. São Paulo: Peirópolis, 2007. p. 38.

Glossário

Murmurar: dizer algo em voz baixa; sussurrar; queixar-se; lamentar-se.

Florbela, uma poeta do amor e da liberdade

Flor Bela Lobo, que adotou o nome literário **Florbela Espanca**, nasceu em 1894, no Alentejo, em Portugal, e morreu em 1930, na cidade de Matosinhos, também em Portugal. Em sua curta vida, sempre se preocupou com a situação social da mulher, defendendo muitas ideias que hoje são reconhecidas como feministas. Foi a primeira mulher a ingressar na faculdade de Direito em Portugal e, desde menina, demonstrou gosto pela leitura e escrita de poemas. Escreveu em diversos jornais, numa época em que isso não era comum entre mulheres nem bem aceito pelos homens. Sua poesia tem um estilo próprio e fala de desencanto e desilusão, mas também de amor e liberdade.

Estudo do texto

1. Releia o primeiro verso do poema: "O meu Destino disse-me a chorar".
   a) Por que a palavra **destino** foi escrita com inicial maiúscula nesse verso? Relacione a grafia da palavra aos verbos a ela associados.
   b) Nesse verso é usada a figura de linguagem personificação. Por que foi usada essa figura de linguagem no poema?
   c) O eu lírico é aquele que toma a palavra e fala no poema. Como se manifesta, nesse verso e em todo o poema, o eu lírico?

2. Releia a primeira estrofe e diga, com suas palavras, o que o Destino sugeriu ao eu lírico.

3. Agora releia a segunda estrofe do poema.
   a) O eu lírico segue o conselho do Destino? Como ele se sente?
   b) Os pares de palavras "noite e dia" e "à chuva e ao luar" aproximam ideias equivalentes ou opostas?
   c) O que cada par de palavras revela sobre o percurso do eu lírico?

4. Para interpretar o verso "As contas do meu sonho desfiando...", veja um exemplo da expressão "desfiar contas" em um trecho do romance *A correspondência de Fradique Mendes*, do escritor português Eça de Queirós. A personagem Fradique Mendes escreve uma carta a um amigo e comenta:

   > Para "servir a Deus", [...] o essencial foi sempre ouvir missa, **desfiar** o rosário, jejuar, comungar, fazer promessas, dar túnicas aos santos etc.

   Eça de Queirós. *A correspondência de Fradique Mendes*. Porto Alegre: L&PM, 2008.

   a) A personagem enumera ações que os católicos costumavam fazer. Com base nesse contexto, qual é o significado da expressão "desfiar o rosário"? Se tiver dúvida, consulte o dicionário.
   b) O que significa, no poema "Em busca do amor", desfiar as "contas do meu sonho"?
   c) Considere o poema e o trecho do romance de Eça de Queirós. Em qual deles a expressão formada com o verbo **desfiar** foi usada em sentido denotativo, o sentido habitual e mais comum? E em qual foi usada em sentido conotativo, o sentido figurado? Justifique sua resposta.

5. Releia a terceira estrofe.
   a) Em algumas culturas, os idosos são vistos como sábios e experientes. Com base nessa informação, explique por que o eu lírico dirige sua pergunta ao velho.
   b) O que o velhinho simboliza no poema? Por quê?
   c) Qual foi a reação dele? O que isso indica?

6. Analise a quarta estrofe.
   a) O que a palavra **agora** indica na quarta estrofe? Explique sua resposta.
   b) Do que as pessoas estavam cansadas? Qual era o estado emocional delas?
   c) Veja no glossário o sentido do verbo **murmurar**. O que o emprego desse verbo revela sobre o eu lírico? Como ele se sentia?

7. O eu lírico encontrou o amor? Relacione sua resposta com o título do poema e explique com elementos da última estrofe.

8. Antes da leitura, você imaginou como seria o poema. O que você pensou se confirmou? Por quê?

Variação da língua no tempo

Considera-se que a língua portuguesa, tal como existe hoje, foi pela primeira vez registrada pelo poeta português Luís Vaz de Camões. Nos anos 1500, ele escreveu versos que ainda hoje são lidos e admirados por todos os falantes da língua.

> Amor é fogo que arde sem se ver
> É ferida que dói e não se sente
> É um contentamento descontente
> É dor que desatina sem doer.

Camões. *Lírica, redondilhas e sonetos*. Rio de Janeiro: Ediouro, 1996. p. 71.

Luís de Camões representado em obra de François Gérard.

Como no poema de Florbela Espanca, esses versos de Camões podem ser lidos sem dificuldade por leitores do século XXI. Por que isso acontece? Porque a variação da língua no tempo ocorre bem devagar, de modo a permitir a comunicação entre gerações. As mudanças acontecem mais rapidamente na língua falada, mas, ainda assim, pessoas de 80 anos podem entender-se perfeitamente com jovens de 15. Na língua escrita, em que predomina o uso da norma-padrão, monitorada e regulada por regras mais rígidas, as mudanças são registradas mais lentamente.

Linguagem, texto e sentidos

1. Analise os versos a seguir.

   I. "Pela estrada da Vida vai **andando**;"

   II. "E, aos que vires passar, **interrogando**"

   III. "As contas do meu sonho **desfiando**"

   IV. "Fui sempre **caminhando** e **perguntando**"

   a) Quanto à forma, o que os verbos destacados têm em comum?
   b) O que essa forma indica sobre o valor das ações enunciadas pelos verbos? São ações durativas? São ações interrompidas? São ações finalizadas?
   c) Em I, a forma destacada compõe uma locução verbal. Identifique-a e comente o sentido que dá à duração do tempo.
   d) Em II e III, pode-se dizer que há um verbo subentendido, que formaria uma locução? Como ficariam as locuções?
   e) Em IV, destaque as locuções.
   f) As locuções foram formadas com o mesmo verbo auxiliar, seguido da forma nominal. Relacione a ideia construída nas locuções com o percurso do eu lírico nas duas primeiras estrofes.

2. Você já acompanhou uma partida de futebol narrada em tempo real nos jornais? Observe, na próxima página, dois exemplos da 1ª fase da Copa do Mundo de 2018 na Rússia. A primeira imagem, do *site* de um jornal esportivo português, refere-se a uma partida entre Portugal e Espanha. A segunda, do *site* de um jornal brasileiro, refere-se a uma partida entre Portugal e Irã.

Florbela Espanca: antologia de poemas para a juventude, organizado por Denyse Cantuária (Peirópolis)

A antologia acima traz poemas de Florbela Espanca dedicados à juventude.

O Jogo, 15 jun. 2018. Disponível em: <www.ojogo.pt/emdirecto/internacional/interior/direto-portugal-espanha-9456833.html>. Acesso em: 4 set. 2018.

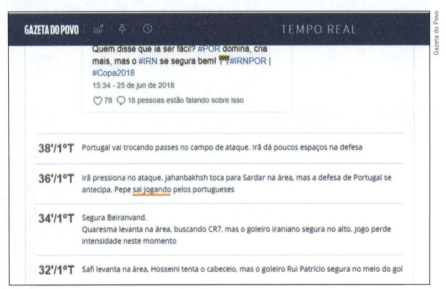

Gazeta do Povo, 25 jun. 2018. Disponível em: <www.gazetadopovo.com.br/esportes/tempo-real/1855/copa-mundo-2018/25-06-2018/ira-portugal/?ref=aba-ultimas>. Acesso em: 4 set. 2018.

a) Como é construída a locução verbal com o verbo **jogar** em cada um dos jornais?

b) O jogo estava sendo narrado enquanto ocorriam as jogadas. Que valor tem o tempo verbal usado?

c) As locuções verbais são construídas de modo diferente em cada jornal. Isso causa diferença de sentido quanto ao valor da forma verbal? Explique sua resposta.

d) O que essas construções com os verbos mostram sobre o uso linguístico de certas formas verbais no Brasil e em Portugal? Pode-se falar em variação linguística nesse caso? Justifique sua resposta.

3 Compare os versos a seguir.

Verso 2: "Pela estrada da vida vai andando"

Verso 5: "Fui pela estrada a rir e a cantar,"

a) Compare o uso das locuções nos versos com o que você examinou na atividade anterior.

b) Em que tempo os verbos auxiliares são empregados?

c) Que valor temporal elas indicam? Por quê?

d) Observando as duas primeiras estrofes do poema, verifica-se que há uma alternância entre as construções de locuções com o gerúndio e com o infinitivo. Por que, provavelmente, isso ocorre? Para responder, considere a melodia dos versos existente em todo poema.

4 Observe o título do poema: "Em busca do amor".

a) O que o título revela sobre o tempo da ação do eu lírico?

b) Que relação as locuções com formas nominais empregadas nos versos estabelecem com o título do poema?

> Locuções verbais que indicam um valor durativo para a ação verbal podem ser formadas com o verbo principal seguido do gerúndio (**estava caminhando**) ou do infinitivo antecedido da preposição a (**estava a caminhar**). Atualmente, na linguagem coloquial, é mais comum o uso do gerúndio no Brasil e do infinitivo em Portugal e nos países africanos de língua portuguesa. No entanto, ambas as formas são registradas na língua escrita, independentemente da variação geográfica.

5 Na primeira estrofe, o Destino recomenda ao eu lírico:

> "Pela estrada da Vida vai andando;
> E, aos que vires passar, interrogando
> Acerca do amor que hás de encontrar."

a) O que significa a expressão **estrada da vida**?

b) Em que contextos a palavra **estrada** é habitualmente usada?

c) A expressão usada exemplifica que tipo de linguagem, comum em poemas?

d) Escreva no caderno a opção que completa corretamente a frase. Na expressão **estrada da vida**, o eu lírico:

- diferencia a vida e a estrada.
- opõe a vida a uma estrada.
- associa a vida a uma estrada.
- separa a vida e a estrada.

> "Estrada da vida" é uma **metáfora**. Para criar uma metáfora, usa-se o recurso de fazer mentalmente uma comparação. Em vez de dizer que a vida é como uma estrada, usa-se uma fórmula mais concentrada: estrada da vida. Existem muitas metáforas que associam a vida a caminho, estrada, caminhada.

6 Releia mais esta passagem do poema "Em busca do amor":

> Fui pela estrada a rir e a cantar,
> As contas do meu sonho desfiando...

a) Como você já viu na seção **Estudo do texto**, em que tipo de contexto surge a expressão "desfiar as contas"?

b) Que metáfora existe aqui? O que ela significa?

c) Que efeito o emprego de metáforas e personificações como as que você analisou tem na linguagem poética?

Prática de pontuação

1) Que efeito de sentido as reticências criam nos versos 6, 8 e 11 de "Em busca de amor"?

2) Qual o estado emocional do eu lírico nos dois últimos versos? Relacione esse estado emocional à pontuação do verso 14.

3) Escreva um comentário sobre o uso da pontuação e os efeitos de sentido produzidos no poema.

4) Leia e compare os trechos a seguir. O primeiro é de uma reportagem e o segundo, de uma carta de leitor. Os dois tratam da eliminação da Seleção Brasileira da Copa do Mundo de 2018.

> I. "Que grande oportunidade se apresenta ao futebol brasileiro. Uma oportunidade de olhar para trás e ver o que era a seleção há dois anos, perceber no que se transformou hoje, saindo da Copa após um jogo memorável, nivelada com os melhores times mundiais. [...]"
>
> Carlos Eduardo Mansur. Hexit. *O Globo*, 7 jul. 2018. Encarte Copa 2018, p. 1.

> II. "[...] Futebol é assim! Mas apesar do azar do primeiro gol da Bélgica, tremenda água fria, nossos meninos lutaram bravamente [...]. Agora, é bola pra frente! Afinal, todo mundo tenta, mas só o Brasil é penta!"
>
> Carta de Gloria Regina de Carvalho Dias, *O Globo*, 7 jul. 2018. p. 11.

a) Que sinais de pontuação são usados em I e em II?

b) Embora o assunto principal seja o mesmo nos dois trechos, por que o sinal de exclamação não foi empregado em I?

c) Caso o primeiro fragmento fizesse parte de uma carta de leitor, o trecho poderia ser pontuado de forma diferente? Explique sua resposta.

> O uso da pontuação varia de acordo com o gênero textual. Em poemas, por exemplo, ela tem função mais expressiva, subjetiva, além de construir o ritmo e a melodia dos versos. Em notícias e reportagens, é mais objetiva, cumprindo somente a função gramatical.

Estudo e pesquisa

Quadro sinótico

Você fará um quadro sinótico sobre o uso da pontuação. Releia as páginas 188 a 191 e a seção desta página. Faça anotações sobre o uso da pontuação e, com base nelas, crie o quadro. Escreva os tópicos sugeridos abaixo numa coluna à esquerda e, em uma coluna à direita, registre as informações.

- Função da pontuação em poemas.
- Efeitos de sentido produzidos pelas reticências em poemas.
- Pontuação em gêneros como a reportagem e a carta do leitor.

CAPÍTULO 2

Antes da leitura

1 Carlos Drummond de Andrade, um dos maiores poetas brasileiros, em um livro de frases curiosas e bem-humoradas, afirma que:

> O poeta é um mentiroso que acaba dizendo as mais belas verdades.
>
> Carlos Drummond de Andrade. *O avesso das coisas*. Rio de Janeiro: Record, 1987. p. 129.

A brincadeira de Drummond aborda um tema bastante discutido por vários poetas: Quem são os poetas? Qual é a natureza do texto poético?

Você alguma vez já escreveu poemas? Sobre o que falou? Já pensou na atividade poética, no fazer poético?

2 Observe, abaixo, uma fotografia do poeta Paulo Leminski e a reprodução da capa do livro do qual foi retirado o poema que você lerá no próxima página.

 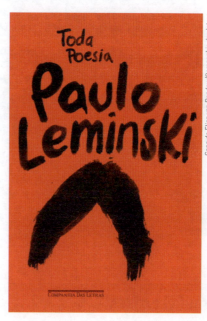

Paulo Leminski. *Toda poesia*. São Paulo: Companhia das Letras, 2013.

a) Como as letras estão distribuídas na página? O que a imagem busca imitar?

b) Que parte verbal ganha maior destaque?

c) Que imagem aparece? Por que essa imagem foi escolhida para ilustrar a capa do livro?

3 Toda capa de livro tem um projeto gráfico, uma maneira de relacionar o título, o nome do autor e, geralmente, uma imagem. O projeto gráfico da capa do livro de Leminski se relaciona a ideias de refinamento e cuidado ou de simplicidade e imperfeição? Justifique sua escolha.

4 No Capítulo 1 você leu um poema de Florbela Espanca. Após a observação da fotografia e da capa do livro de Paulo Leminski, você considera que a poesia que ele faz tem semelhanças com o poema da escritora portuguesa? Troque ideias com os colegas e tente descobrir como será o poema que lerá a seguir.

193

Texto

razão de ser

Escrevo. E pronto.
Escrevo porque preciso,
preciso porque estou tonto.
Ninguém tem nada com isso.
Escrevo porque amanhece,
e as estrelas lá no céu
lembram letras no papel,
quando o poema me anoitece.
A aranha tece teias.
O peixe beija e morde o que vê.
Eu escrevo apenas.
Tem que ter por quê?

Paulo Leminski. *Toda poesia*. São Paulo: Companhia das Letras, 2013. p. 218.

Paulo Leminski

Poeta, tradutor, crítico de literatura, biógrafo, professor e judoca. Paulo Leminski fazia de tudo um pouco. Nasceu em Curitiba (PR), em 1944, e aos 14 anos foi para São Paulo (SP) para estudar. Em 1964, publicou seus primeiros poemas em uma revista. Onze anos depois, veio a publicação de sua primeira obra célebre, *Catatau*, um romance experimental que ficou famoso por explorar os limites entre prosa e poesia. Leminski publicou ainda muitos livros com seus poemas e haicais, pelos quais também ficou famoso. Muito interessado em outras culturas, o autor era poliglota: falava francês, inglês, espanhol, japonês, latim e grego, o que lhe permitiu traduzir vários textos ao longo da vida. Morreu em 1989, aos 44 anos, em Curitiba.

Estudo do texto

1. Observe a distribuição dos versos no poema.
   a) Como foram distribuídos na página?
   b) Em sua opinião, a distribuição dos versos no poema ajuda a criar que efeito?

2. Releia o título do poema.
   a) Com base na leitura do poema, a que ele se refere?
   b) Como o título foi escrito? Que efeito esse modo de escrever provoca?

3. O primeiro verso do poema tem uma diferença em relação aos outros.
   a) O que o diferencia dos versos seguintes?
   b) A pontuação no primeiro verso causa que efeito? O que se expressa com ela?

4. Nos versos seguintes, o eu lírico manifesta algumas razões pelas quais escreve.
   a) Aponte duas delas, localizando o número do verso em que se encontram.
   b) Escreva no caderno a resposta mais adequada para completar o enunciado a seguir. As razões para o eu lírico escrever referem-se:
      - a fortes emoções, como desencanto e sofrimento.
      - a coisas simples e cotidianas, como noite, manhã e estrelas; para ele, escrever é algo natural.
      - à vida dos animais, como aranhas e peixes, e seus atos fundamentais, como tecer e morder.
      - a nenhuma razão particular, embora ele revele dores e inquietações profundas.
   c) No verso "Ninguém tem nada com isso", que sentimento transparece? Que tom esse verso ajuda a criar no poema?
   d) Que importância parece ter a atividade da escrita para o eu lírico?

5. Releia estes versos.

   > Escrevo porque amanhece,
   > e as estrelas lá no céu
   > lembram letras no papel,
   > quando o poema me anoitece.

   a) No trecho são usadas vírgulas e um ponto final. O que essa pontuação indica em relação às ideias apresentadas? Quantas frases há?
   b) Há rimas nesse conjunto de versos? Que palavras rimam?
   c) O primeiro verso do conjunto termina com a palavra **amanhece**, e o último com **anoitece**. O que a presença dessas duas palavras, nesse trecho, indica?
   d) Verbos como **amanhecer** e **anoitecer** costumam formar orações sem sujeito. No poema, houve alguma alteração quanto a isso? Explique.
   e) Que ideias podem ser associadas ao amanhecer e ao anoitecer em relação às atitudes e aos sentimentos humanos sobre eles?
   f) Em sua opinião, por que o eu lírico diz: "o poema me anoitece"?

Simone Matias

195

6 Os versos seguintes mencionam alguns animais e seus comportamentos.

> A aranha tece teias.
> O peixe beija e morde o que vê.

a) Com base em seus conhecimentos, diga o que leva os animais, em geral, a agir para garantir a sobrevivência?

b) Que relação o poema estabelece entre as ações dos animais e o ato de escrever?

7 O eu lírico encerra o poema com uma pergunta. Veja.

> Eu escrevo apenas.
> Tem que ter por quê?

a) Que tema é discutido no poema?

b) Como você responderia à pergunta do verso transcrito?

Ampliar

O bicho alfabeto, de Paulo Leminski (Companhia das Letrinhas)

Para conhecer outros poemas de Paulo Leminski, leia *O bicho alfabeto*. Nesse livro os poemas ganham ilustrações de Ziraldo.

8 Paulo Leminski criou pequenos poemas chamados haicais. Leia um deles.

atividade oral

> tarde de vento
> até as árvores
> querem vir para dentro

Paulo Leminski. *Melhores poemas*. São Paulo: Global, 1996. p. 163.

a) Discuta com os colegas a ideia do poema. Façam uma paráfrase dele, isto é, apresentem o conteúdo do poema com as palavras de vocês.

b) Que organização tem o poema? Fale a respeito do número de versos e estrofes, da distribuição dos versos na página, da pontuação e de outros aspectos que tenham chamado sua atenção.

c) Compare as paráfrases que você e os colegas fizeram com o próprio poema. Pense na forma do texto, em sua organização. Em sua opinião, o que o poema ganhou e o que ele perdeu nas paráfrases?

d) Com base nas respostas anteriores, como você caracterizaria a forma poética chamada haicai?

9 Leia uma definição de haicai.

> Poema lírico japonês, surgido no século XVI, ainda presente nos dias de hoje, com temas da natureza e a sua influência na alma do poeta, composto de três versos com cinco, sete e cinco sílabas métricas.
>
> Disponível em: <https://michaelis.uol.com.br/moderno-portugues/busca/portugues-brasileiro/haicai/>. Acesso em: 15 out. 2018.

a) Retorne ao haicai de Leminski e confira se ele está completamente de acordo com a definição. Explique sua resposta.

b) Justifique o modo como Leminski construiu o haicai.

Gênero em foco

Poema

1 Releia atentamente os poemas do Capítulo 1 (I) e do Capítulo 2 (II) e compare-os.

Em busca do amor

O meu Destino disse-me a chorar:
"Pela estrada da Vida vai andando;
E, aos que vires passar, interrogando
Acerca do amor que hás de encontrar."

Fui pela estrada a rir e a cantar,
As contas do meu sonho desfiando...
E noite e dia, à chuva e ao luar,
Fui sempre caminhando e perguntando...

Mesmo a um velho eu perguntei: "Velhinho,
Viste o Amor acaso em teu caminho?"
E o velho estremeceu... olhou... e riu...

Agora pela estrada, já cansados
Voltam todos pra trás desanimados...
E eu paro a murmurar: "Ninguém o viu!..."

razão de ser

   Escrevo. E pronto.
Escrevo porque preciso,
   preciso porque estou tonto.
Ninguém tem nada com isso.
   Escrevo porque amanhece,
e as estrelas lá no céu
   lembram letras no papel,
quando o poema me anoitece.
   A aranha tece teias.
O peixe beija e morde o que vê.
   Eu escrevo apenas.
Tem que ter por quê?

a) Em relação à margem da folha, como os versos são dispostos em cada poema?

b) Os poemas apresentam divisão em estrofes? Em caso afirmativo, de quantos versos?

c) Para identificar as rimas no final dos versos, marca-se cada rima com uma letra. Na primeira estrofe do poema de Florbela Espanca (I), o esquema de rimas, ou esquema rímico, é ABBA. Veja.

O meu Destino disse-me a chor**ar**: A
"Pela estrada da Vida vai and**ando**; B
E, aos que vires passar, interrog**ando** B
Acerca do amor que hás de encontr**ar**." A

• Com base nesse modelo, indique o esquema de rimas nos dois poemas.

d) O esquema de rimas no poema de Paulo Leminski mostra um verso que não rima com nenhum outro. Identifique-o e formule uma explicação para isso.

e) Leia os versos a seguir.

> quando o poema me anoitece.
> A aranha tece teias.

- Que sons se repetem? É possível observar rimas? Em caso positivo, que palavras rimam?

f) O esquema de rimas, a divisão em estrofes e a disposição dos versos no papel criam que efeito em cada poema analisado?

> O esquema de rimas ajuda a construir no poema ideias de regularidade e irregularidade, contenção e liberdade. Poemas com esquema de rimas fixo, como o de Florbela Espanca, têm forma mais regular e contida. Poemas com esquema não fixo de rimas, como o de Paulo Leminski, têm forma mais irregular e livre.
> As rimas também podem ser internas, quando acontecem entre palavras no final de um verso e no meio de outro. Em qualquer desses casos, as rimas ajudam a criar o ritmo do poema.

2 Como você já estudou, a separação de sílabas métricas chama-se **escansão**.

a) Observe a escansão dos dois primeiros versos do poema do Capítulo 1. Lembre-se de que as vogais átonas finais e iniciais de palavras seguidas juntam-se numa só sílaba, e as sílabas átonas finais não são contadas.

> [...]
> O/meu/Des/ti/no/di/sse/-me a/cho/rar:/
> "Pe/la es/tra/da/da/Vi/da/vai/an/dan/do;
> [...]

- Quantas sílabas métricas têm esses versos?

b) Continue a escansão do poema "Em busca do amor" e indique o número de sílabas métricas em cada verso.

c) Pela escansão, o que você observou em relação à medida dos versos?

d) Agora, faça a escansão e conte as sílabas métricas do poema de Paulo Leminski.

e) O que você observou na medida dos versos?

f) Que efeitos a metrificação produz nos poemas? Como isso se liga ao esquema de rimas?

3 Forme dupla com um colega. Cada um lerá um dos poemas para o outro.

a) O que experimentaram na leitura? A medida dos versos, a pontuação e as rimas influenciam no modo de ler? Explique sua resposta.

b) A organização visual na página, a medida dos versos e o esquema de rimas são responsáveis por dar ritmo aos poemas. Com base no que você observou e na leitura e audição dos poemas, como é o ritmo de cada um deles?

> Os poemas podem ter forma fixa ou forma livre.
> **Poemas de forma fixa:** há regularidade no número de versos das estrofes, na metrificação dos versos e no esquema de rimas. Florbela Espanca escreveu um poema de forma fixa chamado soneto, que apresenta 14 versos, em geral distribuídos em dois quartetos (estrofes de quatro versos) e dois tercetos (estrofes de três versos).
> **Poemas de forma livre:** não usam divisões rígidas em estrofes e versos e podem apresentar ou não rimas.
> Esses tipos de poema apresentam ritmos diferentes. Nos poemas de forma fixa, o ritmo é marcado e regular; nos poemas de forma livre, o ritmo não é marcado, aproximando-se do ritmo de uma conversa.

4 Em relação aos temas dos poemas lidos nesta unidade, responda.

a) Qual é o tema do poema do Capítulo 1?

b) E o tema do poema do Capítulo 2?

c) Você conhece outros poemas que tratem desses temas? Traga-os para a sala de aula e troque poemas com os colegas. Discuta, em seguida, se os temas dos dois poemas lidos na unidade são comuns em poesia.

5 A linguagem dos poemas rompe com os sentidos comuns, cotidianos.

a) Que exemplos de linguagem figurada existem nos dois poemas?

b) Que função as figuras de linguagem têm na expressão das ideias do poema?

6 A seguir são apresentadas algumas características do ritmo dos dois poemas estudados. Escreva-as em seu caderno separando-as em duas colunas: I para aquelas que se referem ao poema do Capítulo 1 e II para as que dizem respeito ao poema do Capítulo 2.

a) Ritmo marcado e suave, indicado por pausas, hesitações, indagações e exclamações.

b) Ritmo livre, como numa conversa sem cerimônia, indicado por frases curtas e contundentes.

c) Ritmo livre, indicado por versos sem métrica e sem esquema rímico fixos.

d) Ritmo marcado por versos regulares e esquema fixo de rimas.

7 Em sua opinião:

a) O ritmo dos poemas tem relação com o ponto de vista dos poetas sobre os temas de que tratam?

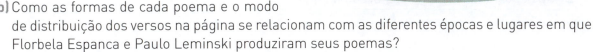

Simone Matias

b) Como as formas de cada poema e o modo de distribuição dos versos na página se relacionam com as diferentes épocas e lugares em que Florbela Espanca e Paulo Leminski produziram seus poemas?

> Todo texto articula um plano do conteúdo (o que o texto diz) com um plano da expressão (o modo como diz). Nos poemas, o uso da pontuação, as rimas, a divisão em estrofes e em versos constituem o plano da expressão.
> Plano do conteúdo e plano da expressão ligam-se para produzir o sentido do texto. No poema de Paulo Leminski, por exemplo, o tema do fazer poético é o que se diz no plano do conteúdo. O modo de falar desse tema em tom informal, em versos de medida irregular, rimas livres e ritmo solto, constitui o plano da expressão.

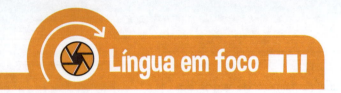

Língua em foco

Período composto por coordenação, orações assindéticas, orações aditivas

1 Leia um trecho da entrevista com uma das filhas de Paulo Leminski, em que ela fala sobre o processo de criação do pai.

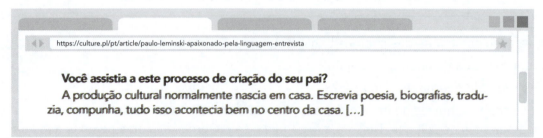

Você assistia a este processo de criação do seu pai?
A produção cultural normalmente nascia em casa. Escrevia poesia, biografias, traduzia, compunha, tudo isso acontecia bem no centro da casa. [...]

CulturePL. Disponível em: <https://culture.pl/pt/article/paulo-leminski-apaixonado-pela-linguagem-entrevista>. Acesso em: 4 jul. 2018.

a) Com base no trecho, o que se pode dizer sobre o trabalho de Paulo Leminski?

b) Quantos períodos formam o trecho? Identifique-os e classifique-os em períodos simples e compostos.

c) Que orações formam o período composto? Qual é o sujeito e o predicado de cada oração?

d) Que tipos de oração formam esse período? Justifique sua resposta.

2 Leia este trecho de uma notícia.

A obra do paranaense Paulo Leminski volta ao Ecomuseu de Itaipu, em Foz do Iguaçu, no oeste do Paraná [...]. A abertura da mostra "Meu Coração de Polaco Voltou" está marcada para as 19h **e** traz materiais inéditos do poeta. [...]

G1. Disponível em: <http://g1.globo.com/pr/oeste-sudoeste/noticia/2017/03/ecomuseu-de-itaipu-retoma-leminski-com-meu-coracao-de-polaco-voltou.html>. Acesso em: 16 out. 2018.

a) Classifique os períodos que formam o trecho em simples ou compostos.

b) Que tipo de oração forma o segundo período? Explique.

c) Explique a função do **e** destacado no trecho.

3 Leia o verbete abaixo.

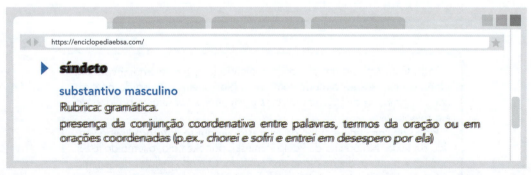

síndeto
substantivo masculino
Rubrica: gramática.
presença da conjunção coordenativa entre palavras, termos da oração ou em orações coordenadas (p.ex., chorei e sofri e entrei em desespero por ela)

Instituto Antônio Houaiss. *Dicionário eletrônico Houaiss da língua portuguesa*. Rio de Janeiro: Objetiva, 2010.

a) Releia os períodos compostos a seguir. Quais das orações coordenadas se iniciam com síndeto? Quais se iniciam sem síndeto?

  I. "Escrevia poesia, biografias, traduzia, compunha, tudo isso acontecia bem no centro da casa [...]."

  II. "A abertura da mostra 'Meu Coração de Polaco Voltou' está marcada para as 19h e traz materiais inéditos do poeta."

b) Com base na definição e no item a, o que significa dizer que uma oração coordenada é **sindética** ou **assindética**?

> Em um período composto por coordenação, as orações podem ser separadas apenas por ponto e vírgula ou vírgula. Nesse caso, elas são chamadas de **assindéticas**, ou seja, "sem síndeto". A palavra **síndeto** vem do grego *syndeton*, que significa "junção". **Assindéticas** são as orações sem conectivo entre elas. Em "**Escrevia** poesia, biografias, **traduzia**, **compunha**", os verbos formam orações coordenadas **assindéticas**.
>
> As orações coordenadas também podem ser ligadas por uma conjunção que indica relação de sentido entre as orações. A oração introduzida por conjunção é chamada de coordenada sindética. Exemplo: "A abertura da mostra 'Meu Coração de Polaco Voltou' está marcada para as 19h **e traz materiais inéditos do poeta**". Como a conjunção **e** une as ideias expressas pelas duas orações, a oração destacada é uma oração **coordenada aditiva**.

4 Releia estes versos de Florbela Espanca. Que efeito de sentido o **e** produz em cada caso?

  I. "E o velho estremeceu... olhou... e riu..." (verso 11)

  II. "Agora pela estrada, já cansados

  Voltam todos pra trás desanimados...

  E eu paro a murmurar: 'Ninguém o viu!...'" (4ª estrofe)

5 Leia o fragmento de uma notícia em que o diretor de teatro Marcio Abreu fala sobre sua peça *Vida*, em homenagem a Paulo Leminski. Observe a conjunção destacada.

> Logo de saída, Marcio Abreu já sabia muita coisa. Sabia que seu novo espetáculo não iria falar de Paulo Leminski, **nem** sobre ele. Também tinha certeza de que não pretendia adaptar um livro que ele tivesse escrito **nem** tampouco apresentar trechos de seus poemas. "Não queria nada disso", diz o diretor. "O que eu queria mesmo era conversar com Leminski."
>
> *O Estado de S. Paulo*, 16 jul. 2010. Disponível em: <https://cultura.estadao.com.br/noticias/teatro,um-mergulho-no-mundo-do-poeta-paulo-leminski,581976>. Acesso em: 16 out. 2018.

a) Qual é o sentido da conjunção em destaque?

b) Com base no item anterior, de que tipo são as orações iniciadas por **nem**?

c) As orações ligadas por **nem**, nesses casos, têm um verbo subentendido. Reescreva os períodos usando os verbos omitidos.

> Além de **e**, usa-se a conjunção **nem** como conectivo em orações coordenadas aditivas. O conectivo **nem** tem o valor de "e não", porque adiciona uma negativa a outra feita anteriormente, como em: "Não pretendia adaptar um livro que ele tivesse escrito **nem** (= e não pretendia) apresentar trechos de seus poemas".

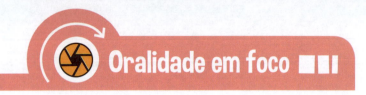

Sarau de poesias

A turma fará agora um sarau de poesias. Um sarau é uma reunião com finalidade literária, em que as pessoas se encontram para declamar poemas, ler trechos de obras literárias e cantar canções.

Nesta unidade você leu poemas de Florbela Espanca e Paulo Leminski. Para inspirar-se ainda mais, leia agora um poema de Mario Quintana, conhecido como o poeta das coisas simples.

Os poemas

Os poemas são pássaros que chegam
não se sabe de onde e pousam
no livro que lês.
Quando fechas o livro, eles alçam voo
como de um alçapão.
Eles não têm pouso
nem porto
alimentam-se um instante em cada par de mãos
e partem.
E olhas, então, essas tuas mãos vazias,
no maravilhado espanto de saberes
que o alimento deles já estava em ti…

Mario Quintana. *Nariz de vidro*. São Paulo: Moderna, 2003. p. 18.

Observe as imagens utilizadas no poema. Para o eu lírico, os poemas são pássaros. Por que ele associou os poemas a pássaros? Discuta com os colegas essa metáfora. Observe a importância que os leitores ganham, para o eu lírico, na construção do sentido do poema com essa imagem. Perceba como a linguagem subjetiva é fundamental para a construção das ideias. Repare no ritmo, nos versos sem pontuação, que se encadeiam e sugerem uma leitura mais solta e livre.

Além do poema de Mario Quintana, relembre os poemas que estudou nesta unidade para criar um ambiente pleno de linguagem poética e dar início à organização do sarau. Você declamará poemas, isto é, vai dizê-los sem ler.

A declamação é uma espécie de leitura dramatizada que se faz **de cor**. A expressão **de cor** significa "de memória"; **cor** (lida com **o** aberto) é uma palavra latina que quer dizer "coração". Antigamente, acreditava-se que o coração era o órgão responsável pela memória.

Preparação

1. Você pode treinar a declamação com o poema de Mario Quintana. Para isso:
   - leia-o várias vezes em voz alta;
   - observe a pontuação e as pausas; atente também para o cavalgamento, fenômeno que ocorre quando um verso acaba de forma inesperada, tendo sua continuação no verso seguinte;
   - dê entonação adequada à leitura e utilize gestos e pequenos movimentos do corpo para acompanhar os versos;
   - combine com os colegas de seu grupo de cada um decorar alguns versos, e façam uma declamação continuada, em que um dá sequência à fala do outro.
2. Cada aluno deverá trazer um poema, que pesquisará nesta unidade, em *sites* ou livros de poesia. Veja algumas sugestões no boxe **Ampliar**, ao lado. Escolha um poema de que você goste, que fale de coisas que fazem sentido para você. Escolha-o também pela qualidade sonora, pelo ritmo que propõe, por sua melodia.

Para a pesquisa

Na biblioteca, você poderá procurar antologias, livros que reúnem poemas de autores importantes da literatura brasileira organizados de acordo com algum critério, e obras de seu poeta preferido. Procure, entre outros, poemas de Henriqueta Lisboa (Minas Gerais, 1901-1985), que escreveu um livro chamado *O menino poeta*, e de Cecilia Meireles (Rio de Janeiro, 1901-1964), que escreveu, por exemplo, *Ou isto ou aquilo*, com poemas em que brinca com os sons das palavras.

Você pode também buscar livros de Florbela Espanca e Paulo Leminski, poetas que conheceu nesta unidade.

Ampliar

Nos *sites* a seguir você encontrará poemas de Vinicius de Moraes (Rio de Janeiro, 1913-1980) e de Roseana Murray (Rio de Janeiro, 1950-). Vinicius de Moraes, conhecido como Poetinha, escreveu lindos versos de amor. Roseana Murray costuma falar, em seus poemas, de temas ligados ao universo infantojuvenil. Nos *sites*, além de poemas você encontrará informações sobre a vida e a carreira deles.

Disponível em: <www.viniciusdemoraes.com.br>. Acesso em: 14 jul. 2018.

Disponível em: <roseanamurray.com/site/index.php/poemas/>. Acesso em: 14 jul. 2018.

3. Escolhido o poema, é hora de ensaiar a declamação. Siga estas orientações.
   - Faça uma leitura silenciosa do poema para identificar seu tema e compreender seu sentido.
   - Releia-o em voz alta, quantas vezes forem necessárias, para observar e marcar: as pausas, a pontuação, a organização em versos e estrofes. Isso ajudará você a obter o ritmo da declamação.
   - Treine o modo de falar e conjugue o conteúdo de sua fala com sua postura e seus gestos.
   - Dê vida nova ao poema, imprimindo emoção e subjetividade à leitura.
   - Declame para alguém que possa sugerir alterações, propor uma entonação mais viva ou um destaque maior a alguma passagem.

Realização

4. Escolha, com o professor e os colegas, o melhor dia para a realização do sarau. Definam a ordem das declamações e organizem o espaço da sala de aula para a apresentação. Vocês poderão ambientar a sala, decorando-a com a ilustração dos poemas no mural. Os alunos que tocam instrumentos musicais também poderão levá-los para deixar a apresentação ainda mais dinâmica.
5. Se a turma e o professor acharem interessante, poderão convidar os pais ou outra turma da escola para assistir ao sarau. A presença do público poderá tornar a atividade mais calorosa e animada.
6. Em um sarau, durante cada apresentação, todos ouvem em silêncio e com atenção. É preciso saber ouvir o outro e respeitar sua escolha para apreciar a poesia e o que ela pode nos oferecer.
7. Ao final de cada declamação, aplaudam.

Avaliação

8. Houve variedade de poemas e autores nas declamações?
9. Sua declamação foi adequada ao ritmo e à entonação propostos pelo poema escolhido?
10. Você imprimiu emoção e intensidade à leitura nos momentos certos?
11. O sarau conseguiu envolver toda a turma? Todos participaram?
12. A turma soube respeitar a vez de cada um e apreciar as diferentes escolhas?
13. Quais poetas você conheceu nesse sarau? Que autor gostaria de conhecer melhor, procurando mais poemas dele?

Oficina de produção

Poema

Agora que você participou do sarau e já conhece mais a linguagem poética, é sua vez de ser poeta e produzir o próprio poema.

Escrever um poema exige esforço, trabalho e criatividade. Por ser um texto que trabalha a dimensão sonora da linguagem, com imagens e ritmo, o poema requer atenção não só ao conteúdo do que está sendo escrito, mas também ao plano da expressão.

Relembre, no boxe abaixo, as características do gênero.

> - Os poemas são escritos em versos que podem dividir-se ou não em estrofes.
> - Usam a linguagem figurada, com figuras de linguagem que dão novos sentidos às palavras, o que possibilita diferentes leituras do texto.
> - Apresentam ritmo criado por alguns recursos, tais como:
>   - rima: coincidência sonora que aparece, em geral, no final dos versos;
>   - métrica: quantidade de sílabas poéticas do verso. Pode ser regular, quando todos os versos têm o mesmo número de sílabas poéticas; ou irregular, quando o número de sílabas não é o mesmo em todos os versos.
>   - pontuação: indica pausas e entonações para a leitura oral.

Preparação

1. Defina o assunto do poema. Lembre-se de que o poeta dá voz a um eu lírico que expressa suas emoções e sentimentos em relação a determinado assunto. Veja algumas sugestões:
   - inquietações da adolescência;
   - memórias de infância;
   - a passagem do tempo;
   - o fazer poético;
   - encontros e desencontros amorosos;
   - amizades.

Simone Matias

2. Comece a estrururar seu poema. Pense no modo como você construirá o eu lírico do poema.
   - Ele falará com alguém?
   - Se sim, com quem? Com a pessoa amada? Com o leitor?
   - Demonstrará que sentimentos?
   - O poema terá um tom bem-humorado ou melancólico?
3. Defina a forma do poema.
   - Ela será fixa ou livre?
   - Haverá rima nos versos?
   - O poema terá apenas uma estrofe ou mais?
   - Como se organizará no espaço da página?
4. Faça um primeiro esboço do poema para perceber a organização dos versos no papel, a adequação da forma fixa ou livre ao tema escolhido, a necessidade de rimas.
5. Verifique se usou uma linguagem figurada, que ajude o leitor a construir, ao ler o poema, imagens fortes e impactantes.
6. Após estruturar o rascunho do poema, você estará pronto para escrevê-lo.

Realização

7. Escreva o poema à mão ou no computador. Leia o que escreveu em voz alta, assinale o que precisa ser alterado e passe o texto a limpo.
8. Releia o poema, primeiro silenciosamente, para corrigir a pontuação e a ortografia. Em seguida, faça a leitura oral. Verifique se encadeou bem os versos, se fez rimas, se a metrificação cria uma melodia e ajuda a construir o ritmo do poema. Faça novos ajustes.
9. Passe a limpo a versão final e torne a ler. Um poema se faz de trabalho continuado, de muitas substituições, acertos, escolhas, até que seja considerado pronto.

Revisão

10. Releia a última versão escrita do poema. Observe se conseguiu expressar suas ideias e dizer o que queria.
11. Examine se utilizou recursos como:
    - metrificação;
    - rimas;
    - encadeamento dos versos;
    - distribuição adequada do conteúdo do poema em estrofes.
12. Reveja a pontuação e a ortografia das palavras. Faça correções, se necessário.
13. Leia a versão final em voz alta e, se preciso, faça ajustes que tornem o ritmo do poema mais adequado ao conteúdo e à forma como foi expresso.
14. Passe o poema a limpo à mão ou usando um programa de edição de textos
15. Você poderá guardar seu poema em um arquivo pessoal para revê-lo ao longo do tempo e modificá-lo até considerá-lo pronto. Pode também publicá-lo no mural da turma ou apresentá-lo em um novo sarau, aproveitando a experiência que adquiriu na seção **Oralidade em foco**.

Retomar

Leia o poema a seguir, de Machado de Assis, e responda às questões.

Círculo vicioso

Bailando no ar, gemia inquieto vaga-**lume**:
– "Quem me dera que fosse aquela loura estrela,
Que arde no eterno azul, como uma eterna vela!"
Mas a estrela, fitando a lua, com ciúme:

– "Pudesse eu copiar o transparente lume,
Que, da grega **coluna** à **gótica** janela,
Contemplou, suspirosa, a fronte amada e bela!"
Mas a lua, fitando o sol, com azedume:

– "Mísera! tivesse eu aquela enorme, aquela
Claridade imortal, que toda a luz resume!"
Mas o sol, inclinando a **rútila** capela:

– "Pesa-me esta brilhante auréola de **nume**...
Enfara-me esta azul e desmedida **umbela**...
Por que não nasci eu um simples vaga-lume?"

Machado de Assis. *Novas seletas.* Rio de Janeiro: Nova Fronteira, 2002. p. 101.

1 Analise alguns aspectos do poema.

a) O poema emprega rimas. Use iniciais maiúsculas para explicar o esquema de rimas.

b) Quanto à metrificação, há um padrão rígido ou ela é mais livre? Justifique sua resposta.

c) Explique a divisão das estrofes e identifique o tipo de poema.

d) Essas características demonstram um poema com um ritmo mais marcado ou mais livre?

e) Escreva a afirmação correta no caderno e justifique sua escolha.

- O ritmo do poema garante a ele um tom sério e de rigidez poética.
- O ritmo do poema lhe confere naturalidade, como em uma conversa.

2 Analise a terceira estrofe, que mostra a fala da lua dirigida ao sol.

– "Mísera! tivesse eu aquela enorme, aquela
Claridade imortal, que toda a luz resume!"
Mas o sol, inclinando a rútila capela:

a) Que qualidade do sol a lua admirava? Por que ela nutria essa admiração?

b) Que conectivo marca uma oposição entre a admiração da lua e o sentimento do sol em relação a ele mesmo?

3 No poema, o eu lírico reúne algumas falas.

a) Que falas são citadas em cada estrofe?

b) Que sentimento as três primeiras falas demonstram?

c) O que é discutido no poema por meio dessas falas?

d) Que figura de linguagem foi usada para construir essa reflexão?

Glossário

Coluna: característica da arquitetura grega, usada no período da Antiguidade Clássica.
Enfarar: entediar.
Gótica: estilo arquitetônico muito usado nas janelas das igrejas na Idade Média.
Lume: clarão, brilho.
Nume: divindade.
Rútila: brilhante.
Umbela: objeto em forma de guarda-chuva.

4 Observe a pontuação usada no poema.

a) O que o uso das aspas indica?

b) Que pontuação marca as falas do vaga-lume, da estrela e da lua? O que elas indicam?

c) O que acontece com a pontuação usada para terminar as frases do sol? O que ela revela?

5 Releia a primeira e a última estrofe do poema.

Bailando no ar, gemia inquieto vaga-lume:
– "Quem me dera que fosse aquela loura estrela,
Que arde no eterno azul, como uma eterna vela !"
Mas a estrela, fitando a lua, com ciúme:

[...]

– "Pesa-me esta brilhante auréola de nume...
Enfara-me esta azul e desmedida umbela...
Por que não nasci eu um simples vaga-lume?"

a) Como o vaga-lume se sente no início do poema?

b) Que característica da estrela ele admirava? Transcreva as palavras e expressões que revelam essa admiração.

c) E o sol? Que sentimentos demonstra?

d) Que elemento repete-se no primeiro e no último verso do poema?

e) Relacione essa repetição ao título do poema **Círculo vicioso**. Explique o que vem a ser um círculo vicioso.

6 Leia a primeira estrofe do poema "O amor venceu", do poeta contemporâneo Chacal.

o amor venceu

    o amor ficou xarope
séculos de emoção caramelada deram nisso
o amor perdeu a validade
o amor venceu
    [...]

Chacal. *Murundum*. São Paulo: Companhia das Letras, 2012. p. 51.

a) A estrofe usa rimas?

b) Observe o tamanho dos versos. Como eles são?

c) O que essas características indicam sobre o poema?

7 Observe o verso "o amor ficou xarope".

a) O eu lírico usa a linguagem figurada para revelar que característica do amor?

b) Que figura de linguagem é usada no verso? Explique sua resposta.

c) Com base nessa relação e na leitura da estrofe, explique o que aconteceu com o amor.

d) Transcreva o verso que critica o excesso de romantismo com que o amor foi tratado ao longo do tempo.

8 Observe as orações que compõem a estrofe do poema "O amor venceu".

a) Quantas orações compõem a estrofe? Como elas se organizam?

b) Que efeito tem o encadeamento dessas orações, do modo como foi feito?

207

UNIDADE 8

Literatura e cinema

Antever

1. Observe com atenção a imagem. O que você acha que as personagens estão fazendo?

2. O menino chama-se Hugo, e a menina, Isabelle. Pelas roupas das personagens, em que época se passa o filme?

3. Preste atenção nos recursos usados na cena, nas cores, na iluminação. Que ambiente, que clima esses recursos cinematográficos ajudam a criar na cena?

4. Você assistiu a esse filme? Se assistiu, conte a história aos colegas. Se não, ficou interessado em conhecer o filme? Por quê?

5. Você já assistiu a algum filme que tenha tomado como base uma história narrada em livro? Qual? Para você, que diferenças existem entre narrar uma história num romance e num filme?

Nesta unidade, você descobrirá que duas linguagens tão diferentes como a literatura e o cinema podem desenvolver a mesma história. E cada uma desperta no leitor ou espectador um tipo de emoção. Como será que isso acontece?

Cena do filme *A invenção de Hugo Cabret*, de Martin Scorsese, lançado em 2012. Sucesso em todo o mundo, o filme teve mais de 1 milhão de espectadores somente no Brasil.

209

CAPÍTULO 1

Antes da leitura

Observe, ao lado, a reprodução da folha de rosto do livro do qual foi extraído o texto que será lido a seguir.

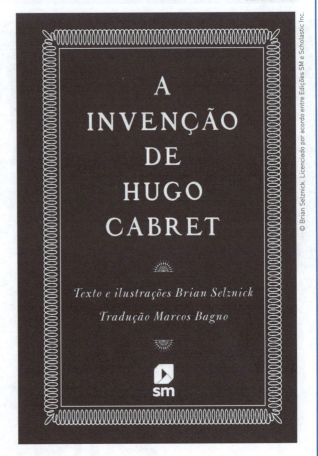

1. Numa folha de rosto constam dados como título e autor da obra, nome do tradutor, quando for o caso, e da editora. Identifique o título do romance e o nome do autor do texto e das ilustrações.

2. O título original do livro é *The invention of Hugo Cabret*. Em que idioma original foi escrito? Qual é o nome do tradutor da edição brasileira?

3. Sobre a composição da folha de rosto, faça o que se pede.
   a) Que cores são usadas?
   b) Quais são os efeitos produzidos por essas cores? De vivacidade, contenção de recursos, exagero, discrição?
   c) Como são as fontes usadas, isto é, os tipos de desenho das letras?
   d) Observe o elemento gráfico que contorna a página. Pensando nesses arabescos e nas informações constantes da folha de rosto, responda às questões.
   - Que tipo de história você imagina que será contada?
   - De que modo será narrada?

4. Leia um trecho da introdução do livro, em que o narrador da história se dirige ao leitor.

   Quero que você se imagine sentado no escuro, como no início de um filme. Na tela, o sol logo vai nascer, e você será levado em *zoom* até uma estação de trem no meio da cidade.

   Brian Selznick. *A invenção de Hugo Cabret*. São Paulo: Edições SM, 2007. s. p.

   a) Quando você vai ao cinema, já reparou que por alguns instantes tudo fica no escuro? Qual é a sensação que você tem nesse momento?
   b) *Zoom* é um recurso de filmagem que aproxima e distancia a imagem, com o uso da câmera em movimento. Como você imagina a cena descrita pelo narrador?
   c) Que relação pode haver entre a apresentação visual da folha de rosto e a mensagem do narrador?

Você lerá a seguir o Capítulo 1 do livro *A invenção de Hugo Cabret*, composto de texto e ilustração. A história se passa em Paris, na década de 1930. Hugo é um menino que vive sozinho em uma estação de trem da cidade e passará por muitas aventuras. Prepare-se para conhecê-las!

Parte 1

1
O ladrão

Do seu esconderijo atrás do relógio, Hugo podia ver tudo. Esfregava nervosamente os dedos no caderninho em seu bolso e dizia a si mesmo para ter paciência.

O velho na loja de brinquedos estava discutindo com a menina. Ela devia ter a mesma idade de Hugo, e ele frequentemente a via entrar na loja com um livro debaixo do braço e desaparecer atrás do balcão.

Hoje o velho parecia agitado. Será que descobriu que alguns dos seus brinquedos sumiram? Bem, já não era possível fazer nada sobre isso agora.

Hugo precisava dos brinquedos.

O velho e a menina discutiram um pouco mais e, por fim, ela fechou o livro e saiu correndo.

Felizmente, em poucos minutos o velho tinha cruzado os braços sobre a barriga e fechado os olhos.

Hugo se arrastou através das paredes, saiu por uma entrada de ventilação e disparou pelo corredor até alcançar a loja de brinquedos. Nervoso, esfregou o caderninho mais uma vez e então, cautelosamente, envolveu com a mão o brinquedo de corda que desejava.

Mas de repente houve um movimento dentro da loja, e o velho adormecido voltou para a vida. Antes que Hugo pudesse correr, o velho o agarrou pelo braço.

O ratinho azul de corda que Hugo tinha apanhado se soltou de sua mão, deslizou pelo balcão e caiu no piso com um estalo.

– Ladrão! Ladrão! – gritou o velho para o corredor vazio. – Alguém chame o inspetor da estação!

A menção ao inspetor fez Hugo entrar em pânico. Contorceu-se e tentou fugir, mas o velho apertava seu braço com força e não deixava que ele escapasse.

– Até que enfim te peguei! Agora esvazie os bolsos.

Hugo rosnou feito um cachorro. Estava furioso consigo mesmo por ter sido apanhado.

O velho puxou ainda mais, até Hugo ficar praticamente na ponta dos pés.

– O senhor está me machucando!

– Esvazie os bolsos!

Relutante, Hugo tirou, um a um, dezenas de objetos dos bolsos: parafusos, pregos e lascas de metal, porcas e cartas de baralho amassadas, pecinhas de relojoaria e rodas dentadas. Mostrou uma caixa de fósforos esmagada e algumas velinhas.

— Falta um bolso ainda... — disse o velho.

— Não tem nada nele!

— Então coloque ele do avesso.

— Não estou com nada seu! Me solte!

— Onde está o inspetor? — gritou o velho mais uma vez para o corredor. — Por que ele nunca vem quando é preciso?

Se o inspetor da estação aparecesse, com seu uniforme verde, no final do corredor, Hugo sabia que tudo estaria acabado. O menino se debateu contra o velho, mas em vão. Por fim, Hugo enfiou a mão trêmula no bolso e de lá tirou seu caderninho de papelão surrado. A capa estava lisa de tão esfregada.

Sem relaxar o aperto no braço do menino, o velho agarrou o caderninho, levou-o para longe do alcance de Hugo, abriu e o folheou. Uma página chamou sua atenção.

— Me devolve isso! É meu! — gritou Hugo.

— Fantasmas... — murmurou o velho para si mesmo. — Eu sabia que mais cedo ou mais tarde eles me achariam aqui.

Brian Selznick

O ilustrador e autor Brian Selznick nasceu em Nova Jersey, nos Estados Unidos. Cursou uma faculdade voltada para artes de *design* e, depois de se graduar, passou a trabalhar em narrativas ilustradas. Publicou dezenas de trabalhos e, em quase todos, atuou como escritor e ilustrador. Seu livro mais conhecido é *A invenção de Hugo Cabret*, de 2007. O filme baseado no livro ganhou vários prêmios e foi adaptado para o cinema por um dos maiores diretores da atualidade, Martin Scorsese.

Chris J Ratcliffe/Getty Images

Fechou o caderninho. A expressão em seu rosto mudava rapidamente, de medo para tristeza, de tristeza para raiva.

— Quem é você, garoto? Foi você que fez esses desenhos?

Hugo não respondeu.

— Eu perguntei: foi você que fez esses desenhos?

Hugo rosnou novamente e cuspiu no chão.

— De quem você roubou esse caderno?

— Não roubei.

O velho grunhiu e, com um safanão, soltou o braço de Hugo.

— Me deixe em paz, então! Fique longe de mim e da minha loja.

Hugo esfregou o braço e deu um passo atrás, esmagando sem querer o rato de corda que tinha caído no chão.

O velho se arrepiou ao som do brinquedo sendo quebrado.

Hugo apanhou as peças fragmentadas e as colocou sobre o balcão.

— Não vou embora sem o meu caderno.

— Não é mais o seu caderno. É meu, e vou fazer com ele o que eu quiser.

O velho balançou no ar a caixa de fósforos de Hugo.

— Talvez eu ponha fogo nele!

— Não!

O velho recolheu tudo que caíra dos bolsos de Hugo, incluindo o caderninho. Colocou tudo num lenço, deu um nó e o cobriu com as mãos.

— Então me fale dos desenhos. Quem fez?

Hugo nada disse.

O velho deu um soco com o punho no balcão, fazendo tremer todos os brinquedos.

— Saia já daqui, seu ladrãozinho!

— O senhor é o ladrão! — gritou Hugo enquanto se virava e saía correndo.

O velho gritou alguma coisa atrás dele, mas tudo o que Hugo ouvia era o toque-toque de seus sapatos ecoando pelas paredes da estação.

Brian Selznick. *A invenção de Hugo Cabret*. São Paulo: Edições SM, 2007. p. 46, 47, 50, 51, 60 e 61.

Estudo do texto

1. Observe a imagem que acompanha o texto escrito e compõe, junto com outras, o Capítulo 1.
   a) Ela parece feita à mão ou no computador? Como você percebe isso?
   b) A técnica utilizada confere ao desenho um efeito de subjetividade ou de objetividade? Justifique sua resposta.
   c) Quem aparece em primeiro plano, na cena principal? Quem é essa pessoa, provavelmente?
   d) O que se vê em segundo plano, isto é, mais ao fundo?
   e) Qual foi a estratégia usada pelo ilustrador para criar os efeitos de aproximação e distanciamento na imagem?
   f) Por onde o menino espia? Volte ao texto e faça a correspondência entre o fato narrado e a imagem.
   g) Localize no texto as duas frases que se referem a essa ilustração. Escreva-as no caderno.

2. Agora, veja as imagens que antecedem a ilustração analisada anteriormente.

a) Observe a sequência das imagens.
- O que se vê primeiro?
- E depois?
- Que recurso foi usado na transição de um desenho para o outro?

b) As imagens correspondem à visão de quem está em que posição em relação ao relógio?

c) Hugo está em que posição em relação ao relógio? Nessa posição, qual era a visão que ele tinha da estação?

d) Que efeito a sequência das imagens produz?

e) Que recurso usado na folha de rosto aparece também nas imagens?

f) Os recursos de desenho usados no livro aproximam-se dos recursos usados em que outra linguagem? Justifique a resposta.

g) Explique a importância das ilustrações que antecedem o texto para a contextualização da história.

3 Leia novamente o primeiro parágrafo.

> Do seu esconderijo atrás do relógio, Hugo podia ver tudo. Esfregava nervosamente os dedos no caderninho em seu bolso e dizia a si mesmo para ter paciência.

a) O que significa a palavra **esconderijo**?

b) De que modo o desenho confirma esse significado?

4 Sobre a cena observada pelo menino, responda:

a) Quem estava na loja? Como estava o ânimo de cada pessoa?

b) Qual era a expectativa de Hugo ao observar a loja?

5 Hugo saiu do seu esconderijo.

a) O que ele levava de mais precioso? Que valor esse objeto parecia ter para Hugo?

b) Quais eram os movimentos feitos por Hugo? Qual palavra do sétimo parágrafo indica o modo como ele se movia?

c) Com base no fato de Hugo viver em um esconderijo e em seu modo de movimentar-se na estação, o que se pode esperar da narrativa?

6 Leia o oitavo parágrafo e observe a palavra e a expressão que o iniciam.

> Mas de repente houve um movimento dentro da loja, e o velho adormecido voltou para a vida. Antes que Hugo pudesse correr, o velho o agarrou pelo braço.

- O que elas sugerem sobre o andamento da narrativa?

7 Responda às questões seguintes para mostrar o que mudou para Hugo a partir do oitavo parágrafo.

a) Do que ele é acusado? A acusação é justa? Por quê?

b) De quem é a fala "Até que enfim te peguei"? O que ela indica sobre o comportamento de Hugo? Que expressão mostra isso?

c) Por que Hugo fica nervoso quando o senhor manda que esvazie os bolsos?

d) Por que provavelmente Hugo temia que o inspetor aparecesse?

e) Quando o senhor ordena a Hugo que esvazie os bolsos, o narrador assim começa o parágrafo seguinte: "Relutante, Hugo tirou, um a um, dezenas de objetos dos bolsos [...]". Por que Hugo estava relutante?

- Para responder, pesquise no dicionário o sentido de **relutante** e considere o contexto de uso.

8 Releia.

— Me devolve isso! É meu! — gritou Hugo.

— Fantasmas... — murmurou o velho para si mesmo. — Eu sabia que mais cedo ou mais tarde eles me achariam aqui.

Fechou o caderninho. A expressão em seu rosto mudava rapidamente, de medo para tristeza, de tristeza para raiva.

a) Qual era o motivo da discussão?

b) Quais substantivos mostram a oscilação de sentimentos do senhor da loja? Como eles se revelavam?

c) O que o leitor pode supor, com base na fala murmurada do senhor da loja?

d) O senhor devolve o objeto a Hugo? Como reage o menino?

e) O que toda essa complicação sugere a você em relação ao desdobramento da narrativa?

9 Até esse ponto da narrativa, o narrador não revelou os motivos que levavam Hugo a roubar os brinquedos.

• Volte à imagem reproduzida na seção **Antever** e associe-a ao Capítulo 1.

a) Em sua opinião, por que Hugo roubava os brinquedos?

b) Para que, possivelmente, eles lhe serviam?

10 Analise o narrador da história.

a) Qual é o foco narrativo escolhido?

b) O que esse foco indica a respeito do envolvimento do narrador na narrativa? Ele participa de tudo? O que sabe das personagens?

c) O narrador conta os acontecimentos ao mesmo tempo que ocorrem ou os narra em um tempo posterior, depois de saber de toda a história? Justifique sua resposta.

d) A narrativa se dá como em uma notícia de jornal, fornecendo todas as informações ao leitor, ou ela vai revelando os acontecimentos aos poucos, para criar suspense? Explique sua resposta.

Foco narrativo e narrador onisciente

O narrador é aquele que conta a história, narra as ações desenvolvidas. Ele pode participar dessas ações como personagem, escrevendo em primeira pessoa, ou pode narrar como alguém que não participa das ações, um observador, escrevendo em terceira pessoa. No Capítulo 1, desde a primeira frase, "Do seu esconderijo atrás do relógio, Hugo podia ver tudo", notamos que o narrador não é Hugo, mas alguém que fala sobre o menino. Quando um texto é construído dessa forma, dizemos que o foco narrativo está em terceira pessoa: conta a história de um ele, ela, ou eles, elas. Já num texto em que o narrador é também personagem, o foco narrativo está em primeira pessoa, eu. Se isso acontecesse e Hugo narrasse sua história, diria algo como "Do esconderijo atrás do relógio, eu podia ver tudo". Isso é muito comum nas autobiografias, por exemplo.

O narrador pode, ainda, saber tudo o que se passa na cabeça das personagens, prever suas reações, descrever seu estado de espírito. Nesse caso, ele será um **narrador onisciente**, que sabe de tudo (em latim, o prefixo *oni* significa "todo" ou "tudo" e *sciente* significa "que sabe, que tem conhecimento"). É mais comum que ele apareça quando o foco narrativo está em terceira pessoa.

11 Sobre os elementos da narrativa nesse primeiro capítulo, responda:

a) Quem são as personagens? Quais estão em destaque?

b) Quem é a personagem principal da narrativa? Quem se opõe às suas ações, atrapalhando seus objetivos? O que isso representa na narrativa?

c) Releia os diálogos. Em que tom a conversa ocorreu? Por que esse tom foi utilizado?

d) Em que lugar tudo se desenrola? Como era esse espaço?

e) Onde vivia Hugo? Por que provavelmente vivia ali?

12 Observe a sequência dos acontecimentos do Capítulo 1.

a) Escreva no caderno os acontecimentos na ordem em que acontecem na narrativa.

- O senhor surpreende Hugo, e o menino é obrigado a mostrar o que tem nos bolsos.
- O senhor da loja surpreende-se com o que vê no caderninho.
- Hugo observa a loja de brinquedos e as ações do senhor.
- O senhor toma o caderninho de Hugo.
- Hugo sai do esconderijo e entra na loja de brinquedos.

b) A intensidade do encadeamento dos acontecimentos vai diminuindo ou aumentando? O que esse procedimento revela sobre a narrativa?

c) Pense em sua experiência de leitor.

- Que sensação as estratégias mencionadas nessa atividade provocam em você?
- Elas modificam seu ritmo de leitura?

d) Que perguntas o Capítulo 1 deixou sem respostas? O que acontecerá nos capítulos seguintes?

Linguagem, texto e sentidos

1 Releia trechos dos diálogos.

– Me devolve isso! É meu! – gritou Hugo.
– Fantasmas… – murmurou o velho para si mesmo. – Eu sabia que mais cedo ou mais tarde eles me achariam aqui.
[…]
– De quem você roubou esse caderno?
– Não roubei.
[…]
– Me deixe em paz, então! Fique longe de mim e da minha loja!
[…]
– Saia já daqui, seu ladrãozinho!
– O senhor é o ladrão! – gritou Hugo enquanto se virava e saía correndo.

a) As personagens do diálogo já se conhecem? Já haviam conversado antes?

b) A linguagem usada no diálogo usa registro informal ou formal?

c) Quais são as marcas desse registro encontradas no diálogo?

d) Considerando o contexto do diálogo e os ânimos dos participantes, por que foi usado esse registro?

e) Que forma de tratamento Hugo usa para se referir ao dono da loja? Esse tratamento está adequado ao registro que você identificou?

2 Observe a posição dos pronomes nas falas do diálogo e do narrador.

   I. "**Me** devolve isso! É meu! [...]"

   II. "**Me** deixe em paz, então! [...]"

   a) Volte ao texto e identifique a quem o pronome **me** está relacionado em cada exemplo.

   b) Qual é a posição do pronome **me** em relação ao verbo?

   c) Leia um trecho retirado do livro *Oliver Twist*, de Charles Dickens. A fala é de um juiz no tribunal, que julga se o menino Oliver, órfão como Hugo, poderá trabalhar como limpador de chaminés.

   – Recusamo-nos a sancionar essa petição — disse o juiz colocando de lado o papel enquanto falava.

   Charles Dickens. *Oliver Twist*. São Paulo: Melhoramentos, 2002. p. 19.

   • Nessa fala, o pronome ocupa a mesma posição que em I e II? Explique sua resposta.

   d) Compare os trechos I e II com o fragmento de *Oliver Twist*. Em cada um deles, a situação é formal ou informal? Explique sua resposta.

   e) Com base nesses casos, como se pode relacionar a posição dos pronomes com a situação de comunicação ou o contexto?

3 Leia estes trechos, retirados da introdução (I) e do Capítulo 1 (II) de *A invenção de Hugo Cabret*.

   I. "Vai avistar um menino no meio da multidão e **ele** começará a se mover pela estação. Siga-o, porque este é Hugo Cabret."

   II. "– Falta um bolso ainda... – disse o velho.

   – Não tem nada nele!

   – Então coloque **ele** do avesso."

   a) Em I, os pronomes **ele** e **o** referem-se a que ou a quem? Por que são usados? As funções são as mesmas no exemplo?

   b) Em II, a que ou a quem se refere o pronome **ele**? Por que o senhor usou o pronome e não o substantivo a que ele se refere?

   c) Compare I e II.

   • O pronome **ele** assinalado nas frases tem a mesma função nos dois trechos?

   • Em I quem fala é o narrador, dirigindo-se ao leitor. Quem fala em II?

   • O uso do pronome **ele**, em II, é típico de qual situação?

   d) Em I, o narrador usou o pronome **o**, em **siga-o**. Que registro esse uso caracteriza?

4 Analise o trecho a seguir.

   Do seu esconderijo atrás do relógio, Hugo podia ver tudo. Esfregava nervosamente os dedos no caderninho em seu bolso e dizia a si mesmo para ter paciência.

   O velho na loja de brinquedos estava discutindo com a menina. Ela devia ter a mesma idade de Hugo, e ele frequentemente **a** via entrar na loja com um livro debaixo do braço e desaparecer atrás do balcão.

   [...]

   a) O pronome **a** destacado no exemplo refere-se a quem? Qual outro pronome pessoal é usado para se referir a essa pessoa?

   b) Compare o uso do pronome **a**, em "a via entrar", com o uso do pronome **ele**, em "coloque ele" (na atividade anterior).

   • Por que os usos são diferentes?

217

Prática de pontuação

1 Releia um trecho do diálogo entre Hugo e o dono da loja de brinquedos.

> – Ladrão! Ladrão! – gritou o velho para o corredor vazio. – Alguém chame o inspetor da estação!
> [...]
> – Até que enfim te peguei! Agora esvazie os bolsos.
> Hugo rosnou feito um cachorro. Estava furioso consigo mesmo por ter sido apanhado.
> O velho puxou ainda mais, até Hugo ficar praticamente na ponta dos pés.
> – O senhor está me machucando!
> – Esvazie os bolsos! [...]

a) Que tom predomina no trecho?
b) Que sinal de pontuação reforça isso? Por quê?
c) No início do trecho (linhas 1 e 2), há três travessões. Com base no que você já estudou sobre a narrativa, responda: Que função o travessão desempenha em cada uma dessas linhas? Explique sua resposta.
d) Analise os demais travessões no trecho. Por que foram usados?
e) Com base nos itens anteriores, formule uma conclusão sobre o uso dos travessões em diálogos de textos literários.

> Em diálogos, utiliza-se o travessão para introduzir a fala das personagens em discurso direto. Nesse caso, o travessão também é usado para indicar a voz do narrador, separando-a da fala da personagem. Veja: "– Me devolve isso! É meu! – gritou Hugo". O primeiro travessão introduz a fala de Hugo, e o segundo indica a voz do narrador.

2 Releia mais um trecho do diálogo entre Hugo e o dono da loja de brinquedos.

> – Me devolve isso! É meu! – gritou Hugo.
> – Fantasmas... – murmurou o velho para si mesmo. – Eu sabia que mais cedo ou mais tarde eles me achariam aqui.

- Que sinais de pontuação estão diretamente relacionados com os verbos **gritou** e **murmurou**? Por quê?

> Os sinais de pontuação dão expressividade às falas das personagens em textos literários, indicando a entonação e as emoções relacionadas com cada uma delas. É o caso do ponto de exclamação em "Me devolve isso! É meu!" e das reticências em "Fantasmas...".

3 Releia o final do Capítulo 1: "O ladrão".

> O velho recolheu tudo que caíra dos bolsos de Hugo, incluindo o caderninho. Colocou tudo num lenço, deu um nó e o cobriu com as mãos.
> – Então me fale dos desenhos. Quem fez?
> Hugo nada disse.
> O velho deu um soco com o punho no balcão, fazendo tremer todos os brinquedos.
> – Saia já daqui, seu ladrãozinho!

— O senhor é o ladrão! – gritou Hugo enquanto se virava e saía correndo.

O velho gritou alguma coisa atrás dele, mas tudo o que Hugo ouvia era o toque-toque de seus sapatos ecoando pelas paredes da estação.

a) Imagine o que o senhor teria gritado e escreva sua fala.

- Lembre-se de usar os sinais de pontuação de forma adequada para produzir os efeitos de sentido pretendidos.
- Se desejar, pode incluir a fala do narrador também.

b) Suponha que, antes de sair correndo, Hugo tenha respondido ao dono da loja de brinquedos. O que ele poderá ter dito?

- Imagine e escreva essa fala dele sem esquecer de empregar adequadamente os sinais de pontuação.

4 Agora, leia o início do Capítulo 6 do livro *A invenção de Hugo Cabret*, chamado "Cinzas". Nesse capítulo, Hugo Cabret volta à loja de brinquedos para tentar recuperar seu caderno, mas ainda não tem sucesso.

No dia seguinte, ao romper da aurora, o velho estava abrindo a loja de brinquedos quando Hugo se aproximou.

— Imaginei que ia te ver hoje – disse o velho ao se virar para Hugo.

Enfiou a mão no bolso, retirou um lenço amarrado e ficou segurando-o. Os olhos de Hugo se arregalaram, esperançosos. Mas assim que pegou no lenço, compreendeu o que lhe fora dado.

Brian Selznick. *A invenção de Hugo Cabret*. São Paulo: Edições SM, 2007. p. 135.

- Escreva no caderno uma possível continuação para esse diálogo.
- Não se esqueça de empregar sinais de pontuação para trazer vivacidade às falas das personagens e para produzir outros efeitos de sentido.

Ampliar

Os Marvels,
de Brian Selznick (SM).

Em 1766, após sobreviver a um naufrágio, Billy Marvel consegue trabalho como ator em um teatro em Londres (Inglaterra). Dez anos mais tarde, ele encontra um bebê abandonado em um cesto e o adota. O menino cresce e se torna um grande ator, e assim eles dão início a uma família de atores que encanta as plateias londrinas, até o dia em que o teatro pega fogo.

No final dos anos 1990, outra personagem, Joseph Jervis, foge do internato para procurar o tio, em Londres, com um mapa confeccionado por ele e por seu melhor amigo, Blink.

O tio se revela um homem excêntrico que mora em uma casa congelada no tempo, com quartos estranhos e temáticos. As tentativas de Joseph de desvendar os mistérios do tio o levam a refletir sobre a própria vida e sobre o que realmente quer.

As duas histórias, a de Billy e a de Joseph, se entrelaçam de maneira nada usual, mas delicada, deixando lições sobre autoconhecimento.

CAPÍTULO 2

Antes da leitura

1. Observe uma das ilustrações do Capítulo 3 do livro *A invenção de Hugo Cabret*, de Brian Selznick.

© Brian Selznick. Licenciado por acordo entre Edições SM e Scholastic Inc.

a) Onde estão o menino e o dono da loja? O que aparentam fazer?

b) Pela expressão do rosto e do corpo de Hugo, o que ele aparenta estar sentindo?

2. No final do Capítulo 1, Hugo saiu correndo furioso, porque o dono da loja pegara seu caderno.

a) Com base na ilustração do Capítulo 3, imagine o que teria acontecido depois.

b) Em sua opinião, o dono da loja iria mesmo queimar o caderno de Hugo, como ameaçou no final do Capítulo 1? Por quê?

c) Observe a expressão do rosto de Hugo na ilustração. É possível supor que o senhor devolveu o caderno ao menino? Por quê?

3. A seguir você lerá o Capítulo 4, cujo título é "A janela".

a) De acordo com o título, levante algumas hipóteses sobre o que será tratado.

b) No Capítulo 1, Hugo observou uma menina que discutia com o senhor. Quem seria ela? Que relação manteria com o dono da loja?

c) Será que Hugo reencontrará a menina no Capítulo 4? Por quê?

Leia o capítulo e continue acompanhando o que aconteceu com Hugo Cabret.

Parte 2

4
A janela

Hugo ficou parado no escuro, do lado de fora do edifício do velho. Tirou os flocos de neve dos cílios e se distraiu com os botões sujos de sua jaqueta fina, esfregando-os entre os dedos do jeito que fazia com a capa do seu caderninho.

Hugo pegou uma pedra da rua e atirou-a numa das janelas, fazendo um barulho alto.

As cortinas se abriram. Uma menina olhou para fora. Hugo pensou por um instante que tinha atingido a janela errada, mas logo a reconheceu.

Era a garota da loja de brinquedos. Hugo esteve a ponto de chamá-la, mas ela pôs um dedo nos lábios e fez sinal para que esperasse. As cortinas se fecharam de novo.

Hugo tiritava de frio. Em poucos minutos a menina apareceu, vinda dos fundos do prédio, e correu até ele.

– Quem é você?

– Seu avô roubou o meu caderno. Preciso pegar de volta antes que ele queime.

– Tio Georges não é meu avô – disse a menina. – E ele não é ladrão. Você é que é.

– Não sou, não!

Eu vi você.

— Como pode ter visto? O velho te mandou embora antes de eu chegar na loja.

— Então você estava me espionando também. Bom, estamos **quites**.

Hugo olhou curioso para a menina.

— Me deixe entrar.

— Não posso. Você tem que ir embora.

— Só vou embora depois de pegar o meu caderno.

Hugo apanhou outra pedra para lançar contra a janela, mas a menina agarrou a mão dele e o forçou a soltar a pedra. Ela era um pouco maior que ele.

— Ficou maluco? — sussurrou ela. — Não posso ser vista com você aqui fora. Por que você precisa tanto assim daquele caderno?

— Não posso dizer.

Hugo tentou pegar mais uma pedra, mas a menina o derrubou no chão e o segurou ali.

— Escuta, não posso deixar você entrar no prédio, mas prometo vigiar pra que ele não queime o seu caderno. Volte na loja de brinquedos amanhã e peça a ele seu caderno novamente.

Hugo olhou bem dentro dos grandes olhos escuros da menina e percebeu que não tinha escolha. Ela o deixou levantar, e ele correu dentro da neve noturna.

Brian Selznick. *A invenção de Hugo Cabret*. São Paulo: Edições SM, 2007. p. 99, 102-103.

Glossário

Quites: empatados em disputa ou jogo.

Ampliar

A invenção de Hugo Cabret, de Brian Selznick (SM).

O livro narra a história de Hugo Cabret, um menino órfão que mora em uma estação de trem em Paris, nos anos 1930. Ali ele faz a manutenção do grande relógio da estação, mas esconde, também, um autômato – uma espécie de robô humanoide – deixado pelo pai. Ele usa peças de brinquedos roubadas para consertar o autômato e resolver seu enigma. Seus planos são descobertos por Georges, o dono da loja de brinquedos, e sua sobrinha Isabelle.

O livro é uma homenagem ao pioneiro do cinema, George Méliès (que, na trama, é o tio de Isabelle).

Estudo do texto

1. Na seção **Antes da leitura**, você viu uma ilustração que aparece no Capítulo 3 de *A invenção de Hugo Cabret*. Após a leitura do Capítulo 4, consegue identificar que cena foi desenhada naquela ilustração?

2. Observe agora a ilustração do Capítulo 4.
   a) Descreva-a.
   b) Que relação a ilustração estabelece com o título do capítulo?
   c) A que parte do texto a ilustração se refere? Comprove sua resposta com uma sequência descritiva extraída do texto.
   d) Por que o ilustrador escolheu essa passagem para ilustrar?
   e) A ilustração contribui para a leitura do capítulo? Por quê?

3. Releia o trecho a seguir, do início do capítulo. Nesta cena, Hugo está em frente ao edifício em que mora o dono da loja.

   Hugo ficou parado no escuro, do lado de fora do edifício do velho. Tirou os flocos de neve dos cílios e se distraiu com os botões sujos de sua jaqueta fina, esfregando-os entre os dedos do jeito que fazia com a capa do seu caderninho.

   a) Que relação há entre o título e o que acontece no capítulo?
   b) Qual foi o resultado da ação do menino?
   c) Escreva no caderno as afirmativas corretas em relação ao modo como a narrativa apresenta as ações neste capítulo.
   - As ações são encadeadas e fazem a narrativa progredir.
   - As ações acontecem ao mesmo tempo e deixam a narrativa ambígua.
   - As ações sucedem-se e dão dinamismo ao texto.
   - As ações são desconexas, não seguem uma ordem cronológica, o que ajuda a aumentar a tensão da cena.

4. Releia o terceiro parágrafo do capítulo.

   As cortinas se abriram. Uma menina olhou para fora. Hugo pensou por um instante que tinha atingido a janela errada, mas logo a reconheceu.

   a) A que personagem o narrador dá destaque? Como se percebe isso no texto?
   b) Nesse trecho, o narrador conta ao leitor o pensamento de Hugo. O que isso mostra sobre o narrador?

5. Releia a pergunta que a menina fez a Hugo.

   – Ficou maluco? – sussurrou ela. – Não posso ser vista com você aqui fora. Por que você precisa tanto assim daquele caderno?

   a) Ele responde à menina por que precisa de caderno?
   b) Até esse momento da narrativa, o leitor sabe qual é a resposta da pergunta feita pela menina? Justifique.
   c) Quem tem o papel de ordenar os fatos que são contados nessa narrativa? Revelar ou esconder detalhes?
   - Que efeito isso cria na narrativa?

6 Releia o boxe da página 215 (**Foco narrativo e narrador onisciente**) e considere as atividades 4 e 5 para responder:
- Que tipo de narrador aparece no romance? Justifique sua resposta.

7 Na seção **Antes da leitura**, você levantou uma hipótese a respeito do possível reencontro de Hugo com a menina que tinha visto na estação.
a) Sua hipótese confirmou-se? Por quê?
b) Hugo e a menina já se conheciam antes? Como se reconheceram?
c) Que informações sobre o dono da loja Hugo ficou sabendo pela menina?
d) Hugo conseguiu realizar o que pretendia ao ir à casa da menina? Por quê?
e) Como a menina reagiu diante do que Hugo pretendia fazer?
f) O que Hugo sentiu ao final da conversa com a menina?
g) O que ele fez ao final da conversa?
h) O comportamento da menina leva o leitor a pensar o que sobre ela e sobre a relação que estabelecerá com Hugo?

8 O narrador descreve a noite.
a) Como estava a temperatura? Indique uma sequência do primeiro parágrafo que indique isso.
b) Localize no texto uma passagem que mostre o efeito da temperatura sobre a personagem principal.
c) A descrição da noite tem que função na narrativa?

9 A narrativa vai, aos poucos, caracterizando os ambientes, apresentando as personagens e encadeando os fatos.
a) No final do capítulo, Hugo saiu correndo. Para onde ele, provavelmente, teria ido? Justifique sua resposta.
b) O modo como o capítulo termina provoca que sensação no leitor? Explique sua resposta.
c) Com que finalidade o final do capítulo é construído dessa maneira?
d) Em sua opinião, Hugo e a menina voltarão a se encontrar? Por quê?
e) A menina cumprirá a promessa feita a Hugo?

As Crônicas de Nárnia,
de C. S. Lewis (WMF Martins Fontes).

Nessa obra, as crônicas se interligam, e as personagens transitam entre o mundo real e um mundo mítico. São sete crônicas: "O sobrinho do mago", "O leão, a feiticeira e o guarda-roupa", "O cavalo e seu menino", "Príncipe Caspian", "A viagem do peregrino da alvorada", "A cadeira de prata", "A última batalha".

Algumas das crônicas foram adaptadas para o cinema, como "O leão, a feiticeira e o guarda-roupa". Trata-se da história de quatro irmãos que, fugindo dos horrores da Segunda Guerra Mundial (1939-1945), vão para a casa de campo de um professor rico. Lá, a mais nova dos irmãos, Lucia, descobre um antigo guarda-roupa ao buscar um esconderijo, após ter quebrado uma vidraça. Ao entrar no guarda-roupa, ela percebe que, atrás dos grossos casacos, há neve e um mundo repleto de magia, criaturas míticas e perigos. Tanto essa como as demais crônicas do livro despertam reflexões sobre amizade, perdão, coragem e amor.

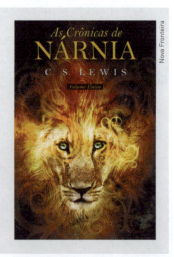

Comparando textos

1 Veja a seguir a descrição de uma sequência de cenas do filme *A invenção de Hugo Cabret*, acompanhada de alguns fotogramas.

[Após ser preso pelo inspetor da estação, Hugo consegue escapar. Uma música de fundo começa a tocar e acompanha seus movimentos. Hugo corre entre as pessoas da estação. O inspetor, ao perceber a fuga, sai correndo atrás do menino. A música acelera, o volume do som aumenta, ouvem-se latidos de cão e os gritos do inspetor. Ao chegar à torre dos relógios, Hugo observa a estação e pensa em uma saída rápida, enquanto o inspetor se aproxima guiado pelo cão farejador. A câmera se aproxima e focaliza o menino por trás do relógio, dentro da torre.]

[Hugo passa através do relógio e pendura-se no parapeito da torre, pelo lado de fora. As mãos dele escorregam na neve que cai, e o menino despenca. A música se torna mais forte e ouve-se o barulho das engrenagens do relógio. Hugo consegue pendurar-se nos ponteiros.]

[Hugo pula para a parte inferior do relógio e se abaixa. A câmera abre o plano e mostra, do alto, o menino escondido atrás do relógio, enquanto o inspetor, do lado de dentro, tenta encontrá-lo.]

[A câmera faz um *zoom* e há um *close* no inspetor, que espia por trás das engrenagens do relógio. A música fica mais lenta, e o ritmo da filmagem muda. O inspetor desiste e vai embora.]

a) Alguns termos técnicos do cinema foram usados nessa apresentação. Com base no que você viu na descrição e nas imagens, explique o que é **fotograma**, *zoom* e *close*.

b) Qual é o efeito dos recursos sonoros – a música e a reprodução do barulho das engrenagens do relógio e dos latidos – nessa sequência?

c) O movimento da câmera e a abertura e o fechamento dos planos são recursos que constroem o ponto de vista da narrativa fílmica. De quem é esse ponto de vista? Como ele é mostrado nessa sequência?

2 Analise o último fotograma, em que a câmera dá um *close* no inspetor.

a) Observe a iluminação da cena. O que está no escuro e o que aparece iluminado?
b) Que efeito causa essa iluminação?
c) O que o *close* revela em relação à distância entre as personagens?
d) Nessa imagem, a câmera mostra o ponto de vista de quem? Como isso é revelado?
e) Que efeito esse ponto de vista cria para o espectador da cena?

3 Releia este trecho do livro e compare-o com o fotograma a seguir.

Hugo se arrastou através das paredes, saiu por uma entrada de ventilação e disparou pelo corredor até alcançar a loja de brinquedos. Nervoso, esfregou o caderninho mais uma vez e então, cautelosamente, envolveu com a mão o brinquedo de corda que desejava.

a) A que parte do trecho corresponde a imagem?
b) No romance, quem descreve para o leitor as ações do menino?
c) Em um romance, é o narrador – criado pelo escritor – quem conta a história. E em um filme, quem são os responsáveis por escrever e dirigir a filmagem da história?

4 De acordo com seus conhecimentos, que recursos são importantes para narrar uma história no cinema?

Narrativas em diferentes linguagens

Narrativas, isto é, histórias, podem ser contadas em HQs, livros, jogos, filmes, utilizando-se várias linguagens: visual, verbal, verbovisual etc. Cada linguagem utiliza determinados recursos para narrar. Na escrita, efeitos de sentido são criados pela escolha do foco narrativo, da pontuação e da presença ou ausência de diálogos na trama, por exemplo.

Na linguagem cinematográfica, esses efeitos dependem de outros mecanismos, entre os quais:

- a **duração das cenas** e os cortes entre elas, que criam cenas rápidas, lentas etc.;
- o **movimento da câmera** (parada, fixa em determinada cena, ou móvel, como se fosse uma personagem, criando tensão – como ocorre, por exemplo, em filmes de terror);
- a **iluminação** (cenas muito escuras, difíceis de enxergar; cenas claras e coloridas; com muito ou pouco contraste, entre outros efeitos);
- os **efeitos sonoros** (som natural da cena ou trilha sonora), entre outros.

Esses recursos são fundamentais na linguagem cinematográfica, pois uma história não se resume ao que é contado: ela depende também de como se conta. O diretor toma o roteiro escrito pelo roteirista como base para transformar a história em filme, seguindo um ponto de vista narrativo.

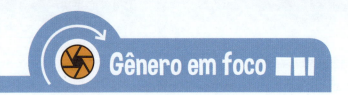

Romance

1 Releia o início dos dois capítulos de *A invenção de Hugo Cabret* estudados nesta unidade.

  I. "Do seu esconderijo atrás do relógio, Hugo podia ver tudo. Esfregava nervosamente os "dedos no caderninho em seu bolso e dizia a si mesmo para ter paciência."

  II. "Hugo ficou parado no escuro, do lado de fora do edifício do velho. Tirou os flocos de neve dos cílios e se distraiu com os botões sujos de sua jaqueta fina, esfregando-os entre os dedos do jeito que fazia com a capa do seu caderninho."

a) O narrador usa sequências descritivas para abrir os capítulos. O que as descrições indicam em relação ao lugar onde se passam os fatos e aos aspectos físico e emocional da personagem?

b) De que modo o narrador se posiciona em relação aos fatos? Fale sobre o foco narrativo e o modo como é construído no texto.

c) O olhar do narrador focaliza Hugo Cabret. O que isso indica sobre essa personagem?

d) Esses dois primeiros parágrafos mostram a situação inicial da narrativa de cada capítulo. Escreva no caderno a alternativa correta sobre o que há em comum nas duas situações.

  • O menino brinca com os dedos e os botões, lembrando sua infância.
  • Hugo está parado, observando e aguardando o momento para agir.
  • Hugo está escondido, pois era um ladrão.

2 Para mostrar o desenrolar dos acontecimentos, o narrador encadeia as ações. Releia.

  Hugo se arrastou através das paredes, saiu por uma entrada de ventilação e disparou pelo corredor até alcançar a loja de brinquedos. Nervoso, esfregou o caderninho mais uma vez e então, cautelosamente, envolveu com a mão o brinquedo de corda que desejava.

a) As ações narradas marcam o momento inicial e final de um plano de Hugo. Quais são?

b) Que tempo verbal predomina? O que esse tempo indica?

c) Os verbos encadeiam as ações em uma ordem. Quantas ações Hugo executa? Retome-as e explique o que essa ordem indica.

d) No trecho em análise, junto dos verbos são usadas palavras e expressões como (a) através das paredes", (b) "pelo corredor", (c) "nervoso", (d) "cautelosamente". Que circunstâncias são indicadas? Que efeito isso cria na narrativa?

3 No parágrafo reproduzido na atividade anterior, Hugo parece ter tido sucesso no seu objetivo. Releia o parágrafo que se segue àquele.

  Mas de repente houve um movimento dentro da loja, e o velho adormecido voltou para a vida. Antes que Hugo pudesse correr, o velho o agarrou pelo braço.

a) Que palavra e expressão, usadas para ligar os dois parágrafos, mostram ao leitor que algo adverso ocorre repentinamente?

b) O que aconteceu? Em que esse acontecimento resultou?

c) Que ação do dono da loja é destacada no trecho? Por que ele agiu assim?

4 Em uma narrativa, para que os acontecimentos se desenvolvam, ora as personagens realizam seus planos, ora enfrentam dificuldades; ora estão em um lugar, ora em outro.

a) Nas sequências analisadas nas atividades anteriores, por onde Hugo se desloca?

b) No caderno, continue a identificação das etapas que integram essa sequência narrativa.

- **Situação inicial:** Hugo observa a loja.
- **Ação 1:** O velho dorme. Consequência: ***
- **Complicação:** ***   Consequência: O senhor acorda.
- **Ação (não concretizada):** Hugo tenta fugir.
- **Ação final:** ***

c) Explique por que as narrativas são marcadas por deslocamentos, ações e complicações das ações das personagens.

5 Releia o texto do Capítulo 1 e observe os diálogos.

a) De que modo a pontuação ajuda a identificar as falas em discurso direto? Que efeito isso constrói na narrativa?

b) O narrador encadeia os fatos, envolvendo o leitor. Nesse trecho, que objeto parece ser muito importante para Hugo? De que modo a narrativa revela isso?

c) Por que a reação do senhor aumenta a sensação de que esse objeto era importante para a narrativa? O que ele parece sentir?

d) A narrativa explica ao leitor o motivo da reação de ambas as personagens? Que efeitos esse modo de narrar constrói? Por quê?

6 Como você viu, no Capítulo 4 do romance, intitulado "A janela", Hugo tenta reaver o caderno. Observe a sequência de estados e ações ocorrida no Capítulo 1.

I. Hugo tinha um caderno.

II. Hugo entra na loja e rouba um brinquedo.

III. O dono da loja pega o caderno do menino.

IV. Hugo fica sem o caderno.

a) O que muda no estado de Hugo no primeiro capítulo?

b) Que ação modifica o estado de Hugo? Quem a pratica?

c) Para modificar seu estado, o que Hugo fez no Capítulo 4? Para você, que outras saídas poderiam ser encontradas pela personagem?

d) Releia um trecho do Capítulo 4.

Hugo apanhou outra pedra para lançar contra a janela, mas a menina agarrou a mão dele e o forçou a soltar a pedra. Ela era um pouco maior que ele.

- Que tipo de interação ocorre entre as personagens?

e) Com base nas observações feitas, o que, nas narrativas, provoca mudanças no estado das personagens?

f) De que maneira o comportamento de uma personagem modifica o estado da outra?

7 Observe o modo como os capítulos 1 e 4 terminam.

I. "– O senhor é o ladrão! – gritou Hugo enquanto se virava e saía correndo.

O velho gritou alguma coisa atrás dele, mas tudo o que Hugo ouvia era o toque-toque de seus sapatos ecoando pelas paredes da estação."

II. "Hugo olhou bem dentro dos grandes olhos escuros da menina e percebeu que não tinha escolha. Ela o deixou levantar, e ele correu dentro da neve noturna."

a) O que há em comum nas ações do protagonista Hugo nos dois finais?

b) O que as ações de Hugo indicam sobre os lugares onde a narrativa se localiza?

c) Pelo modo como os capítulos acabam, o que leitor espera encontrar no início do capítulo seguinte?

8. Observe como terminam os capítulos 1 e 4 e como começam os capítulos 2 e 5 do romance.

Capítulo 1 (final): O velho gritou alguma coisa atrás dele, mas tudo o que Hugo ouvia era o toque-toque de seus sapatos ecoando pelas paredes da estação.

Capítulo 2 (início): Hugo disparou pelo corredor e desapareceu de novo pela entrada de ventilação da parede.

Capítulo 4 (final): Hugo olhou bem dentro dos grandes olhos escuros da menina e percebeu que não tinha escolha. Ela o deixou levantar, e ele correu dentro da neve noturna.

Capítulo 5 (início): Hugo correu até chegar ao seu quarto secreto.

a) O que mostra a cena que inicia o Capítulo 2? Explique por que ele começa dessa forma.

b) Agora, observe a cena final do Capítulo 4 e a cena inicial do Capítulo 5. Que relação há entre elas?

c) O que a maneira de encerrar e de começar os capítulos revela sobre a narrativa do romance?

O romance é um gênero literário em que são narradas histórias de média e longa extensão, construídas em torno de vários núcleos de ação. O enredo estabelece unidade de sentido entre as partes de um romance, mesmo que ele tenha grande número de capítulos, muitas personagens e várias situações.

As **sequências narrativas** criam o movimento, a progressão do romance, e são responsáveis pelas transformações ocorridas. Por meio das sequências narrativas desenvolve-se o enredo, que gira em torno de uma situação inicial, conflitos que geram transformações e uma situação final.

As **sequências descritivas** localizam as cenas no espaço e no tempo e contribuem para desacelerar a narrativa. Cabe ao narrador apresentar os fatos, seja numa sequência lógica, com início, meio e fim, seja pela subversão da ordem, por meio de avanços e recuos narrativos.

---

9. Observe a sequência de palavras usadas no final do Capítulo 1, destacado na atividade 7: **gritou**, **ouvia**, **toque-toque**, **ecoando**.

a) Qual dos sentidos humanos elas evocam?

b) Que sensação esse conjunto de palavras ajuda a criar em relação à saída de Hugo?

10. Agora observe a sequência de palavras usadas ao final do Capítulo 4: **olhou**, "olhos escuros", "neve noturna".

a) A que sentidos se referem?

b) Que situação é enfatizada?

c) Na narrativa, que tipo de linguagem é usada para produzir sensações e criar ambientes? Que efeitos essa linguagem produz? Explique sua resposta.

11. Hugo foi parar na estação depois da morte do pai dele.

a) Que temas foram abordados nos dois capítulos?

b) Em sua opinião, o modo como a história foi contada confere beleza à história do menino?

Em um romance, quando há um trabalho estético com a linguagem, com o uso de recursos de expressão que conferem beleza ao texto, desenvolve-se a linguagem literária, que transforma o romance em obra de arte. Nesse caso, tão importante quanto o que é narrado é o modo de narrar. O plano do conteúdo (o narrado, a história) e o plano da expressão (como se narra) harmonizam-se para produzir o sentido da obra literária.

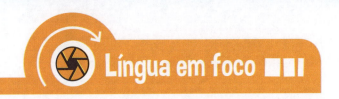

Período composto por coordenação, orações assindéticas, orações adversativas

1 Releia trechos do capítulo "O ladrão".

I. "Hugo enfiou a mão trêmula no bolso e de lá tirou seu caderninho de papelão surrado."

II. "Hugo rosnou novamente e cuspiu no chão."

III. "O velho grunhiu e, com um safanão, soltou o braço de Hugo."

a) Como podemos classificar os períodos que formam os trechos? Por quê?

b) Identifique as orações que formam cada período.

c) Agora observe as orações que identificou.
- Em cada uma delas, destaque o sujeito e o predicado.
- De que tipo são essas orações? Explique sua resposta.

d) Para que a conjunção **e** foi usada entre as orações de cada trecho?

e) Classifique as orações em assindéticas e sindéticas.

f) Releia o trecho III.
- A conjunção poderia ser retirada? Em caso afirmativo, reescreva-o sem o **e**.
- Se o **e** não fosse empregado, haveria mudança de sentido no trecho? Explique sua resposta.

2 Releia um trecho do capítulo "A janela".

Hugo tentou pegar mais uma pedra, mas a menina o derrubou no chão e o segurou ali.

a) Por que Hugo queria pegar mais uma pedra?

b) Ele conseguiu fazer o que pretendia? Por quê?

c) Que palavra marca o contraste entre a ação que Hugo faria e a ação da menina?

d) Outras palavras poderiam indicar esse contraste ou oposição entre as duas ações? Quais seriam?

> Num período composto por coordenação, as orações podem ser articuladas por uma conjunção que marca um contraste, uma oposição entre as ideias em foco. Em "Hugo tentou pegar mais uma pedra, mas a menina o derrubou no chão", o **mas** indica um contraste entre o fato de Hugo pegar uma pedra para atirar na janela e a menina tê-lo derrubado no chão, impedindo sua ação. Por isso, a oração em destaque é chamada de **oração coordenada sindética adversativa**.

3 Compare os trechos de diferentes capítulos de *A invenção de Hugo Cabret*.

I. "As cortinas se abriram. Uma menina olhou para fora."

II. "Estou tentando te ajudar. Por que você está sendo tão cruel?

Hugo piscou. Ele nunca antes tinha pensado em si mesmo como alguém cruel. **O velho era cruel, ele não**."

a) Seria possível unir as duas orações em I? Em caso afirmativo, que conectivo poderia ser usado para isso? Por quê?

b) No fragmento II, a menina da loja de brinquedos e Hugo Cabret conversam. Observe o período em destaque:
- Que informação está subentendida em "ele não"?
- Por que não foi necessário mencionar essas palavras novamente?

c) No trecho destacado em II, que conjunção poderia ser usada para indicar a relação de sentido entre as orações? Justifique sua resposta.

4. A maior parte da cena narrada no Capítulo 1 acontece na loja de brinquedos de Georges Méliès. Leia um trecho da notícia que fala sobre um museu de brinquedos localizado em Belo Horizonte, Minas Gerais.

Museu dos Brinquedos resgata história e encanta visitantes em BH

Era uma vez um gramofone de 1890, uma bonequinha de 1915, uma vitrola a corda de 1930 e uma caixinha de música de 1945... Parece mentira, mas esses objetos raros existem e estão expostos em um lugarzinho muito especial, o Museu do Brinquedo, no bairro Funcionários, região centro-sul de Belo Horizonte. [...]

O Museu dos Brinquedos foi inaugurado em outubro de 2006, mas existiu informalmente de 1986 a 1999 sob a coordenação de Luiza de Azevedo Meyer.

[...]

Fachada do Museu dos Brinquedos, em Belo Horizonte (MG).

G1. Disponível em: <http://g1.globo.com/minas-gerais/noticia/2010/10/museu-dos-brinquedos-resgata-historia-e-encanta-visitantes-em-bh.html>.
Acesso em: 3 set. 2018.

a) Considere o período: "Parece mentira, mas esses objetos raros existem e estão expostos em um lugarzinho muito especial, o Museu do Brinquedo, no bairro Funcionários, região centro-sul de Belo Horizonte. [...]".

- Quantas orações o formam? Identifique-as.
- Observe as orações que identificou e, no caderno, copie a afirmativa correta.

   O período é composto por orações coordenadas assindéticas.

   O período apresenta duas orações coordenadas sindéticas aditivas.

   O período apresenta uma oração coordenada sindética adversativa e outra aditiva.

   O período é formado por quatro orações.

b) Considere o período: "O Museu dos Brinquedos foi inaugurado em outubro de 2006, mas existiu informalmente de 1986 a 1999 sob a coordenação de Luiza de Azevedo Meyer. [...]".

- Que relação de sentido há entre as orações?
- Classifique as orações que formam o período.

5 Leia um trecho da sinopse do filme *A invenção de Hugo Cabret*, adaptação do romance de Brian Selznick.

[...] À noite, usando peças de brinquedos que ele furta de uma loja da estação, o menino tenta consertar um autômato [...]. Seus planos, **porém**, correm perigo quando ele é descoberto pelo dono da loja e pela curiosa Isabelle (Chloë Grace Moretz).

Disponível em: <www.cineclick.com.br/a-invencao-de-hugo-cabret>.
Acesso em: 3 set. 2018.

a) Pode-se dizer que a palavra em destaque tem sentido semelhante ao de **mas**? Por quê?

b) Reescreva o trecho transformando-o em um único período e usando a conjunção **mas**.

6 Releia o trecho inicial do capítulo "A janela".

Hugo ficou parado no escuro, do lado de fora do edifício do velho. **Tirou os flocos de neve dos cílios e se distraiu com os botões sujos de sua jaqueta fina**, esfregando-os entre os dedos [...].

Hugo pegou uma pedra da rua e atirou-a numa das janelas, fazendo um barulho alto.

As cortinas se abriram. Uma menina olhou para fora. Hugo pensou por um instante que tinha atingido a janela errada, **mas logo a reconheceu**.

Era a garota da loja de brinquedos. Hugo esteve a ponto de chamá-la, **mas ela pôs um dedo nos lábios e fez sinal para que esperasse**. As cortinas se fecharam de novo.

a) O trecho é formado por períodos simples e compostos. Transcreva no caderno um exemplo de cada um deles.

b) Compare os dois tipos de período empregados no trecho. Qual deles torna a leitura mais simples e direta?

c) As orações destacadas são de que tipo? Que conjunções as conectam?

d) Por que o uso dessas conjunções é importante no trecho?

7 Com base nos capítulos que leu de *A invenção de Hugo Cabret*, escreva períodos compostos por coordenação em que você descreva o que aconteceu entre Hugo e o dono da loja de brinquedos e entre Hugo e a menina. Observe as seguintes orientações:

- varie a relação entre as orações: use orações assindéticas e sindéticas;
- para articular as orações, use conjunções coordenativas, de acordo com os efeitos de sentido que deseja produzir.

Oralidade em foco

Debate público regrado — atividade oral

Nesta unidade, você leu dois capítulos do romance *A invenção de Hugo Cabret*, de Brian Selznick. Com base na observação de uma situação polêmica apresentada no romance, você e seus colegas farão um debate público regrado. Como já aprendeu, o debate é um gênero formal da oralidade em que se confrontam pontos de vistas diferentes sobre determinado assunto.

Relembre, no boxe abaixo, algumas características de um debate.

> Para fazer um debate de maneira estruturada e organizada, é preciso:
> - escolher um moderador, que irá mediar as falas dos participantes, distribuindo os turnos de fala;
> - respeitar o turno de fala do outro e ouvi-lo com atenção;
> - observar o tema em pauta. A atenção ao assunto discutido é fundamental para que as discussões sejam objetivas;
> - elaborar argumentos sólidos para defender um ponto de vista. Podem-se usar exemplos e citar opiniões de especialistas para reforçar os argumentos.

Preparação

1. Definam a função dos integrantes do grupo. Cada grupo deve ter:
   - um moderador para organizar as falas dos demais participantes e mediá-las, de modo que ninguém seja interrompido, todos se escutem e tenham chance de expor suas opiniões;
   - um relator, que anota as ideias levantadas pelo grupo, as quais vão sendo aprovadas à medida que são postas em discussão. Todos os participantes podem fazer anotações para contribuir com o trabalho do relator;
   - os demais participantes, que se organizam e anotam suas ideias no caderno para levantarem as discussões ao longo do debate.
2. Releiam um trecho do Capítulo 1.

   O ratinho azul de corda que Hugo tinha apanhado se soltou de sua mão, deslizou pelo balcão e caiu no piso com um estalo.

   – Ladrão! Ladrão! – gritou o velho para o corredor vazio. – Alguém chame o inspetor da estação!

   A menção ao inspetor fez Hugo entrar em pânico. Contorceu-se e tentou fugir, mas o velho apertava seu braço com força e não deixava que ele escapasse.

   – Até que enfim te peguei! Agora esvazie os bolsos.

   Hugo rosnou feito um cachorro. Estava furioso consigo mesmo por ter sido apanhado.

   O velho puxou ainda mais, até Hugo ficar praticamente na ponta dos pés.

   – O senhor está me machucando!

   – Esvazie os bolsos!

   Discutam a atitude de Hugo ao roubar peças na loja. O que o teria motivado a agir assim? As motivações do menino devem ser levadas em conta? Como deve ser encarado o fato de Georges puxar uma criança pelo braço e machucá-la?
3. A situação narrada no romance pode estender-se a situações da vida comum. O debate se desenvolverá em torno dessas situações, que estão sintetizadas em dois temas de discussão:
   - O grupo apresentará justificativas para pequenas infrações, como a que foi cometida por Hugo? Ou defenderá a ideia de que nada justifica um roubo? Por quê?
   - Para o grupo, qual é o tratamento adequado a ser recebido por crianças infratoras: medidas educativas ou simples punição?

4. Reúnam informações sobre os dois temas para poder desenvolver uma argumentação forte e consistente, capaz de convencer seus interlocutores. Pesquisem na biblioteca da escola, na internet, em livros, jornais e revistas textos que falem sobre pequenas infrações e sobre medidas punitivas e educativas. Procurem artigos de opinião e editoriais bem fundamentados, artigos de revistas, reportagens, notícias e textos de formação de opinião.

5. Anotem argumentos e registrem exemplos ilustrativos ou opiniões de especialistas que possam reforçar os argumentos a ser defendidos pelo grupo.

Realização

6. Cada grupo escolhe um debatedor para apresentar e defender as ideias surgidas durante a preparação. Durante o debate, os outros participantes do grupo podem ajudar o colega, lembrando de dados ou oferecendo anotações. Podem também intervir, se o moderador permitir.

7. O moderador anuncia o tema a ser tratado e abre a discussão anunciando o tempo de fala de cada debatedor e as normas para pedir a palavra. Os debatedores seguirão algumas regras.
    - Respeitar a dinâmica do debate. Um defende um ponto de vista sobre o assunto em questão, outro contesta esse ponto de vista e apresenta novo argumento, um terceiro participante defende algum dos argumentos apresentados ou apresenta um novo, e assim por diante.
    - Solicitar o turno de fala. Toma a palavra aquele que o moderador indicar. Os que quiserem manifestar-se a respeito do ponto de vista exposto, devem solicitar o turno, isto é, a vez de falar. Não se deve interromper a fala do outro e o direito de fala deve ser garantido pelo moderador.
    - Pedir apartes. Um aparte é uma intervenção feita por um participante, com a autorização do moderador, que deseja apresentar um acréscimo ou uma informação nova a respeito do que vem sendo exposto.
    - Pedir direito de resposta. Quando um debatedor constrói um argumento que ataque uma opinião defendida, aquele que se sentir atingido pode solicitar direito de resposta, para esclarecer seu ponto de vista. Também é o moderador que define a concessão do direito de resposta.

8. O debate é um gênero oral público, realizado, neste caso, em situação escolar. Deve-se usar a língua-padrão, em registro mais formal. Os argumentos devem ser encadeados por meio de operadores argumentativos, como: "desse modo", "por essa razão", "em virtude desse fato", ou por marcadores temporais que organizem a sucessão dos argumentos, como: "em primeiro lugar", "depois", "em seguida".

Avaliação

9. Os debatedores defenderam as ideias do grupo com clareza e convicção? Encadearam bem os argumentos usando operadores argumentativos e marcadores temporais? O uso da língua foi adequado? O ponto de vista do grupo ficou bem demonstrado?

10. Você ouviu atentamente o que os outros tinham a dizer? Saiu ainda mais convencido de suas opiniões ou modificou seu modo de pensar?

Wilson Jorge Filho

Oficina de produção

Capítulo ilustrado de romance

Agora é sua vez de fazer um capítulo ilustrado de romance. Reúna-se a um colega e, juntos, redijam e ilustrem um capítulo que dê sequência a um dos capítulos do romance *A invenção de Hugo Cabret* estudados na unidade.

Relembrem, no boxe abaixo, as características do gênero romance, para adequar seu capítulo a elas.

Preparação

1. Vocês devem escolher o capítulo ao qual darão continuidade: o Capítulo 1, "O ladrão", ou o Capítulo 4, "A janela"?
2. Releiam com atenção o capítulo escolhido e observem o que ele deixa em suspenso, o que merece ter continuidade. Tomem notas de desdobramentos possíveis para os acontecimentos e para as ações e a movimentação das personagens.

> O romance é um gênero textual composto de cinco elementos fundamentais:
> - enredo: a trama principal;
> - narrador: voz responsável por contar a história. Ele pode ser uma personagem, assumindo o foco de 1ª pessoa, ou pode estar fora da história, como observador, assumindo o foco de 3ª pessoa. Poderá ser um narrador onisciente, que sabe tudo sobre a trama e as personagens;
> - personagem: é a figura que vive a história e pode ser protagonista, antagonista ou coadjuvante;
> - tempo: pode ser cronológico, indicando quando a trama se desenrola e o quanto ela dura; ou psicológico, marcando os pensamentos, as emoções e sensações das personagens;
> - espaço: local onde a trama se desenrola.

3. Em seu capítulo, as personagens serão as mesmas do anterior? Entrarão novas personagens? O que elas farão?
4. O lugar dos acontecimentos em seu capítulo será o mesmo do capítulo anterior ou as personagens mudarão de ambiente?
5. Estabeleçam qual será o conflito criado no capítulo: que novo acontecimento surgirá para dar continuidade ao capítulo anterior e fazer com que o romance avance?
6. Preparem um roteiro do capítulo, estabelecendo uma sequência para as ações. Para a continuação do Capítulo 1, "O ladrão", vocês podem considerar: Para onde Hugo foi depois da discussão com o dono da loja? O que ele fez? Como se sentiu sem o caderninho? Se escolherem fazer a sequência do Capítulo 4, "A janela", pensem: Para onde Hugo foi depois da conversa com a menina? Ele ainda estava tenso? Ele acreditou na menina? O que fez?

7. Como será o modo de narrar? Haverá diálogos em discurso direto? A narrativa será feita com suspense? A linguagem será elaborada de forma literária, com figuras de linguagem e um modo de narrar que surpreenda o leitor?
8. Como serão as ilustrações? Acompanharão o estilo das que foram vistas nos capítulos estudados ou vocês criarão um novo estilo? Serão em preto e branco ou vocês vão preferir desenhos em cores? Onde eles entrarão?

Realização

9. Ao criar o capítulo, lembrem-se de que as ilustrações e o texto narrativo devem estar em harmonia para formar um conjunto coerente. Como no romance lido, as ilustrações podem representar cenas e personagens, mas elas podem também surpreender o leitor e ampliar as possibilidades de leitura do capítulo.
10. Escrevam de acordo com o roteiro preparado e indiquem onde entrarão as ilustrações. Observem que o início do capítulo deve retomar o anterior, dando continuidade a ele e apresentando a progressão da narrativa.
11. O narrador deverá ter a mesma característica que tem nos capítulos lidos: onisciente, em 3ª pessoa. Ele domina a história, conhece bem as personagens e sabe criar efeitos de suspense e encantamento na narrativa.
12. Se houver diálogos entre personagens, elaborem com cuidado o discurso direto, com atenção à pontuação adequada e ao registro de linguagem que usarão (formal ou informal).
13. Escolham um título para o capítulo, lembrando-se de que ele deve sintetizar um assunto ou tema a ser tratado e despertar o interesse do leitor.

Revisão

14. Façam a primeira revisão verificando a unidade da história. Insiram as ilustrações e observem o efeito da relação entre texto e imagens. Verifiquem se os acontecimentos estão encadeados e se o conflito foi bem apresentado.
15. Façam uma segunda revisão corrigindo problemas de ortografia e pontuação, se houver. Observem se os marcadores temporais e espaciais estão localizando bem as ações. Verifiquem se as sequências narrativas estão fazendo a progressão da história e se as sequências descritivas apresentam bem as personagens e os ambientes.
16. Observem se não há períodos muito longos que possam prejudicar a coerência do texto. Confiram se as conjunções que ligam orações estão adequadamente empregadas.
17. Observem as ilustrações e avaliem se elas concretizam a narrativa e se acrescentam informações ao texto verbal.
18. Observem se as imagens ficaram bem dispostas nas páginas e se elas ilustram de modo coerente a narrativa. Vocês podem usar programas de edição para isso.
19. Quando vocês considerarem que o capítulo está finalizado, peçam ajuda ao professor para uma leitura final, de avaliação. Considerem as recomendações dele e façam a revisão final.
20. Prontos os capítulos, as duplas vão publicá-los no *blog* da turma. Todos podem ler os textos e deixar comentários. Se alguém da turma tiver o livro ou se houver um exemplar na biblioteca, pode-se ler a sequência original e compará-la com as versões criadas.

Retomar

Leia o primeiro capítulo do romance *Cazuza*, de Viriato Correa, para responder às questões.

A escola da vila

Para quem já tivesse visto o mundo, a vila do Coroatá devia ser feia, atrasada e pobre. Mas, para mim, que tinha vindo da pequenice do povoado, foi um verdadeiro deslumbramento.

As quatro ou cinco ruas, com a maioria de casas de telha; os três ou quatro sobradinhos; as casas comerciais sempre cheias de mercadorias e de gente; as missas aos domingos; a banda de música de dez figuras; as procissões, de raro em raro, eram novidades que me deixaram maravilhado.

A igreja acanhadinha e velha, onde os morcegos voejavam, tinha aos meus olhos um esplendor estonteante.

A Casa da Câmara, **acaçapada** e pesadona, com o vasto salão onde, às vezes, se realizavam festas, parecia-me um palácio.

O que mais me encantou foi a escola.

Quando chegamos à vila, já haviam acabado as férias. Durante os quinze dias em que fiquei em casa curando-me das febres, eu via, da janela, as crianças passarem em grandes bandos, à hora em que terminavam as aulas. A vontade de ficar bom para misturar-me com aquela meninada alegre apressou a minha cura.

Glossário

Acaçapada: agachada, baixa.

A escola funcionava num velho casarão de vastas salas, que devia ter mais de meio século.

Quando lá entrei, no primeiro dia, levado pela mão de meu pai, senti no peito o coração bater jubilosamente.

Dona Janoca, a diretora, recebeu-me com o carinho com que se recebe um filho. Os meninos e as meninas, que me viram chegar, olharam-me risonhamente, como se já houvessem brincado comigo.

Eu, que vinha do duro rigor da escola do povoado, de alunos tristes e de professor carrancudo, tive um imenso consolo na alma.

A escola da vila era diferente da escolinha da povoação como o dia o é da noite.

Dona Janoca tinha vindo da capital, onde aprendera a ensinar crianças. Era uma senhora de trinta e cinco anos, cheia de corpo, simpática, dessas simpatias que nos invadem o coração sem pedir licença.

Havia nas suas maneiras suaves um quê de tanta ternura que nós, às vezes, a julgávamos nossa mãe.

A sua voz era doce, dessas vozes que nunca se alteram e que mais doces se tornam quando fazem alguma censura.

Mostrava, sem querer, um grande entusiasmo pela profissão de educadora: ensinava meninos porque isso constituía o prazer de sua vida.

Se um aluno adoecia, ela, apesar dos afazeres, encontrava tempo para lhe levar uma fruta, um biscoito, um remédio.

Vivia arranjando livros, papel e lápis nas casas comerciais para os meninos paupérrimos. Se um pai se recusava a mandar o filho à escola, corria a convencê-lo de que o pequeno nada seria na vida se não tivesse instrução.

Quando chegou da capital para dirigir o grupo escolar da vila, o prédio em que as aulas funcionavam estava em ruínas e o mobiliário, de tão velho e maltratado, já não servia para nada.

Era preciso dar àquilo um jeito de coisa decente. Mas não havia vintém.

Ela trazia, como auxiliares, as suas irmãs Rosinha e Neném, ambas moças.

E as três deixaram o povo surpreendido: saíram de casa em casa a pedir auxílio para as obras, fizeram rifas, organizaram festas, leilões, bazares de sorte, tudo enfim que pudesse render dinheiro.

E a vila, cochilona e desacostumada a novidades, viu, com pasmo, dona Janoca e as irmãs, de brocha e pincel nas mãos, caiando e pintando paredes.

    E a velha casa, de mais de meio século, ressuscitou maravilhosamente, como os palácios surgem nos contos de fada.

    Os salões, amplos e claros, abriam-se de um lado e de outro do vasto corredor, com filas de carteiras escolares, vasos de plantas, aqui e ali, e jarras de flores sobre as mesas.

    As paredes, por si sós, faziam as delícias da pequenada. De alto a baixo uma infinidade de quadros, bandeiras, mapas, fotografias, figuras recortadas de revistas, retratos de grandes homens, coleções de insetos, vistas de cidades, cantos e cantinhos do Brasil e do mundo.

    E tudo aquilo me encantava de tal maneira que eu, às vezes, deixava de brincar todo o tempo do recreio para ficar revendo paisagem por paisagem, mapa por mapa, figurinha por figurinha.

Viriato Correa. Cazuza. São Paulo: Nacional, 2004. p. 88-90.

1 No início do texto, o narrador descreve a vila do Coroatá.

   a) Como a vila é vista:
- por quem já viu o mundo?
- pelo narrador?

   b) Qual conjunção cria oposição entre os dois pontos de vista sobre o lugar?

   c) Por que ocorre essa diferença de pontos de vista sobre a vila?

2 Em relação ao foco narrativo, responda.

   a) Como você o caracteriza?

   b) Quem é o narrador?

   c) Que efeito o foco narrativo cria na narrativa?

3 Responda às questões sobre a chegada do narrador à nova escola, justificando as respostas com passagens do texto.

   a) Como o narrador se sentiu ao chegar à nova escola?

   b) Como era a professora?

4 Releia este trecho.

    E a vila, cochilona e desacostumada a novidades, viu, com pasmo, dona Janoca e as irmãs, de brocha e pincel nas mãos, caiando e pintando paredes.

   a) Explique o significado das palavras e expressões usadas para definir a vila.

   b) Que acontecimento quebrou a rotina da vila? Por quê?

5 Que encanto principal tinha a escola para o menino? O que acontecia com ele diante desse encantamento?

6 O gênero textual romance costuma apresentar um conflito principal, em torno do qual outros podem aparecer.

   a) No primeiro capítulo do romance *Cazuza*, que mudança ocorre na vida do narrador?

   b) Essa mudança gera algum conflito para ele? Por quê?

   c) Com base nesse primeiro capítulo, pode-se dizer que o romance trata de relações apaziguadas e tranquilas ou conflituosas e nervosas? Justifique sua resposta.

Referências

ANTUNES, Irandé. *O território das palavras*: estudo do léxico em sala de aula. São Paulo: Parábola, 2012.

_____. *Lutar com palavras*: coesão e coerência. São Paulo: Parábola, 2011.

AZEREDO, José Carlos de. *Gramática Houaiss da Língua Portuguesa*. São Paulo: Publifolha, 2008.

BAKHTIN, Mikhail. *Os gêneros do discurso*. São Paulo: Editora 34, 2016.

BECHARA, Evanildo. *Moderna gramática portuguesa*. Rio de Janeiro: Nova Fronteira, 2015.

_____. *Ensino da gramática*. Opressão? Liberdade? São Paulo: Ática, 2007.

BORTONI-RICARDO, Stella Maris. *Educação em língua materna*: a sociolinguística em sala de aula. São Paulo: Parábola, 2004.

BOSI, Alfredo. *História concisa da literatura brasileira*. São Paulo: Cultrix, 2015.

BRASIL. Ministério da Educação. Secretaria da Educação Básica. *Base Nacional Comum Curricular*. Brasília, 2018.

BRONCKART, Jean-Paul. *Atividade de linguagem, discurso e desenvolvimento humano*. Campinas: Mercado das Letras, 2006.

CHARAUDEAU, Patrick. *Discurso das mídias*. São Paulo: Contexto, 2009.

CHILVERS, Ivan. *Dicionário Oxford de arte*. São Paulo: Martins, 2007.

COELHO, Nelly Novaes. *Dicionário crítico da literatura infantil e juvenil brasileira*. São Paulo: Ibep, 2006.

COLOMER, Teresa. *Andar entre livros*: a leitura literária na escola. São Paulo: Global, 2007.

COSTA, Sérgio Roberto. *Dicionário de gêneros textuais*. São Paulo: Autêntica, 2008.

CRYSTAL, David. *A revolução da linguagem*. Rio de Janeiro: Zahar, 2006.

CUNHA, Celso; CINTRA, Lindley. *Nova gramática do português contemporâneo*. Rio de Janeiro: Lexikon, 2016.

DIONISIO, Ângela Paiva; MACHADO, Anna Rachel; BEZERRA, Maria Auxiliadora (Org.). *Gêneros textuais e ensino*. São Paulo: Parábola, 2010.

DUBOIS, Jean et al. *Dicionário de linguística*. São Paulo: Cultrix, 2014.

FARACO, Carlos Alberto. *História sociopolítica da língua portuguesa*. São Paulo: Parábola, 2016.

_____; ZILLES, Ana Maria. *Para conhecer norma linguística*. São Paulo: Contexto, 2017.

FIORIN, José Luiz. *Argumentação*. São Paulo: Contexto, 2016.

_____. *Elementos de análise do discurso*. São Paulo: Contexto, 2005.

_____. *Gêneros e tipos textuais*. In: MARI, Hugo; WALTY, Ivete; VERSIANI, Zélia (Org.). *Ensaios sobre leitura*. Belo Horizonte: Editora PUC Minas, 2005.

GOLDSTEIN, Norma. *Versos, sons, ritmos*. São Paulo: Ática, 2006.

KOCH, Ingedore Villaça; ELIAS, Vanda Maria. *Ler e escrever*: estratégias de produção textual. São Paulo: Contexto, 2011.

_____; TRAVAGLIA, Luiz Carlos. *Texto e coerência*. São Paulo: Cortez, 2011.

KURY, Adriano da Gama. *Lições de análise sintática*. São Paulo: Ática, 2004.

LAJOLO, Marisa. *Do mundo da leitura para a leitura do mundo*. São Paulo: Ática, 2000.

LIMA, Rocha. *Gramática normativa da língua portuguesa*. Rio de Janeiro: José Olympio, 2017.

MARCUSCHI, Luiz Antônio. *Da fala para a escrita*: atividades de retextualização. São Paulo: Cortez, 2010.

_____. *Produção textual, análise de gêneros e compreensão*. São Paulo: Parábola, 2008.

MATTOSO CÂMARA JR.; Joaquim. *Estrutura da língua portuguesa*. Rio de Janeiro: Vozes, 2001.

MOISÉS, Massaud. *Dicionário de termos literários*. São Paulo: Cultrix, 2013.

NEVES, Maria Helena de Moura. *A gramática do português*: revelada em textos. São Paulo: Unesp, 2018.

_____. *Gramática de usos do português*. São Paulo: Unesp, 2011.

RABAÇA, Carlos Alberto; BARBOSA, Gustavo Guimarães. *Dicionário de comunicação*. Rio de Janeiro: Lexikon, 2014.

ROJO, Roxane Helena Rodrigues; MOURA, Eduardo (Org.). *Multiletramento na escola*. São Paulo: Parábola, 2012.

SCHERRE, Maria Marta Pereira. *Doa-se lindos filhotes de poodle*: variação linguística, mídia e preconceito. São Paulo: Parábola, 2005.

SCHNEUWLY, Bernard; DOLZ, Joaquim. *Gêneros orais e escritos na escola*. Campinas: Mercado de Letras, 2004.

TARALLO, Fernando. *A pesquisa sociolinguística*. São Paulo: Ática, 2007.

ZANINI, Walter (Coord.). *História geral da arte no Brasil*. São Paulo: Instituto Walter Moreira Salles/Fundação Djalma Guimarães, 1983.